本书系国家自然科学基金青年科学基金项目（批准号：72304042）、国家社会科学基金项目（批准号：19AZD019）资助研究成果。

科技风险多尺度分析与治理

李季梅　陈　安　丁上于　牟　笛◉著

吉林大学出版社

·长春·

图书在版编目（CIP）数据

科技风险多尺度分析与治理 / 李季梅等著 . -- 长春：吉林大学出版社，2024.5

ISBN 978 - 7 - 5768 - 3197 - 9

Ⅰ.①科… Ⅱ.①李… Ⅲ.①科学技术管理—风险管理—研究 Ⅳ.①F204

中国国家版本馆 CIP 数据核字（2024）第 107632 号

书　　名	科技风险多尺度分析与治理
	KEJI FENGXIAN DUOCHIDU FENXI YU ZHILI
作　　者	李季梅　陈　安　丁上于　牟　笛　著
策划编辑	李潇潇
责任编辑	范　爽
责任校对	孙　琳
装帧设计	博克思文化
出版发行	吉林大学出版社
社　　址	长春市人民大街 4059 号
邮政编码	130021
发行电话	0431-89580036/58
网　　址	http：//www. jlup. com. cn
电子邮箱	jldxcbs@ sina. com
印　　刷	三河市华东印刷有限公司
开　　本	787mm×1092mm　1/16
印　　张	13.5
字　　数	252 千字
版　　次	2025 年 1 月第 1 版
印　　次	2025 年 1 月第 1 次
书　　号	ISBN 978 - 7 - 5768 - 3197 - 9
定　　价	78.00 元

前　言

有一句永恒正确的话叫做"风险无处不在"，说的是人类身处的环境和状态不可能完全稳定，总会以一定的概率出现程度不同的扰动，造成对人类的伤害。风雪雷电、洪旱污染等都是如此。

最初这样的说法还局限在自然领域，随着科技的快速发展，尤其是近五、六十年来的发展，人类自己就创造出了可能导致更多风险的东西。比如当没有汽车的时候，车和路所带来的风险顶多就是马或车跑得太快会撞到路人，但是当汽车开始在路上奔驰，速度更高，非但会使轨迹交叉的路人面临更大的风险，车里的人也会遇到前所未有的风险。

交通领域如此，其他领域也一样。

在如今的人工智能时代，一方面机器人逐渐具备了人的很多能力（如果不是全部的话），人借助机器和电子的支持也可以实现以前难以做到的事情，比如脑机接口技术就可以把很多知识直接输入人脑中。

我们团队今年初出版了一本《新科技通识课》，将人类在科学研究基础上发展的技术能力从"上天、下海、入地"到信息技术的方方面面，从生物技术到健康产业，从能源材料到制造新技术，统统列举了一遍，说的是技术"无所不能"的一面。但在书的最后，我们对污染治理、全球气候变化下的风险应对，以及化工产业的邻避效应、城市灾害的减灾防灾等进行了较多的阐述，表明面对技术风险我们还是要用更高的技术手段来防范和解决。

而本书的内容则完全聚焦于科技风险，因为我们必须充分考虑到新技术可能带来的风险并加以防控。如果铁器制造可以算作奴隶社会向封建社会演进的技术象征的话，那么，机械制造技术就可以被认为是封建社会向资本主义社会演进的里程碑，这两次社会大变革带来了各自的风险。到了今天这个时代，信息技术也带来了一些社会问题。

本书以时间、空间、群体三个维度为主要切入口，并结合了宏观、中观和微观三大尺度来充分展开分析视角，同时考虑到了科技本体、致灾能量等多个主体，以及风险受体和管控手段的途径视角。因为风险除了客观的一面之外，还有主观感知的另外一面，书里还特别对风险感知进行了阐述。

最后，也是必不可缺的，科技风险治理体系及路径作为书的最后一部分正文内容展示在第 11 章，对当前的治理困境、责任主体和具体措施进行了分析。

陈　安

2024 年 3 月

目　录

第1章 科技发展与科技风险演变

1.1 古代的科技发展与科技风险

古代的科技发展历史可以追溯到人类文明的起源，涵盖了从早期人类社会到古代文明的漫长时期。

1.1.1 早期石器时代

通过观察并利用周围环境中的石头，早期人类逐渐发现了石器的制作潜力。最早的石器工具可能是由偶然发现的石块经过简单的敲打或击打形成的。石斧和石刀是早期人类最重要的工具之一。它们的出现极大地提高了狩猎和采集的效率。通过使用石斧，人类能够更加高效地砍伐树木，获得木材用于建造避难所、制作火柴和舟艇等。石刀则成了狩猎和采集的利器，帮助人类处理动物的皮毛和肉类，加速猎物的获取和食物的加工过程。[①]

这些石器工具提高了早期人类的生存能力，但同时带来了相应的科技风险。首先，石器制作过程中对石材的过度开采导致资源的耗竭，使得可用石材变得稀缺。此外，石器工具的广泛使用可能引发早期社会内部的竞争和冲突，因为拥有先进工具的群体在资源获取上占据优势，从而引发争斗和不平等。

1.1.2 新石器时代

新石器时代标志着人类社会的重大转变，从狩猎采集经济逐渐向农业生产经济过渡。这个时期见证了许多重要的科技发展和创新，其中包括农业革命和陶器制作的突破。

农业革命是新石器时代最显著的变革之一。人类开始了农业的实践，种植作物和驯化动物，从而实现了食物的生产和储存。这一转变为人类提供了可靠的食

---

① TORRE I D L，MORA R，裴树文，等. 旧石器时代早期石制品分析方案 [J]. 人类学学报，2021，40（04）：547-567.

物来源，并为人口增长和定居生活奠定了基础。人们开始选择性地种植和培育植物，培养出了适应不同气候和土壤条件的农作物品种，如小麦、大麦、稻米、玉米等。同时，他们也开始驯化动物，利用牲畜提供牛耕、马车、毛织等方面的劳动力，推动了农业的发展和生产力的提升。在新石器时代，人类逐渐使用陶器取代石器，这一转变在食物加工和储存方面起到了重要作用。陶器的广泛使用也促进了食物加工技术的进一步创新，如发展出陶制的磨石和磨盘，提升了谷物的磨碎和加工效果。① 此外，陶器还被用于制作日用品、装饰品和祭祀器具等，丰富了人类的生活和文化表达。然而，新石器时代的科技进步也伴随着风险。农业生产的普及可能导致土地的过度开垦和生态环境的破坏，特别是在灌溉技术尚未成熟的情况下，水资源的管理不当可能引发土地盐碱化和农业减产。此外，定居农业生活方式的兴起也可能增加疾病传播的风险。

新石器时代的农业革命和陶器制作技术的进步，对人类社会产生了深远的影响。农业的兴起为人类提供了稳定的食物供应，促进了人口的增长和城市的形成。陶器的使用改善了食物加工和储存的条件，提高了人类的生活质量和社会组织水平。这些科技的突破为后来的文明进步打下了基础，也为人类社会的发展开辟了新的篇章。

1.1.3　古代文明时期

1.1.3.1　古埃及文明

古埃及文明兴起于公元前 3 100 年左右，位于尼罗河流域。它以独特的建筑、宗教体系、艺术和文字系统而闻名。古埃及人发展了高度集中的政治体系和官僚机构，建造了金字塔和神庙等壮丽的建筑物。古埃及文明的象形文字系统称为象形文字，是人类历史上最早的文字之一。②

古埃及文明以其宏伟的金字塔和建筑物而闻名。在建筑和工程方面，古埃及人开创了巨大的建筑项目，并发展出一套独特的工程技术，如水利系统、堤坝和灌溉设施。庞大的水道系统和灌溉设施被用以调节尼罗河的水流并为农业提供水源。这些水利工程有助于增加农田的灌溉面积，提高农作物的产量。然而，水利工程的维护和管理需要考虑排水，否则可能面临洪水、水源问题和工程失误的风险。在医学领域，古埃及人也取得了一些进步，并在化妆品制作等领域表现出色。

---

① 文德安. 工艺生产与中国古代社会的复杂化进程 [J]，卢建英，译. 南方文物，2007 (01)：105-112.

② WILKINSON T. The rise and fall of ancient Egypt [M]. London：Bloomsbury Publishing PLC，2011：123.

然而，由于当时的科技条件限制，他们对疾病传播和药物使用缺乏足够的认识和控制手段。这种情况下，药物误用和不适当的治疗方法可能带来严重的健康风险，甚至加剧疾病的传播。

1.1.3.2　印度河流域文明

印度河流域文明兴起于公元前 2 600 年左右，位于印度次大陆的河流流域地区。它是世界上最早的城市文明之一，① 以其规模庞大的城市遗址和先进的城市规划而闻名。

在农业方面，印度河流域文明的居民发展出了高度有效的农业系统。他们利用印度河流域的丰沛水源进行灌溉，培育出丰富的农作物，如小麦、大麦、棉花、亚麻和蔬菜等。通过农业的发展，他们实现了食物的丰富产出，支撑了城市的发展和人口的增长。然而，农业发展依赖于灌溉系统也带来了一些风险。河流的水源需要有效的管理和维护，以防止水灾和干旱对农业产出的不利影响。此外，过度灌溉导致土壤盐碱化和水资源的消耗，对农业可持续发展构成了威胁。

印度河流域文明的城市规划也是其重要的科技成就之一。他们建设了宏伟的城市，如哈拉帕和摩亨佐·达罗，这些城市拥有规整的街道、精细的排水系统、宏伟的公共建筑和住宅。这种先进的城市规划体现了对城市组织和管理的深刻理解。然而，随着城市的发展和人口的增长，城市规模的扩大也带来了一些挑战。城市规划需要解决人口密集、资源分配和环境卫生等问题，同时还需要保障城市居民的基本生活需求和公共服务。这些问题需要持续的科技创新和城市管理的改进。

1.1.3.3　古巴比伦文明

古巴比伦文明兴起于公元前 19 世纪，位于今天的伊拉克一带。古巴比伦文明的法律体系是其重要的科技发展之一。《汉谟拉比法典》是古巴比伦最著名的法律文献，它是世界上最早的成文法典之一。② 这部法典包含了详尽的法律规定和刑法条文，为社会秩序的维护和公正的实现提供了指导。然而，法律的制定和实施也带来了一些科技风险。法律的复杂性和多样性可能导致解释的模糊性和执行的不一致性，需要持续的修订和完善。

古巴比伦文明在建筑方面也取得了重要的科技成就。他们建造了宏伟的城市

---

① KENOYER J M. Ancient cities of the Indus Valley civilization [M]. Oxford University Press; American Institute of Pakistan Studies, 1998: 36.

② VAN DE MIEROOP, M. King Hammurabi of Babylon: A Biography [M]. Oxford: Blackwell Publishing, 2005: 114-115.

和神庙，如巴比伦城和巴比伦塔。这些建筑物体现了古巴比伦人对工程技术和城市规划的深刻理解。然而，建筑的发展也带来了一些科技风险。宏伟的建筑项目需要大量的资源和劳动力，可能导致资源的过度消耗和社会的不平等。此外，建筑的结构和维护需要解决技术和安全问题，以确保建筑物的稳定和可持续发展。

古巴比伦人还在文字领域做出了重要的贡献。他们发明了楔形文字，这是一种刻在黏土板上的文字形式。楔形文字的发明推动了信息的记录和传播，促进了知识的积累和学术的发展。然而，楔形文字的使用也带来了一些科技风险。由于文字的复杂性和学习的门槛较高，楔形文字的普及受到了限制，只有少数人能够掌握和使用。这可能导致知识的不平等和文化的分化。

1.1.3.4 古中国文明

古代中国文明是世界上最古老、最辉煌的文明之一，其在科技发展方面取得了显著的进展。在农业方面，古代中国人发展出了高度精细的农业技术，包括水利灌溉、农作物选育和种植技术等。这些技术的应用提高了农作物的产量和质量，推动了农业社会的繁荣和稳定。

在冶金方面，古代中国人掌握了铜、铁等金属的冶炼技术，制造出了高质量的铜器和铁器，提高了工具和武器的制作水平。在制陶制瓷方面，他们发展出了精湛的陶瓷工艺，制作出了各种精美的陶器和瓷器。① 在纺织方面，古代中国人掌握了丝绸的生产技术，开启了丝绸之路的贸易往来。在工程方面，古代中国人建造了众多宏伟的工程项目，如长城、运河和宫殿等，展示了城市规划、土木工程和建筑设计方面的卓越能力。

在军事方面，古代中国人发展出了精良的军事工程和战争策略等军事技术，例如钢铁冶炼与锻造技术、弩的制造与改进技术，城墙、城楼、护城河与吊桥的建造技术等。这些技术的应用加强了国家的军事实力和边境防御能力。然而，军事技术的发展也伴随着一些科技风险。战争的扩大和武器的进步可能导致更大规模的破坏和人员伤亡，给社会稳定和人道主义带来了挑战。②

古代中国对世界科技史产生了深远的影响，最为著名的包括造纸术、火药、指南针和活字印刷术，伴生而来的是一定的科技风险。例如，在火药的应用中，如果不加以控制和管理，可能导致火灾和爆炸等意外事故。同时，科技的发展也引发了社会变革和经济转型，可能导致贫富分化和社会不稳定。

---

① 黄盛璋. 论中国早期（铜铁以外）的金属工艺 [J]. 考古学报, 1996 (02)：143-164.
② 宋云霞. 国际人道主义法与现代战争 [J]. 大连海事大学学报（社会科学版），2003 (04)：9-13.

综上所述，古代是人类科技发展的初期阶段，科技发展水平因地区和文明而异，尽管科技水平相对较低，但仍存在一些与科技发展相关的风险，这些风险反映了古代科技发展的局限性和人类对科技应用的不完全理解。其中之一是石器时代的火灾风险。当人类学会使用火种时，火灾风险随之而来。在狩猎采集时代，火灾可能由于不当使用或控制火源而导致。这可能会引发野火，威胁到人类的生命和财产安全。其二是农业科技风险。人类开始进行农业生产，依赖于种植和养殖。然而，农业技术的不完善可能导致作物减产、疾病传播以及灾害的发生。例如，不当的灌溉系统可能导致土壤盐渍化和水源污染，进而影响农作物的生长和健康。其三是交通和通信风险。在没有现代交通工具和通信设备的情况下，人类只能依靠步行、动物运输等简单的信息传递方式。这种原始的交通和通信系统容易受到天气条件、地形地貌以及敌对势力的影响。旅行的不确定性和信息传递的困难可能导致人类在交流和贸易中面临风险。此外，古代的医疗技术也存在风险。由于医疗知识和技术的匮乏，人类很难有效地对待和预防疾病。古代医疗实践常常依赖于经验、传统和巫术，缺乏科学依据，这增加了人们在面对疾病时的风险，同时也限制了医疗的发展和进步。

因此，古代的科技发展是一个持续演变和相互影响的过程，不同文明之间通过贸易、征战和文化交流，相互借鉴和吸收了各自的科技成就，推动了人类文明的进步，同时也在时代更替与科技演变方面奠定了后续科技进步的基础，对人类社会的发展和演变产生了深远的影响。

1.2　近代的科技发展与科技风险

近代科技发展史是一个以科学和技术进步为核心的时期，这一时期的科技进步对人类社会和生活方式产生了深远的影响，推动了工业、交通、通信、医学、农业等领域的巨大发展。

在近代科技发展史的早期阶段，科学革命为科技进步奠定了基础。17 世纪的启蒙时代，伽利略、牛顿等科学家的贡献推动了科学方法论的确立和实证主义的兴起。通过实验和观察，人们开始理解自然规律，如万有引力定律和光的传播规律，为后来的技术应用提供了基础。18 世纪末至 19 世纪初的工业革命是近代科技发展的重要转折点。工业革命的兴起标志着机械生产和工厂制造时代的到来。蒸汽机的发明和应用改变了能源的使用方式，推动了矿业、制造业和交通运输业的快速发展。工厂化生产、纺织工业自动化生产、铁路和航运的发展，极大地提高了生产效率和物质生活水平。20 世纪是科技发展史上的重要时期。电气工程和电子技术的兴起引领了现代信息时代的到来。电力系统的建立、电报和电话的发明、无线电通信的出现，彻底改变了信息传递和通信方式。汽车的发明、航空技术的突破和航天探索，极大地改变了人类的出行方式和探索宇宙的能力。

近代科技的快速发展不仅为人类带来了巨大的进步和便利，同时也伴随着各种科技风险。工业革命引发了环境风险；核能技术带来了辐射风险；信息技术的发展带来了网络安全风险；生物技术的进步引发了生物安全风险；人工智能技术诱发了伦理风险，下面将具体探讨这些科技风险。

1.2.1　工业革命与环境风险

工业革命是近代科技发展的重要里程碑，带来了大规模工业生产和技术创新。然而，工业化过程中产生的大量废弃物和污染物对环境造成了严重的风险。在工业化过程中，大量的废弃物和污染物被排放到水体、大气和土壤中，造成了环境负荷的急剧增加。工厂排放的废水中含有重金属、有机物和其他有害物质，给水生生物和水源地的质量造成了威胁。废气中的大气污染物，如二氧化硫、氮氧化物和颗粒物，不仅直接危害人类健康，还导致了酸雨和大气污染的扩散。此外，工业化过程中产生的土壤污染也威胁着农作物的生长和土壤生态系统的稳定。此外，为了满足工业生产和人类需求，大量的能源、矿产和水资源被迅速消耗。这不仅导致了能源紧缺和资源耗竭，还造成了土地退化、森林砍伐和生物多样性的丧失。工业化的高能耗和高排放模式也加剧了全球变暖和气候变化的风险，给地球生态系统和人类社会带来了巨大挑战。①

1.2.2　机械化与铁路运输带来的安全风险

机械化的普及和铁路运输的快速发展是近代的标志性成就，但也伴随了许多意外和安全问题。首先是工厂事故，工业化机器（如纺织机械、蒸汽机、磨坊设备等）操作复杂且危险，缺乏现代的安全标准。工人（包括大量妇女和儿童）在操作机器时常因疏忽或机械故障受伤或致残。工厂事故在 19 世纪是一个常见的社会问题。其次是铁路事故，铁路网的扩展极大地推动了人和货物的运输，但早期的铁路技术尚不完善，铁路安全监管不严，导致频繁发生事故。例如，1830 年，在英国利物浦和曼彻斯特铁路上发生的著名铁路事故导致了首位铁路遇难者的死亡。这类事故在 19 世纪和 20 世纪初屡见不鲜，造成了大量的人员伤亡。

---

① 肖笃宁，陈文波，郭福良 . 论生态安全的基本概念和研究内容 [J]. 应用生态学报，2002（03）：354-358.

1.2.3 医学技术的误用与公共卫生风险

近代医学技术和公共卫生理论有了显著发展，但某些新兴医疗技术和未成熟的公共卫生知识也带来了风险。首先是外科手术的感染风险，在无菌手术技术发明之前，手术的感染风险极高。虽然手术技术有所改进，但直到约瑟夫·李斯特（Joseph Lister）提出消毒理念之前，外科手术的感染率和死亡率仍然很高。许多病人并非死于疾病本身，而是死于术后感染。其次是疫苗的不完善应用，虽然 19世纪末和 20 世纪初一些疫苗（如牛痘疫苗）开始广泛应用，但由于疫苗技术还不完善，以及对免疫机制的理解有限，一些不当的疫苗使用或保存不当可能导致疫苗失效甚至产生副作用。最后是传染病传播风险，随着城市化进程的加快，近代人口密集的城市成为了传染病的温床，霍乱、肺结核、天花等疾病频繁爆发。公共卫生系统的不健全和对疾病传播机制的有限理解，使得这些传染病的蔓延难以控制。

1.2.4 电气化技术的安全隐患

19 世纪后期，电力的应用逐渐普及，但电气技术的不成熟带来了一些新的风险。首先是电力安全问题，早期的电气设备和电网布线技术非常初级，常常引发电击事故和火灾。电力设施的管理和安全标准尚不健全，普通公众缺乏对电力的安全常识，因此电力事故时有发生。其次是对电磁辐射的初步担忧，随着电磁技术的应用，有些科学家和公众开始担心电磁波和电磁场可能对人体健康产生影响，尽管当时的科学证据尚不充分。

1.2.5 化学工业和新材料的风险

近代化学工业的快速发展，特别是 19 世纪中叶到 20 世纪初期的大规模合成化学品生产，带来了新的健康和环境问题。首先是有毒化学物质的生产与使用，新型化学物质（如苯、汞化合物、砷等）被广泛应用于工业和农业生产，但当时缺乏对其毒性的全面了解。许多工人因长期接触有毒化学物质而患病，而这些物质对环境的影响也被忽视。其次是染料与化妆品的风险，近代化学染料的发展带动了纺织业和化妆品的繁荣，但一些早期的染料和化妆品中含有有毒物质（如铅、汞等），对健康产生了不良影响。

综上所述，近代科技的迅猛发展在推动社会进步的同时，也伴随着一系列不容忽视的风险与挑战。从工业革命带来的环境风险，到机械化与铁路运输的安全隐患，再到医学技术误用引发的公共卫生危机，以及电气化技术和化学工业的不成熟所带来的安全与健康问题，都深刻揭示了科技进步的双面性。面对这些风险，社会不仅需要不断完善科技应用的安全标准，还需提升公众的科技素养和安全意识，以确保科技发展的成果能够真正惠及全人类，实现可持续发展。

1.3 现代的科技发展与科技风险

1.3.1 核能与辐射风险

核能技术的发展为能源供应提供了强大的力量，但同时也带来了核辐射的风险。核能事故如切尔诺贝利核事故和福岛核事故揭示了核能技术失控的潜在后果。辐射对人类和生态系统的影响是破坏性的，包括致癌性、遗传损伤和环境污染。有效的核能管理和安全措施对于减少核辐射风险至关重要。① 为了降低核能风险，国际社会制定了一系列核安全准则和标准，并加强了核能管理和监管。这包括确保核电站的设计和运营符合高度安全标准、建立紧急响应机制、进行辐射监测和防护，以及加强核材料的安全控制和防盗。同时，加强国际合作和信息共享也是应对核能风险的关键。国际原子能机构（IAEA）等组织在核能安全领域发挥着重要作用，促进国际协作和经验分享。

1.3.2 信息技术与网络安全风险

信息技术的快速发展为人们的生活和社会带来了巨大的便利，但也伴随着网络安全的风险。随着数字化时代的到来，个人隐私和机密信息的泄漏、网络攻击和数据安全威胁变得更加突出。黑客攻击、网络病毒和数据泄漏等问题威胁着个人、组织和国家的安全。人们的个人信息、财务数据、商业机密以及政府敏感信息等都储存在数字化的网络环境中。这些宝贵的数据成了黑客和犯罪分子的目标。网络攻击手段日益复杂和隐蔽，如网络钓鱼、勒索软件、分布式拒绝服务攻击（DDoS）等，给个人和组织的网络安全造成巨大威胁。同时，随着物联网和云计算等技术的发展，大规模数据的存储和处理也面临着更大的安全挑战。保护网络安全的重要性日益凸显，需要加强对网络安全技术和政策的研究和应用。

1.3.3 生物技术与生物安全风险

生物技术的发展为医药、农业和生物研究带来了巨大的潜力，但也引发了公众对生物安全的关注。基因编辑、合成生物学和生物制剂等技术的迅速发展带来了新的科技风险。生物技术的滥用或意外释放可能导致生物恐怖主义、疾病传播

---

① 杜娟，朱旭峰. 核能公众接受性：研究图景、理论框架与展望 [J]. 中国科学院院刊，2019, 34 (06)：677-692.

或生态系统破坏等问题。例如，恶意利用基因编辑技术可能会导致新型病原体的出现，威胁公共卫生安全；转基因作物的广泛种植可能对生态系统产生不可逆转的影响。因此，生物安全的管理和监管至关重要，以确保对生物技术的合理和负责任的应用。①

1.3.4 人工智能与伦理风险

人工智能（AI）的快速发展为社会带来了巨大的变革，但也引发了一系列伦理风险。自主决策的 AI 系统可能出现偏见、不公平和无法解释的行为，对个人权利和社会公正产生负面影响。此外，AI 技术的滥用也可能导致隐私侵犯、人权侵犯和工作岗位的丧失。因此，确保人工智能技术使用的透明性、公正性和道德性，以及建立相应的法律和道德框架，是关键的挑战。

综上所述，现代的科技风险涵盖了环境风险、生物安全、网络安全、伦理挑战等多个领域。理解和管理这些风险对于实现可持续发展和社会稳定至关重要，需要政府、学术界、产业界和公众共同努力，制定合适的政策、规范并采取措施，加强科技风险管理和监测体系的建设，推动科技发展与风险管控的良性互动。

1.4 当代的科技发展与科技风险

当代科技发展史是指从 20 世纪中后叶至今的科学技术进步和创新的历史。在这一时期，科技的发展突飞猛进，深刻影响了人类社会的各个方面，包括工业、通信、医学、信息技术、能源、金融等领域。

在信息技术领域，互联网的普及和快速发展使得全球人口能够方便地获取和分享信息，推动了电子商务、社交媒体和在线教育等新兴产业的兴起。同时，移动技术的革新使得人们可以随时随地连接互联网，移动应用的普及也为人们提供了更多便利和服务。

在人工智能（AI）领域，机器学习、深度学习和自然语言处理等技术的进步，使得计算机能够模仿人类的智能行为和思维能力。人工智能在图像识别、语音识别、自动驾驶、机器人技术等领域取得了重大突破，为人类带来了巨大的便利和创新。

在生物技术领域，基因编辑技术（如 CRISPR-Cas9，规律间隔成簇短回文重复序列/规律间隔成簇短回文重复序列相关蛋白系统 9）的出现，使得对基因组的

---

① 赵万里. 科学技术与社会风险 [J]. 科学技术与辩证法，1998（03）：50-55.

精确编辑成为可能，为疾病治疗和基因改良提供了新的途径。同时，合成生物学、生物制造等领域的创新也推动了生物技术的发展，为农业、医学和环境保护等领域带来了新的机遇和挑战。

在新能源领域，随着能源需求的增加和气候变化的压力，可再生能源如太阳能和风能的利用日益重要。研究和应用新能源技术，包括太阳能电池、风力发电、电动汽车等，为减少对化石燃料的依赖、实现清洁能源转型提供了解决方案。①

然而，现代科技发展也面临一系列的挑战和风险。下面将具体探讨这些科技风险。

1.4.1 气候变化与环境破坏

当代社会面临的重大科技风险之一是气候变化和环境破坏。工业化和大规模能源使用导致了大量温室气体的排放，引起全球气候变暖和极端天气事件的增加。气候变化对生态系统、农业、水资源和人类社会造成了广泛而深远的影响。面对气候变化的挑战需要减少温室气体排放、推动可持续能源发展和采取适应性措施。

1.4.2 数字化和隐私风险

数字化时代的到来使个人和组织的数据变得更加容易获取、存储和共享，但也带来了隐私风险。存在个人信息的泄漏、数据滥用和身份盗窃风险。随着人工智能和大数据分析的发展，对个人隐私和数据的滥用风险进一步增加。保护个人隐私和数据安全、制定严格的数据保护法律和隐私政策，以及加强技术措施和安全意识教育，变得至关重要。

1.4.3 自动化和就业风险

随着自动化技术的进步，许多传统的工作岗位面临着被机器和 AI 取代的风险。自动化的广泛应用可能导致大规模的失业和就业结构的改变。特别是低技能和重复性工作岗位更容易受到自动化的冲击。因此，需要采取措施来减轻自动化对就业市场的冲击，包括加强对劳动者的培训和教育、帮助劳动者进行职业转型与增加就业机会。

1.4.4 新兴技术与伦理挑战

当代科技的快速发展涉及诸多新兴技术，如基因编辑、量子计算、虚拟现实和区块链技术等。这些技术的发展带来了巨大的机遇，但也带来了伦理挑战。例如，基因编辑技术引发了对基因改造人类和遗传改变的伦理讨论②；虚拟现实技术

---

① 张所续. 浅析能源转型对地缘政治的影响 [J]. 国土资源情报, 2019 (08): 26-33.
② 刘长秋. "基因编辑婴儿事件" 的生命法学思考 [J]. 东南法学, 2021 (01): 1-17.

可能导致现实与虚拟的界限模糊，影响个人和社会的心理健康。确保新兴技术的发展与伦理原则和社会价值相一致，需要对其进行全面的伦理审查和监管。

1.4.5　大规模数据泄漏和网络攻击

当代社会依赖于大规模数据的收集、存储和分析，但这也使得数据泄漏和网络攻击成为常见的科技风险。黑客入侵、勒索软件和网络犯罪对个人、组织和国家的安全造成了威胁。建立强大的网络安全体系、加强网络防御和应急响应能力、以及提高公众对网络安全的认识和保护意识，都是应对这一风险的关键。

综上所述，科技风险在不同时代和领域中都存在，它既是科技发展的副产品，也是社会进步面临的挑战。作为人们福祉或者基本权利保护者的政府，有责任采取有效的应对手段，这种手段，不仅是对科技运用的严格限制，也包括在分配正义原则指导下的事后救济。① 通过深入研究、跨学科合作、公众参与和国际合作，可以更好地认识和管理科技风险，实现科技与社会的可持续发展。

---

① 陈景辉. 捍卫预防原则：科技风险的法律姿态 [J]. 华东政法大学学报, 2018, 21 (01)：59-71.

第2章 科技风险基础概论

2.1 科技风险的概念与内涵

2.1.1 科技

科技是"科学技术"的简称。科学一词源于拉丁文"scientia",原意为"学问"或"知识"。20世纪前,科学代表的是一种思维方式,没有明确的学术定义。20世纪后,随着"科学学"的出现,科学的定义才逐渐清晰。贝尔纳是科学学的创始人,他认为现代科学是一种建制、一种方法、一种积累的知识传统、一种维持或发展生产的主要因素,构成我们的各种信仰和对宇宙与人类的各种态度的力量之一。[①] 此后,不同学者从不同角度对科学进行了定义,整体来看科学是人类在认识世界过程中形成的对客观规律正确认识的知识体系,具有实证性、探索性、创新性、通用性、共享性的特征,其产出是科学知识,可用于社会物质生产并提高物质生产力水平。但科学产出在未与生产结合之前,是以知识形态存在的潜在生产力,需要经过转化才能变为直接生产力。[②][③]

技术一词来自希腊文"techne",意为"技巧""本领""艺术"。在中国古代,技术泛指"百工"。在很长一段时间,技术被看作世代相传的制作方法和手艺。技术直接服务于实践,以完成一件事情为具体目标。科学的出发点是认识世界,技术的出发点是改造世界,包括步骤、手段、操作方式等完成一件事情的具体行为过程。[④][⑤][⑥] 技术具有社会属性,受到经济、政治和文化的制约。现代技术可以分为物质变换技术、能量转换技术和信息交换技术。人们往往把主导技术作为特定

---

① 贝尔纳. 历史上的科学 [M]. 伍况甫,等译. 北京:科学出版社,1981:684.

② 中国社会科学院语言研究所词典编辑室. 现代汉语词典 [S]. 北京:商务印书馆,1978.

③ 姜振寰. 技术哲学概论 [M]. 北京:人民出版社,2009:73.

④ 辞海编辑委员会. 辞海 [S]. 上海:上海辞书出版社,1980:669.

⑤ 哲学大辞典编写组. 哲学大辞典 [S]. 上海:上海辞书出版社,1972:779.

⑥ 刘大椿. 科学技术哲学导论 [M]. 北京:中国人民大学出版社,2005:338.

历史时代的标志，如石器时代、铁器时代、蒸汽时代、电气时代、信息化时代、人工智能时代等。

因此，科学与技术有本质的区别。科学是解决"是什么""为什么"的问题，揭示出隐含于事实背后的因果性、本质联系等机制。技术是解决"做什么""怎么做"的问题，是实现预期目标的工具、方法和步骤。

从人类历史的发展进程来看，科学和技术在最初是相对分离的。人类早期社会对世界的认知水平比较低，技术主要依赖于经验积累。以杠杆技术为例，公元前 2 690 年左右，古埃及人搬运石块建造金字塔时就运用了杠杆技术，但几千年后，古希腊著名科学家阿基米德才从科学视角阐释了杠杆原理。所以，科学和技术发展的起点和轨迹不同，从时间来看，技术的起点要早于科学。

随着人类社会发展和对客观规律的不断总结，科学发展水平不断提高，同时科学认知也被越来越多地应用到技术实践中。尤其是工业革命后，大量科学认知通过实践操作被证实，并进一步广泛应用到人类活动中形成了新的技术，科学和技术开始紧密地联系在一起。20 世纪初，以量子力学和相对论为代表的理论物理学革命为核反应堆和原子弹的研制提供了理论支持。这种以基础科学理论带动技术变革的成功案例对人们产生了深刻的影响。二战后美国研究发展局出版了著名的布什报告《科学：没有止境的前沿》，提出了布什线性科研推动范式（如图 2-1 所示），即基础研究是起点，驱动应用研究创造和研制新产品、新技术、新方法，开发研究实现研究成果的工厂试验和小批量生产，生产经营将研究成果转化为新商品走向社会。① 在该模式中，各环节是串行的，后一环节的工作依赖前一环节的成果，基础研究作为起点，其重要性非常突出。这一线性科研范式影响了许多国家的科技政策，但人们也发现其具有局限性，因为这一范式并没有反映科学与技术创新之间的复杂交互关系。

图 2-1　线性科研推动范式示意图

1957 年，苏联成功发射世界第一颗卫星以及日本战后跳跃式的高速发展反映出基础研究虽然很重要，但技术突破和经济发展并非直接源于纯基础研究。美国政府开始调整其科技政策，逐步重视跨层次的合作研究，资助设立由大学和工业企业共同组成的研究中心，以形成面向应用的成果和研究人员。这些科技转化型

---

① 　BUSH V. Science：the endless frontier ［J］. Nature，1945，48（3）：231-264.

研究中心为 20 世纪 90 年代以后美国的社会经济发展发挥了重要作用，促进了美国以信息技术为代表的高科技产业的快速发展。① 在这一背景下，唐纳德·斯托克斯结合案例研究，在《巴斯德象限：基础科学与技术创新》中指出了布什线性科研推动范式的错误，并从"以实用为目的"和"以求知为目的"两个维度提出了科学研究的二维四象限范式（如图 2-2 所示）。②

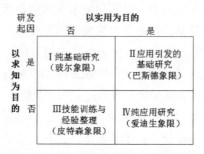

图 2-2　科技研究的二维四象限范式图

工业革命之后，随着科学与技术的渗透发展，两者的发展轨迹日益趋同，科学研究指引技术发展，技术发展支持科学研究，科学和技术高度融合、相互渗透。现在已很难定义科学与技术在本源上谁是母体，科学的技术化与技术的科学化表现为同一过程的两个方面，只是有时某一方面的主导性和地位更突出而已。因此，虽然从概念上看科学和技术是不同的，但在当前的社会背景下，"科学—技术—生产"越来越明显地呈现出一体化趋势，科学与技术成为相互依赖、互为因果、辩证发展的统一体，当人们从社会生产角度论述科学和技术时，通常用"科技"这一概念把两者统一起来，作为一个整体来研究。

基于科学与技术的联系与区别，本书将"科技"界定为在基础科学和传统的经验累积技术之外的，以应用于社会实践为目标，融合科学研究成果，经过技术开发，实现物质变化、能量转换或信息交换的各类设备、物质、产品、工艺、服务等有形和无形的成果。现代社会中，科技已通过我们的衣、食、住、行、通信、医疗、教育、办公、娱乐等融入生活的各个角落，同时也与企业生产运营、政府公共服务、国际贸易、全球事务管理等息息相关。科学和技术与科技的关系如图 2-3 所示。

由于当前各类技术，尤其是新兴技术，都是基于科学研究、融合了科学知识

---

① 刘则渊，陈悦. 现代科学技术与发展导论［M］. 大连：大连理工大学出版社，2011：35.

② STOKES D E. Pasteur's quadrant：basic science and technological innovation［M］. Washington：Brookings Institution Press，1997：47.

图 2-3　科学、技术与科技的关系示意图

的技术，属于科技的范畴，但在名称上，大家习惯于用"……技术"来定义，没有严格区分"科技"和"技术"两个名词，因此，后文也不对两个名词的使用做严格限制，即，后文中出现的"……技术"也是指融合科学研究成果的技术，和本书定义的"科技"为同一含义。

2.1.2　科技致灾风险

风险的概念最早起源于 19 世纪西方经济学，随着其内涵的不断完善和发展，广泛应用于社会学、灾害学、水利科学、环境科学和信息科学等领域中。不同的学科领域对风险的理解和定义有一定差异。经济学领域认为风险是面临损失的可能性，统计学中定义风险为实际结果与预期结果的偏差，决策理论中认为风险是损失的不确定性。《ISO 31000 风险管理指南》中定义风险是"不确定性对目标的影响"，其影响可能是积极的也可能是消极的。[①] 安全领域讨论的风险特指会造成负面的、消极的影响，这种风险带有"不确定性""客观性""损失性"等特征。联合国国际减灾战略（UNISDR）将风险定义为在未来的某一特定时期内，某一特定的社区或者其中的社会团体存在的潜在灾害期望损失，包括生命、资产和社会服务等。[②]

20 世纪 50 年代后期，随着化工厂和核工业事件的不断显现，社会学家开始用风险来表述技术发展可能导致的灾难性后果。贝克定义的风险为"完全逃脱人类感知能力的放射性、空气、水和食物中的毒素与污染物以及相伴随的短期和长期的对植物、动物和人的影响"，其在书中提及的化学品风险、核风险、转基因食品风险等都属于由科技发展所带来的某些不利因素而导致的风险。[③] 随着科技风险研

① ISO/TC 262 Risk management. ISO 31000：2018 Risk Management - Guidelines ［EB/OL］.（2018-02）［2022-02-03］. https：//www. iso. org/standard/65694. html.

② UNISDR. Terminology on disaster risk reduction in 2009 ［R］. Geneva：UNISDR, 2009.

③ 乌尔里希·贝克. 风险社会 ［M］. 何博闻，译. 南京：译林出版社，2004：20.

究的日益增多,科技风险的内涵和分类也在逐渐泛化。如,按照科技活动阶段分为活动前期、中期和后期三类风险,按照环节分为立项、投入、成果转化和成果应用等风险①,按照源头分为科技自身属性、科技研发过程、科技意识形态风险等②,按照领域分为技术、经济、伦理和军事风险等。③ 钟开斌在《防范化解科技领域重大风险》中,将我国科技领域重大风险划分为科技发展和科技活动本身可能给人类造成的损失、危害、灾难等不确定性影响的风险,一个国家在科技竞争中的关键核心技术受制于人的风险,一个国家的科技在走向国际市场的过程中遭受政治打压的风险。④

从当前科技风险的相关研究可以看出,目前科技风险的定义是非常宽泛的,既包括科技发展和应用面临的风险,也包括科技发展和应用可能引发的风险,覆盖研发与推广失败风险、道德伦理风险、事故灾难风险、环境污染风险、社会秩序风险等各种类型,涉及研发人员、投资人员、政策制定者、国家政府、相关用户、社会公众等不同主体。基于本书的研究问题和科技风险的研究现状,本书将"科技致灾风险"的边界定义如下。

(1)从方向上,科技致灾风险是指科技发展和应用"引发的"风险,而不是科技发展和应用"面临的"风险。也即:本书不涉及科技研发面临的失败风险、科技推广过程面临的市场、政策等风险。

(2)从类型上,科技致灾风险包括在科技发展和应用的过程中,科技自身或与其他因素耦合后可能造成的当代或后代人类生命健康伤害、生态环境破坏、社会群体性事件等灾害事故的风险,会直接或间接导致生命健康和人身安全受损的风险。也即:本书不涉及科技引发的道德、审美、意识形态等层面的风险。

(3)从阶段上,科技致灾风险的起点是研发活动,终点是科技相关影响消失,包括研发、生产、扩散、应用以及科技衍生影响存在的所有阶段。也即:本书不涉及科技在立项决策阶段的相关风险。

(4)从主体上,科技致灾风险针对的是一类"科技"在一个"领域"引发灾害事故的风险,而不是单个具体的科技产品发生事故的风险。比如,我们分析 3D 打印技术在医疗领域引发灾害事故的风险,而不单独分析一台 3D 打印机的风险。当然,在科技致灾风险的分析过程中,我们要结合科技所依附的有形的产品、设

---

① 杨文晓. 试论科技风险的类型 [J]. 经济视角(下),2012 (04):135-136.

② 郭洪启. 现代科技风险的生成与规避措施研究 [D]. 锦州:渤海大学,2013.

③ 张灏,牛媛媛. 风险社会下的科技风险及治理模式研究 [J]. 齐齐哈尔大学学报(哲学社会科学版),2017 (11):45-47.

④ 钟开斌. 防范化解科技领域重大风险 [M]. 北京:国家行政管理出版社,2020:14.

备、物料或无形的服务的数量、分布等信息，同时在具体的案例研究中，其表现形式是某一具体的产品、设备或服务引发的灾害事故。

2.1.3 科技致灾潜势

科技致灾风险的分析重点是相关影响要素、要素之间的关系以及可能引发的灾害事故后果，分析结果是不同科技致灾风险的风险水平大小。佩罗在《高风险技术与"正常"事故》一书中提出"disaster potential"的概念，用来反映各类高风险技术系统发生事故可能造成的人员伤亡程度，是技术系统风险水平的一种度量方式。①

潜势就是一种潜在的能力，融合了可能性和严重性的含义。为了对科技致灾风险水平的大小进行统一的描述，本书借鉴"disaster potential"的含义，定义"科技致灾潜势"（S&T disaster potential）这一概念，用来描述科技致灾风险的水平，即科技在研发和应用过程中可能引发的灾害后果，包括人员伤亡、财产损失、环境破坏等各方面。后文将基于科技致灾风险的要素分解、指标设计进行科技致灾潜势评估模型的构建。

2.2 科技风险的主要类型

科技革命极大地推动了社会生产力的发展，促进人类社会从传统社会走向现代社会，然而科技带来的风险也对人类安全和生存造成了巨大的威胁。我国早在1993 年就颁布了《基因工程安全管理办法》，明确提出"保障公众和基因工程工作人员的健康""防止环境污染""维护生态平衡"等。《中华人民共和国民法典》第 1 009 条对"从事与人体基因、人体胚胎等有关的医学和科研活动"做了限制性规定。该条款将人类基因编辑的主观要件设定为过错与违法双重标准；将行为禁令规定为"不得危害人体健康""不得违背伦理道德""不得损害公共利益"等，不仅保障物质性法益，而且注重维护精神性法益。《中华人民共和国生物安全法》第 34 条规定，"国家禁止的生物技术研究、开发与应用活动"指"危及公众健康、损害生物资源、破坏生态系统和生物多样性等危害生物安全的生物技术研究、开发与应用活动"。《中华人民共和国刑法修正案（十一）》第 39 条对"将基因编辑、克隆的人类胚胎植入人体或者动物体内，或者将基因编辑、克隆的动物胚胎植入人体内，情节严重的"行为做了入罪处理。该条款将人类基因编辑的归责要

---

① 查尔斯·佩罗. 高风险技术与"正常"事故 [M]. 寒窗，译. 北京：科学技术文献出版社，1988：298.

件设定为"情节严重"。

基于本书对科技致灾风险的定义，结合我国对科技风险的法律规制，科技致灾风险对当代或后代人类造成的影响主要涵盖公众健康、生态环境和社会秩序三个方面。

2.2.1 危及公众健康的科技致灾风险

近年来，科技风险已从核技术、生化技术、网络系统扩展到基因技术、航天探索等领域。作为第二次世界大战后世界总体格局的重要威慑力量，核武器的总数量足以毁灭人类数次，核辐射可能导致人体衰竭并影响数代人的健康。此外，具有自我学习能力的人工智能技术、人类胚胎的基因剪辑技术、各种新的变异病毒等极大地威胁着人类作为一个物种的健康生存和持续繁衍。这些技术之所以产生风险是因为技术自身的不确定性、不可预测性和不可控制性。潜在的、不可知的危险以无法明显感知的形式存在，迫使人们严重依赖于科学知识对客观环境和事物属性的界定。复杂的工业流程、机器体系或技术环节日益形成一个具有高度自主性、脱离人类控制的客体世界，精密的机械化和高度智能化使得任何一个微小的失误都可能带来毁灭性的灾难，科技活动的风险已经上升为一种高后果风险——一种会对极大量人口造成普遍性后果的风险，层出不穷的危机（如核危机、生态危机）使得人类的生活处于极端的不确定状况。

"三亲婴儿"①、基因编辑婴儿等科技致灾事件的发生，与人类生命健康相关联，具有高度不确定性。借助技术手段改造生命仍存在较大的技术难题，具有不可预测的后果。基因编辑技术便体现了安全上的不确定性。虽然 CRISPR-Cas9 技术作为一种高效、简便的基因编辑工具，已在多个物种中成功获得基因修饰，但是，将该技术应用于人类受精卵（合子）和早期胚胎仍然需要确保将具有正确靶向等位基因的胚胎返回母体以完成妊娠，存在相当大的"镶嵌难题"。如果在受精卵或早期胚胎中进行基因编辑，则很可能会导致早期胚胎中的部分细胞无法进行必要的（甚至是任何）编辑，生殖细胞基因组编辑在受精卵或胚胎中的应用过程面临重大挑战。在人类基因编辑技术尚存在"镶嵌难题"的情况下，对人类基因进行编辑可能导致生命个体发生基因突变而影响其生命健康。

---

① 所谓的"三亲婴儿"，又称 3P 婴儿（3P 即英文 three parents 的缩写），是英国新的基因技术。为了避免夫妻把生理缺陷遗传给孩子，医生去除女性捐赠者的卵子中的细胞核，接着用母亲卵细胞中对应的遗传基因取而代之，最后再按照标准的试管婴儿技术进行培育。这样诞生的孩子将会继承一位父亲和两位母亲的遗传基因。简单地说，就是这名婴儿有三名血缘亲代，即两母一父。

从世界公共卫生事件来看，健康危机作为一种现代性危机给人类社会带来的冲击丝毫不亚于任何一场世界战争。公共卫生灾难已经严重危及人类的生命健康。科学技术的发展程度取决于人类对自然界的认知和改造程度，这是马克思主义告诉我们的简单真理。但马克思主义还告诉我们，"没有自然界，没有感性的外部世界，工人什么也不能创造。"① 人们是在自身所生存的自然条件下认知和改造外部世界的，且一刻也不能离开自然规律的客观限制。但从现代科学技术的发展史来看，资本主导下的社会生产总是忘却了这一点——生态环境的恶化正因于此——然而，后果却远远不及于此。如果说生态危机已逐渐被人们所意识到的话，那么一种更具"杀伤力"的威胁正在降临或已经降临，即生物威胁。其中与人类健康有直接关联的就是病毒的侵袭：21 世纪以来，人类就与大大小小的各种生物病毒斗争了近 20 余年。直到新冠疫情的暴发，人们才真正领略到了病毒的进化已远远超出了人类的当下认知。

2.2.2　破坏生态环境的科技致灾风险

1962 年问世的《寂静的春天》警示人们全球性生态风险的日益临近。此后，一系列关注生态环境的全球行动兴起，如"生态中心主义"的生态学运动、提出"盖亚（地球母亲）假设"的地球保护运动等。1972 年在斯德哥尔摩召开的联合国人类环境大会首先使用"人类环境"一词，表明人们已经认识到人类和自然界命运与共。1973 年联合国设置环境规划署，这是从组织制度上防范世界性生态风险的标志性事件。此后，为了应对生态风险，世界各国逐步形成以《联合国气候变化框架公约》《京都议定书》和《巴黎协定》为主导的人类行动框架，这些全球行动是构建人类命运共同体的初步探索和行动基础。

然而，科学技术加剧风险的不可预见性、偶然性和破坏性，扩大了风险的影响范围并加快了其传播速度。在私有制社会里，资本逻辑裹挟着科技创新，不断地提升人类征服和统治自然的能力，其必然导致环境的日益恶化、自然资源的急剧消耗和潜在风险的不断增多。科技是风险产生的重要源头和内在动力之一，生态危机是全球风险社会中的典型现象，是最容易发生且最为频繁的风险之一。生态风险既是科技风险的直接表达，又是资本扩张的必然后果。首先，生态风险是科技理性过度张扬引发的负面效应。高度发展的技术理性借助于资本主义的工业生产体系，使人们大肆地开发自然以服务于人类的需要，从而导致自然界以生态灾难的方式威胁人类的生存。马克思曾指出："在我们这个时代，每一种事物好像

---

① 马克思恩格斯选集（第 1 卷）［M］. 中共中央马克思恩格斯列宁斯大林著作编译局，译. 北京：人民出版社，2012：776.

都包含有自己的反面……技术的胜利，似乎是以道德的败坏为代价换来的。随着人类愈益控制自然，个人却似乎愈益成为别人的奴隶或自身的卑劣行为的奴隶。"① 其次，个体主义是生态风险产生的行为动因之一。人类中心主义将个体利益、民族利益凌驾于人类整体利益之上的自私行为，必然造成人与自然之间的对立和冲突。21 世纪以来，从 SARS（严重急性呼吸综合症）冠状病毒、MERS（中东呼吸综合症）病毒到新型冠状病毒，攻击人与其他生物的各种病毒将所有物种置于危险的境地。这再次警告人类不能忘记自身乃万千生物中的一份子，必须建构共同体以应对世界性生态风险。最后，在私有制条件下，资本无限增长的欲求与生态环境的承受力之间存在着无法克服的矛盾，这是生态风险形成的制度根源。在资本扩张过程中，对自然资源无止境地开发利用，必然导致环境破坏和生态失衡并危及人类的整体生存，从而引发现代社会影响最为广泛的生态风险。

生态环境风险不仅包括现代生物技术及其应用对生态系统造成的负面影响，还包括对生物物种和遗传资源的不当利用、外来生物入侵引起的物种灭绝、生物多样性减损以及生态平衡遭到破坏的风险，其实质是对生物多样性产生的风险。在此，生物多样性是指所有来源的活的生物体中的变异性，这些来源包括陆地、海洋和其他水生生态系统及其所构成的生态综合体，包含物种内、物种之间以及生态系统三个层面。据此，生态环境风险可从风险源的角度加以区分。一是对生物物种和生物遗传资源的不当利用的风险。尤其是对野生动植物资源的不当利用、对动植物栖息地的不断挤压可能会导致动植物物种的消亡，对生物遗传资源的不当获取和利用也会造成生物多样性的减损。二是外来生物入侵的风险。入侵的外来物种大多具有生态适应能力强、繁殖能力强、传播能力强等特点，外来生物入侵会打破既有的生态平衡、威胁遗传资源赖以存在的特定自然生态条件，甚至对赋存其中的物种的安全产生负面影响。三是现代生物技术研究的风险。现代生物技术能够通过导入外源基因从而控制生物体性状的表达，可能会导致以往技术水平下难以想象的风险。

人类对于科学技术成果的认识，一般多关注在其积极的应用方面，至于其可能造成的负面效应，一方面总是思想准备不足，另一方面也需要相关技术灾难形成之后才能够引起足够的重视，世界上很多发达国家都有过类似的发展教训。以率先进入工业革命、实现工业化和城市化的英国为例，从 19 世纪开始，英国在率先享受大工业无比威力的同时，也第一个尝到了相伴而生的苦果。其环境问题主

---

① 马克思恩格斯选集（第 1 卷）［M］. 中共中央马克思恩格斯列宁斯大林著作编译局，译. 北京：人民出版社，2012：776.

要表现为水体和空气污染，英国实现工业化，走过了一条先污染、后治理的被动之路。英国经历了一段快速的工业活动时期，且其工业时代几乎完全由煤炭提供燃料。到 19 世纪中叶，在大英帝国的鼎盛时期，它已经生产了近 4 万 t 二氧化碳。到第一次世界大战结束时，该国的累计排放量已超过 20 万 t 二氧化碳，到 1990 年增长到大约 63 万 t 二氧化碳，使其成为历史上最大的碳排放国之一。① 然而，事情总是辩证的。煤的大规模开采并燃用，一方面提供动力推动了工厂的开办和蒸汽机的运转，方便了人们的日常生活，另一方面也释放了大量烟尘、二氧化硫和碳氧化物等污染。尤其是以煤作为燃料的冶铁生产所排放的二氧化硫及其他有毒有害物质危害更大。伦敦一度竟然以"雾都"而举世闻名。随着煤的大量开采和广泛应用，无数烟雾腾腾的城镇、严重的烟雾中毒事件、常见的呼吸道疾病开始在英国出现。然而，人类认识环境污染的危害毕竟需要一个过程，直到 19 世纪后期，随着英国城市化水平的提高和人们经济收入的增长，人们对生活质量提出更高的要求时，包括环境污染在内的城市病才真正引起人们的关注，而环境的真正改善已经是在付出相当大的代价之后才达到的。

2.2.3　扰乱社会秩序的科技致灾风险

尽管生命科技发展尚未成熟，但其赋予人重塑生命的能力，这对于意图操控生命、掌控人类自身命运的人极具诱惑力。与此同时，既有的法律体系对生命科技的规制并不完备。二者共同形成了生命科技的异化风险。异化风险是由技术使用的目的或手段不正当而引发的次生风险。其与何为"正当"的评价体系有关，体现了风险的建构性。风险的不确定性和无根性导致人们的焦虑和恐慌。科技风险对社会秩序的影响具体表现为以下方面。

科学技术的不当应用会危及公共安全。致害结果存在不确定性的生命科技与人为滥用的因素相结合，会增强生命科技运用的非连续性、无规律性和不可预测性，由此加剧社会的无序状态。生命科技甚至会被个别"科技狂人"运用于非法行医、生物犯罪等方面，进而危及公共安全。

科学技术应用带来的社会福祉，其实与社会秩序危机并存，造成社会的失序状态。"人类社会是以法律秩序为重要纽带而依存和发展的。"② 法律秩序是由法所确立且维护的，以一定社会主体的权利和义务为主要内容的，表现出确定性、

---

① STATISTA. Cumulative CO$_2$ emissions in the United Kingdom since1750 [EB/OL]. Statista, 2023 [2024 - 08 - 13]. https：//www. statista. com/statistics/1224173/cumulative - co2 - emissions - united-kingdom-since-1750/.

② 周旺生. 论法律的秩序价值 [J]. 法学家，2003 (5)：33-40.

一致性、连续性的，具有特殊强制力的一种社会状态。法律秩序为社会主体提供安全保障，为社会关系提供依循的界限和规则，使社会能据以稳定、繁荣和可持续发展。高新生命科技的内涵极其丰富，新的医学技术、新的医疗方法、新的医疗手段的运用都被引入其中，形成了难以估量的社会价值。这些社会价值其实就是高新生命科技应用对社会的影响力。高新生命科技的应用最主要的影响是对当代法治实践带来了相当严重的秩序危机。在法治发展过程中如果不加强对这一领域行为的规制就会产生负面的累积效应，给人类社会带来巨大的混乱。"秩序是人类社会的基础，是所有其他需求的前提。"① 秩序是由法律来创造的，虽然它首先表现在形式上。"法律是秩序的象征，同时它也是建立和维护秩序的手段。"② 法律在很大程度上肩负着调整国家和社会所有重要发展领域的重任。"法律是社会统治的手段。当代社会统制意指维护社会秩序之安定、融洽和均衡，使剧烈变革中的社会得以持续发展。"在人类社会发展的进程中，法律总体上一直维护人类社会秩序的稳定和消除社会的混乱，在此方面它发挥着举足轻重的作用。法律是人类社会秩序的"控制阀"。在高新生命科技研发和应用的当代社会，大量的此类科学技术被不当使用，与此同时法律制度相对滞后，缺乏法律对其进行有效规制，导致了人类社会风险因素剧增，因而，法律维护社会安定性和稳定性的作用未能得到有效发挥。随着社会中的科学技术和经济的飞速发展，人类社会已经进入了风险社会。技术风险则是风险社会中人们应当面对的最为尖锐的挑战。"法律的目的是为了保护利益，所有的权利都是法律所保护的利益。"③ 现有的高新生命科技法治的境况已经凸显出法律制度对该领域的权益保护乏力，出现社会秩序混乱的问题。虽然高新生命科技应用增进了社会福祉，增进了民众的生命健康，但是也为社会秩序带来了隐患。高新生命科技应用的社会影响力巨大，它可以加速社会的发展，也能加剧社会的混乱无序状态。这种无序状态如果得不到有效的法律规制，最终将影响公众个体的权益和人类社会的整体利益。

2.3 科技风险的危害分析

过去一百多年来，科学技术塑造了我们生活的方方面面，尤其对于生产、服务的提供、治理的组织以及休闲活动的设计至关重要。与此同时，科技风险相伴

---

① KIRK R. The roots of American order [M]. New York：Simon and Schuster, 2023：87.
② 张文显. 构建智能社会的法律秩序 [J]. 东方法学, 2020 (5)：4-19.
③ 鲁道夫·冯·耶林. 为权利而斗争 [M]. 郑永流, 译. 北京：法律出版社, 2007：43.

而生。许多技术，如核能、基因工程或纳米技术往往会使科技风险感知两极分化。居住在技术设施附近或暴露于技术引起的危害的人们高度担心潜在的负面影响。然而，他们在日常生活中毫不犹豫地使用家庭、娱乐和通信技术，并认为科技带来好处是理所当然的。其他利益相关者，例如工业和工程协会倾向于强调科技的好处，给人们营造所有风险都受到控制的印象。

在这种情况下，科技风险的危害更应该被正视与重视。

科技风险可能导致个人隐私的泄漏、金融损失、业务中断等问题，给个人、组织和社会带来负面影响。同时，科技的不当应用也可能引发伦理和道德问题，涉及人工智能的权益、基因编辑的伦理争议等。本节定义科技风险的危害为由科技应用和技术发展引发的各种潜在威胁和不利影响。本节将重点分析科技风险对个人、组织和社会在经济、安全、社会、心理和伦理等方面造成的危害。

2.3.1　经济危害

科技的持续进步和应用推动了经济的创新和增长。然而，科技风险也会给经济带来以下危害。

2.3.1.1　金融损失

科技风险对经济的一个主要威胁是金融损失，即由于科技的使用导致在金融活动中出现的资金损失或经济价值减少的情况，主要体现在支付欺诈、网络盗窃和虚拟货币风险。电子支付欺诈有可能给黑客攻击、网络钓鱼、恶意软件等手段提供便利，导致个人或组织的支付信息被盗取，从而造成资金损失。云存储技术实现了许多关键信息的网络存储，如个人身份信息、企业机密等。但是云存储技术的不成熟以及网络盗窃技术的不断升级，时刻威胁着资金安全，黑客入侵公司、银行系统并获取客户账户信息的案例屡见不鲜。数字技术的出现衍生出了新的货币交易形式——虚拟货币，也带来了新的金融风险。虚拟货币的交易和存储数据面临着被黑客攻击、交易平台被盗等风险，且盗窃行为一旦发生，个人和组织的资金会更加难以追回。这些金融损失不仅体现为资金流失，还可能引发信任危机、金融市场的不稳定和消费者对金融技术的担忧，会降低投资者和消费者的信心，进而抑制金融创新和数字经济的发展，对经济的稳定和发展产生负面影响。

2.3.1.2　就业危机

就业危机也是科技风险带来的一大危害。科技发展和科技风险可能对就业市场造成影响。一方面，科技进步可能创造新的就业机会和行业；另一方面，某些工作岗位可能会因为自动化、机械化和数字化的发展而减少或消失，导致就业结构调整和失业率上升。自动化和机械化技术的应用可能取代一些繁重、重复性工作的人力劳动，如生产线上的装配工人或物流行业的搬运工人。数字化技术的兴起也可能导致企业对某些职位的需求减少，例如传统银行业务中的柜员或文书工作中的数据录入员。这些变化可能导致就业结构调整和某些群体的就业困难。自动化技术的发展和应用可能导致某些低技能工作岗位的减少。例如，自动化机器人在生产线上代替人工操作，导致企业对生产线工人的需求减少。这使得那些只拥有低技能的工人难以找到合适的工作岗位，进一步加剧了就业不平等。

2.3.1.3　产业竞争力下降

科技风险可能导致产业竞争力下降。如果企业未能及时适应新的科技趋势，就可能被竞争对手超越，从而失去市场份额和盈利能力，具体原因体现在：第一，技术落后。如果企业未能及时适应新的科技趋势，就可能面临技术落后的风险。例如，某些传统制造业企业在面对自动化和数字化的潮流时，如果没有及时转型升级生产设备和流程，就可能无法与采用先进技术的竞争对手相抗衡。这样的技术落后可能导致产品质量、效率和成本效益上的劣势，从而失去市场份额。第二，创新能力不足。科技发展的速度很快，市场需求也在不断变化。如果企业缺乏创新能力，无法及时推出符合市场需求的新产品或服务，就可能被竞争对手超越。例如，移动支付技术的兴起改变了传统支付方式，那些没有跟上潮流的银行或金融机构可能失去了在支付领域的竞争力。第三，数字化转型的挑战。数字化经济的发展对企业提出了新的挑战。企业需要适应数字化转型，利用数据分析、人工智能和云计算等技术来优化业务流程、提升用户体验和创新产品。如果企业未能有效进行数字化转型，就有可能在市场上失去竞争力。例如，传统零售业面临着电子商务和在线购物的竞争，那些没有进行有效电子商务转型的传统零售商可能面临销售额下降和市场份额减少的风险。

2.3.1.4　公平问题

科技风险还可能导致不平等加剧。第一，技能差距。新兴科技和数字化经济的发展可能导致企业对劳动者技能需求的变化。某些工作岗位需要劳动者具备数字技术、数据分析和信息处理等高级技能。然而，那些缺乏这些技能的人可能会面临技能差距，难以适应新兴行业的需求。这种技能差距可能导致一部分人群在就业市场上处于不利地位，限制了他们获得高薪工作和经济机会的能力。这种差距也可能导致数字鸿沟，即那些无法获得数字技术和互联网接入的人群与拥有这些资源的人之间的差距。第二，教育影响。数字技术在教育领域的应用也可能导致不平等加剧。在某些地区，教育资源不平衡，缺乏数字技术设施和培训。这使得一些学生无法获取到与科技相关的教育和培训，限制了他们在数字化经济中获得机会的能力。

2.3.2　安全危害

2.3.2.1　人身安全

第一，科技风险会对隐私安全造成危害。科技的发展需要收集和处理大量个人数据，如个人身份信息、财务记录、健康数据等。如果这些数据未被妥善保护或遭到未经授权的访问，个人隐私可能会受到侵犯。这可能导致个人信息泄露、身份盗窃、网络诈骗等问题，对个人的身体安全和财产安全构成威胁。第二，某些科技应用和设备可能对人的健康产生负面影响。例如，长时间使用电子设备、过度依赖手机和社交媒体可能导致眼睛疲劳、睡眠问题和心理健康问题。另外，辐射、电磁波和化学物质等科技产物可能对人体健康造成潜在风险。第三，科技的发展也为网络犯罪提供了新的渠道和手段。网络攻击、网络欺诈、网络骚扰、网络霸凌等行为可能对个人的身体安全和财产安全构成威胁。

2.3.2.2　社会安全

第一，基础设施安全。科技依赖的基础设施，如电力网络、交通系统、水资源管理系统等，可能成为恶意行为者的攻击目标。黑客或恶意软件的攻击可能导致基础设施的瘫痪，对社会的正常运行和人们的生活造成严重影响。恶意攻击可能导致交通事故的增加、公共交通系统的紊乱，甚至可能对人身安全构成威胁，如关键设施的爆炸或污染。第二，网络安全。黑客会利用技术漏洞和弱点来入侵计算机系统和网络，以获取敏感信息、破坏系统、传播恶意软件或实施其他恶意行为。黑客攻击可能导致数据泄漏、系统瘫痪、金融损失等问题，对网络安全造成威胁。恶意软件是指通过欺骗或未经授权的方式进入计算机系统，并对系统进行破坏、数据盗取、敲诈勒索等恶意活动的软件。常见的恶意软件包括病毒、木马、间谍软件等。恶意软件的存在对网络安全构成了直接的威胁。科技风险使得个人和组织的身份信息更容易被窃取。身份盗窃者可能利用窃取的身份信息进行非法活动，如盗用银行账户、伪造身份文件等，对个人和组织的网络安全和财产安全带来风险。第三，社会治安。一方面，社会对科技的高度依赖也增加了技术脆弱性的风险。对关键基础设施的攻击、技术故障或系统失效可能导致社会运行的中断和紊乱，对社会治安带来潜在威胁。另一方面，高科技犯罪利用先进的技术手段进行犯罪活动，对社会造成负面影响。大规模的数据泄漏事件可能导致个人和组织的敏感信息被泄漏，进而被用于恶意活动，如身份盗窃、金融欺诈等。勒索软件也是一种高科技犯罪手段，攻击者通过加密用户数据并要求赎金，对个人和组织进行勒索。科技的发展也带来了网络色情和网络欺凌等问题。不法分子利用互联网传播淫秽、不良信息，侵害青少年的健康成长。网络欺凌涉及在线骚扰、恶意传播不实信息等行为，对个人心理健康和社会和谐造成威胁。

2.3.2.3 国家安全

第一，国家之间的网络攻击和信息战争日益增多。恶意行为者可能通过网络渗透、数据泄漏、拒绝服务攻击等手段对其他国家的政府机构、军事系统、基础设施或关键产业进行攻击。这种网络攻击可能导致国家的机密信息被窃取、基础设施瘫痪、军事行动受阻等，对国家的安全和稳定造成严重威胁。第二，国家之间可能通过技术间谍活动和情报收集来获取对方的敏感信息和技术秘密。这种活动可能包括黑客攻击、间谍软件的植入、社交工程等手段，旨在获取其他国家的军事、经济、科技等方面的机密信息，从而削弱对方的国家竞争力。第三，军事技术滥用。科技的发展使得军事技术日益先进和复杂。如果这些军事技术落入恶意国家或恐怖组织的手中，就可能对其他国家的安全构成严重威胁。例如，核武器技术的传播和滥用会引发地区冲突和核扩散问题，导致国际安全形势紧张。第四，跨国网络犯罪。恶意行为者可能利用网络进行跨国犯罪活动，如网络诈骗、金融欺诈、网络恐怖主义等。这些活动可能对国家的经济、社会和公共安全产生严重影响，威胁国家的整体安全。

2.3.3 心理危害

对现代科技的广泛应用和依赖已经改变了我们的生活方式和社交模式，可能会对人们的心理健康产生一定的危害。

2.3.3.1 信息过载与焦虑

随着科技的快速发展，人们面临着前所未有的信息量。无论是通过社交媒体、新闻网站、电子邮件还是其他数字渠道，我们每天都被大量的信息包围着。这种信息过载带来了一系列心理问题，其中之一就是信息焦虑。信息焦虑指的是由于长时间暴露在大量信息的环境中，人们感到无法有效处理和消化这些信息而产生的焦虑感。信息过载和信息焦虑的常见情况如下：第一，信息过多。人们经常面临大量信息的涌入，包括社交媒体上的朋友圈更新、新闻快讯、电子邮件、推送通知等。这些信息源的不断更新和刺激可能使人感到无法跟上，产生焦虑感。第二，负面信息影响。新闻报道中常常涉及各种负面事件和灾难，社交媒体上也充斥着各种争议性和挑战性的言论。长时间接触这些负面信息可能引发恐惧、担忧和绝望等消极情绪，甚至影响心理健康。第三，社交媒体压力。社交媒体的普及给人们带来了社交压力和比较焦虑。人们常常会在社交媒体上看到他人的成功、美好生活和精心策划的形象，从而产生自我负面评价和自我比较，引发焦虑和不满足感。第四，不实信息和网络欺凌。互联网上存在大量的不实信息和谣言，人们很难辨别真假。另外，网络欺凌和骚扰问题也带来了心理压力和焦虑感。

2.3.3.2　数字依赖和成瘾

数字依赖和成瘾是科技风险中一个重要的心理危害。随着智能手机、社交媒体和互联网的普及，人们对数字设备和在线世界的依赖程度越来越高。对于一些人来说，他们可能对手机、社交媒体或在线游戏产生过度依赖，甚至形成了数字成瘾。人们可能会过度依赖数字设备，花费大量时间在社交媒体、在线游戏、视频分享平台等上面。他们可能频繁检查消息通知、刷新社交媒体页面，无法控制自己使用数字设备的时间。数字设备的使用往往导致人们分散注意力，无法集中精力完成重要任务。频繁的消息和信息刺激可能导致人们无法持续专注，影响工作效率和学习成绩。数字依赖可能导致人们对面对面的社交活动失去兴趣，更多地依赖在线社交。这可能导致社交障碍、孤立和与他人的真实互动能力下降。一些人可能陷入数字成瘾的循环，无法自我控制使用数字设备的行为。他们可能感到焦虑和不安，如果无法使用数字设备，可能会出现戒断症状。数字依赖和成瘾与心理健康问题有关联。长时间使用数字设备和沉浸在虚拟世界中可能导致孤独感、抑郁和焦虑等心理健康问题。

2.3.3.3　睡眠问题

人们过度使用科技设备和频繁暴露在屏幕的蓝光中可能对睡眠质量产生影响。对这些设备使用时间过长和晚间使用可能导致入睡困难、睡眠质量下降和睡眠时长不足。首先，晚间使用科技设备，特别是在床上使用智能手机或平板电脑，会使人体暴露在蓝光下。蓝光会抑制褪黑激素的分泌，干扰正常的睡眠周期，导致入睡困难和延迟入睡。其次，科技设备使用过多会刺激大脑，使人处于高度警觉状态。这会导致深度睡眠和快速眼动睡眠（REM）减少，从而影响睡眠的质量。睡眠质量下降可能导致人们醒来时感觉疲惫、精神不集中，影响白天的工作效率和情绪状态。最后，过度使用科技设备，特别是在晚间使用，往往延长了入睡时间。当人们在深夜继续使用设备时，可能会缩短睡眠时间。长期睡眠时长不足可能导致疲劳、注意力不集中、抑郁等问题。睡眠不足和质量不佳与情绪波动密切相关。睡眠不足会增加焦虑和抑郁的风险，使人情绪不稳定、易怒和易激动。

2.3.4　伦理危害

随着科技的发展和应用，涉及人工智能伦理、基因编辑等领域的伦理问题日益凸显。

2.3.4.1　人工智能伦理

当谈到科技的伦理问题时，人工智能伦理是一个备受关注的领域。人工智能的迅猛发展和广泛应用引发了一系列伦理挑战和潜在危害。第一，偏见和歧视。人工智能系统的训练和学习过程依赖于大量的数据。如果这些数据存在偏见或歧视，人工智能系统可能会在决策和推荐过程中重复这些偏见。例如，在招聘、贷款审批或刑事司法等领域，人工智能系统可能会不公平地对待某些群体，加剧社会不平等。第二，自主决策和责任。在某些情况下，人工智能系统可能会自主做出决策，例如自动驾驶汽车的决策过程。这引发了关于人工智能系统如何应对不确定性、权衡利益和承担责任的伦理问题。在出现事故或伤害时，如何确定责任和追究责任也是一个重要的问题。第三，人类权益和尊严。在人工智能系统的发展和应用过程中，如何确保人类的权益和尊严得到尊重是一个重要的伦理问题。例如，在军事应用、监控系统或个人健康管理等领域，人工智能的使用可能涉及侵犯个人权利、隐私或剥夺人类的自主权。

2.3.4.2 基因编辑

基因编辑技术的进步在医学和生命科学领域带来了许多潜力和希望，但同时也引发了一系列伦理问题。第一，基因编辑技术使得人们有可能修改人类的基因组，以改善个体的特征和功能。然而，这引发了关于何为"正常"和何为"改良"的伦理争议。基因编辑的滥用可能导致人类改造和基因优化的风险，挑战着我们对人类自身的尊严和多样性的理解。第二，基因编辑技术也引发了人类克隆的伦理困境。虽然目前科学界普遍禁止人类克隆，但基因编辑的进步可能打破这一界限。人类克隆涉及伦理、社会和法律等多个层面的问题，包括个体自主权、身份认同、家庭关系等，需要对其进行深入的伦理辩论和监管。第三，种族歧视和不平等：基因编辑技术可能加剧种族歧视和不平等的问题。如果基因编辑被滥用为种族优化或种族改造的手段，将会加剧种族间的分化和不平等。这引发了关于公平和社会正义的伦理担忧，以及对种族差异的理解和尊重的讨论。第四，基因编辑的应用不仅仅局限于人类，还可能影响到其他生物和生态系统。在基因编辑的应用中，如果处理不慎或滥用技术，可能导致遗传基因污染和对生态系统不可预见的影响。这引发了对环境伦理和生态平衡的担忧，需要在技术应用中进行谨慎和可持续的评估。

2.3.5 应急管理危害

尽管科技本身并非导致突发事件的直接原因，但在某些情况下可能助长突发事件的出现。

2.3.5.1 自然灾害

当涉及自然灾害时，科技风险可能助长突发事件的出现。尽管科技本身无法控制或引发自然灾害，但科技的应用和相关风险可能影响灾害的影响程度和人们对其的应对能力。一方面，不当的土地开发和城市规划可能导致自然灾害的影响加剧。例如，大规模的土地开垦、过度的城市扩张以及对湿地的破坏可能导致洪水的泛滥更为严重，土壤侵蚀的加剧可能引发山体滑坡或泥石流等灾害。另一方面，气候变化与科技的关联也可能对自然灾害造成影响。气候变化导致的极端天气事件，如强风暴、干旱、暴雨等的频率和强度增加，可能对人们的生命安全和财产造成更大的威胁。

2.3.5.2　事故灾难

一方面，技术的不稳定性和失效可能成为事故的潜在因素。例如，工业控制系统的漏洞或故障可能导致工厂爆炸或泄漏事故；交通系统中的软件故障可能导致交通信号失效或车辆失控。另一方面，科技的不当应用或不合理追求效益可能增加事故的发生风险。例如，工业企业在追求高效生产时可能会忽视安全标准和规范，导致事故的发生；交通系统中的技术创新，如自动驾驶车辆的推广使用，可能面临技术可靠性和安全性的挑战。例如，2010 年发生的墨西哥湾深水地平线油井爆炸事故就是科技风险引发事故灾难的一个案例。该事故导致 11 人死亡，数百万桶原油泄漏进入墨西哥湾，对环境和渔业造成了严重破坏。该事故涉及深水钻井技术的失效和不当管理，暴露出企业对技术风险的认识和控制不够充分。

2.3.5.3　公共卫生事件

科技在公共卫生领域的应用可以改善疾病预防、检测和治疗的能力。然而，科技风险也可能导致公共卫生事件的出现。一方面，技术的失效、漏洞或滥用可能成为公共卫生事件的潜在因素。例如，生物实验室中的病原体泄漏、药物研发过程中的安全漏洞或质量控制问题等，都可能引发公共卫生风险。另一方面，科技的发展和应用也带来了新的公共卫生挑战和争议。数字化健康数据的收集和隐私保护问题也成为公众关注的焦点，生物技术的滥用或安全性问题可能导致疫苗或药物的不良反应。例如，科技在疫情防控中发挥了重要作用，包括病毒基因组测序技术的快速推广、追踪应用的开发、数字化健康码的使用等。然而，疫情也暴露了科技风险给公共卫生带来的挑战，如疫情信息的传播失真、疫苗信息的泄漏和不实传言的传播等。

2.3.5.4　社会安全事件

社会安全事件是指涉及社会秩序和公共安全的突发事件，如恐怖袭击、社会动荡、网络犯罪等。科技风险对社会安全事件的发生和影响也不容忽视。首先，科技的发展为恐怖分子和犯罪分子提供了新的工具和手段，使得他们能够更加隐蔽和高效地实施犯罪活动。例如，网络技术的进步使得网络犯罪日益猖獗，包括网络诈骗、网络攻击、数据泄漏等。同时，科技也为恐怖分子提供了制造和使用大规模杀伤性武器的可能性，如生物技术的滥用、化学物质的非法获取等。其次，社交媒体和信息技术的普及也对社会安全产生了深远影响。虚假信息、谣言和仇恨言论的传播速度加快，可能引发社会动荡和冲突。社交媒体平台成为恐怖分子和极端组织宣传、招募人员和策划袭击的渠道，导致社会安全形势的复杂化。最后，科技发展也对社会安全事件的防范和打击提出了新的挑战。传统的安全手段和法律法规在面对新兴科技带来的安全威胁时可能显得力不从心。例如，面对网络犯罪和网络恐怖主义，传统的执法手段和跨国合作面临困难，需要借助科技手段和国际合作加强打击。

第 3 章　科技风险的关键要素
　　与特征归因

　　科学技术的研究与应用是一种典型的、向未知领域探索的活动，不确定性是其本质特征，即"科技风险"与"科技活动"是相伴相生的。科技在研究、应用、推广、产业化等过程中，涉及的对象包括了科研工作者、科研机构、政府、NGO（非政府组织）、企业、消费者等，可能引发的灾害类型包括火灾爆炸、生态环境污染、群体性聚集等。科技风险的影响要素是多元复杂的，为了实现对其系统、科学、完备的要素解析，本章主要从系统论的角度确定科技风险的关键构成要素，分析各要素特征，并对特征的内在根源进行探究。

3.1　科技风险的系统结构

　　从风险的有关定义可以看出，风险的基本构成要素包括风险因素（风险源）、风险事故和风险损失。风险源是引起或增加风险事故发生的可能性或造成的损失程度的根源。一般来说，风险源是客观存在的，不以人的意志为转移。风险事故是个人或组织为实现某种意图而开展的活动过程中，突然发生的，迫使活动暂时或永久停止的事件。风险通过灾害事故的发生才能导致损失，损失包括人员伤亡、环境污染、物质破损、社会秩序破坏等。近年来，随着风险评估研究的不断深入，更多的学者将"备灾""防灾减灾""恢复力"等作为"风险防控"的表征要素纳入风险系统中，实现了风险生成及防控两个层面的融合。

　　基于最新的有关风险的理念和成果，结合科技风险的概念和内涵，从系统论的角度，综合致灾和防控两个维度，可将科技风险系统划分为风险本体子系统和风险管控子系统。风险本体子系统主要包括风险致因、风险受体和孕灾环境，是风险存在以及风险引发事故的源头。风险管控子系统则对应包括管控主体、管控措施、管控环境，风险管控子系统的目的是对风险本体子系统进行管理和控制，其会对风险致因、风险受体、孕灾环境产生直接作用，从而实现风险可能性的降低和后果严重性的减轻。两个子系统相互作用，同时也都是开放式的，其中孕灾环境和管控环境都是既有的社会环境和自然环境，只是核心组成要素上存在一定差异，科技风险系统组成如图 3-1 所示。

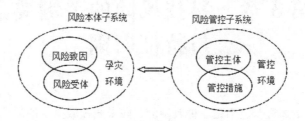

图 3-1　科技风险系统构成示意图

3.2　科技风险本体子系统

在科技风险本体子系统中，风险致因分为根本性风险致因和直接性风险致因。根本性风险致因是风险存在和事故发生的根源，直接性风险致因是对根本性风险致因进行约束和能量屏蔽的相关因素，是事故发生的直接原因。风险受体包括自然界系统中的各类资源和生物，人类社会系统中的人、经济、社会秩序等要素。孕灾环境主要为社会人文环境，包括社会基础设施水平、风险防控水平以及人的知识水平、技术接受度等。科技风险本体子系统的要素组成如图 3-2 所示。

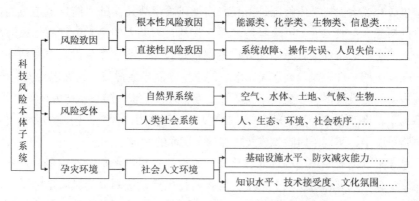

图 3-2　科技风险本体子系统要素组成示意图

3.2.1　科技风险的风险致因

风险是科学技术的内在属性，科技风险产生的原因有很多，根据其与事故的相关性，可以分为两大类：根本性风险致因和直接性风险致因。

根本性风险致因是风险产生负效应的根源，包括系统中存在的、可能发生意外释放的能量及其载体。实际上，从机理角度分析，事故就是一种意外的、不希望的能量释放作用于人、物、环境等产生的负面影响。能量及其载体有很多不同的形式，从性质上可以分为物理类、化学类、生物类、信息类等。具体的又可以进一步细分。比如：在物理类中，最典型的有势能、动能、热能等；在化学类中，包括各种有毒、有害、易燃、易爆的化学品，可能对人、其他生物、设备、环境等造成伤害；在生物类中，包括作用于基因、细胞、酶、蛋白质等方面的科技，可能影响生物各个层次的种类、结构、功能、行为、发育和进化以及生物与周围环境的关系；在信息类中，包括信息感知、采集、存储、传输、发布等不同方面可能带来的信息污染、信息泄露等问题。科技风险之所以产生，会对人员、环境、经济造成负面影响，根本上就是科技研发与应用过程中各类能量及其载体的意外释放造成的。根本性风险致因直接决定风险引发的事故的严重性。

直接性风险致因是导致根本性风险致因失控，即造成根本性风险致因屏蔽失效的各种因素，包括设备设施老化、人员操作失误、管理措施不当、科研人员失信、违法人员乱用科技成果等。这些因素是风险转化为事故，产生不良后果的直接原因。直接性风险致因决定风险转化为事故的可能性。

3.2.2　科技风险的风险受体

科技的应用是广泛的，自然与社会中的各类对象都会受到科技成果直接或间接的影响，从而成为科技风险的受体。从大类上，可以分为自然界与人类社会两个系统中的各类对象。自然界系统中，风险受体包括科技可能会影响到的空气、水体、土地、气候及生物等各类资源对象。科技应用一旦对自然界产生显著破坏，往往是持续积累且较难恢复的。人类社会包括可能受到身体或精神影响的个体，可能造成直接或间接损失的物质财产，以及可能影响到其运行秩序、文化发展、经济利益、政治地位的各类组织。

根据受体与风险产生、事故爆发及后果承受等方面的关系，本书中将科技风险的受体类型分为三类：系统运行参与者；无辜在场者或系统普通用户；非在场者或后代。

（1）系统运行参与者：这类风险受体与风险的产生和事故的发生有较为密切的关系，包括实际操作者（汽车驾驶员、核电厂操作者、科技研发人员等），也包括确保系统正常运行的保障人员（如化工厂的管理人员、维修人员等）。

（2）无辜在场者或系统普通用户：这类受体对风险的产生和事故的发生没有直接的干预能力，但与风险致因存在较为密切的联系。这类用户或者是在空间位置上与风险致因比较邻近，如化工厂周边的居民；或者是作为普通用户使用其提供的产品或服务，如互联网用户、供水管网用户等。

（3）非在场者或后代：这类受体与风险致因几乎没有任何关系，不享受其带来的任何收益，也不参与系统的运行，但风险和事故会对其产生影响，如因为辐射或环境污染受到影响的后代。

3.2.3　科技风险的孕灾环境

与传统风险受自然环境影响较大相比，科技风险更多地是受人文环境的影响。科学研究和技术开发本身就是人类向未知探索的一种活动，人类社会是科技风险孕育的主体环境，同时自然环境在一定程度上会对科技风险的可能性和严重性产生耦合影响。同样地，科技活动和科技在不同的时期、不同的社会环境、不同的组织、不同的群体中可能产生完全不同的影响。一方面，科技活动和科技成果应用所处的社会基础设施水平、风险防控与应急处置水平会对风险的可能性和后果产生影响。另一方面，社会整体的知识水平、技术接受度、文化氛围等也会直接决定风险是否存在以及风险水平的大小。有些科学技术在出现之初，由于人们对其掌控能力比较弱，可能风险会比较高，比如核能，但随着人类对其内在机理的认识和研究，可以通过各种防控措施降低其风险。当然，也有些科技会因为战争、社会暴力等原因，在某个时期或某个区域出现风险扩大的情况。

3.3　科技风险管控子系统

科技风险管控子系统主要包括管控主体、管控措施以及实施风险管控的经济、文化等基础环境，如图 3-3 所示。

3.3.1　科技风险的管控主体

科技风险管控主体是指对风险负有管控责任的个人、团体、组织等。风险管控主体随科技社会化的变化而不断扩大，科技工作者、政府及政府性国际组织、商业营利组织、非营利性组织和社会公众等都是科技风险的管控主体。

（1）科技工作者。科技研究、发展与应用各个环节都与科技工作者密切相关，科技工作者是科技活动的核心主体，是风险管控的关键参与者。科技风险的预防

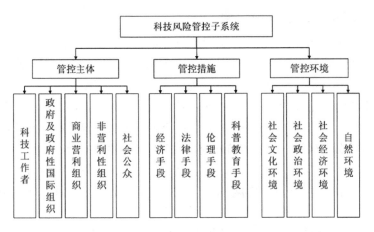

图 3-3 科技风险管控子系统要素组成示意图

首先依赖于科技工作者对科技负责任的专业研究和判断,科技风险的防控需要科技工作者提供科学方法和有效途径。

(2)政府及政府性国际组织。政府是社会管理的主体,是科技政策的制定者和科研活动的引导者,对科技发展影响重大。同时,当前科技应用对自然环境危害范围和对社会发展影响范畴的扩大需要政府层面的强制力和资源统筹才能实现有效管理。此外,政府对于军事科技风险管理作用重大。

(3)商业营利组织。社会组织可以分为两类:一是商业营利组织,主要指公司、企业等;二是非营利组织,包括社会团体、行业协会等。其中,商业营利组织为了实现其利润最大化的目标,可能会为了抢占市场先机而让不成熟的科技成果过早投入社会应用,成为科技风险产生的重要原因之一。

(4)非营利性组织。伴随着政府职能的转变,行业协会、社会组织等在科技风险防控领域的作用越来越明显,行业协会的行业自律、行业管理职能越来越重要,同时各类社会组织也在承担更多的社会服务工作,尤其是在跨国界的全球问题治理方面。制定行业标准、发出行业倡议、建立跨地域的环境保护与风险防控组织等是非营利性组织参与科技风险管控的重要方式。

(5)社会公众。科技化时代,公众是科技风险防控的重要单元。从原因上看,社会大众作为科技产品的直接使用者,对科技风险的形成和加剧有重要影响,很多科技风险就是因为公众对科技产品的恶意使用造成的。如使用针孔摄像头窃取别人隐私,使用 3D 打印技术打印枪支等。从结果上看,每一个人都有可能成为科技风险的受害者,社会公众都应参与到科技风险的防控工作中,如加强自我约束、实施民主监督等。

3.3.2　科技风险的管控措施

科技风险治理具有主体多元化、环境复杂化的特点，因此治理的手段也是多样的。在风险治理中，既要充分发挥法律与经济体系的"硬约束"强制作用，也要发挥道德伦理体系的"软约束"劝导作用。

法律手段是指以法律的方式对各治理主体的权利界限与责任范围进行明确的管控手段，例如，政府发布条例强制执行，违反者承担法律责任和行政处罚。经济手段主要是指发挥经济利益的调节作用，约束各治理主体行为的管控手段，如在处理风险与收益不匹配、公共与私人利益博弈、发达国家与发展中国家利益矛盾等问题上，坚持公平、公正的利益分配导向，使遵守规则者获益，触犯规则者付出成本。

"软约束"主要包括两方面。一是利用教育手段，通过宣传、科普等形式增强公众的风险意识与安全观念，为科技风险治理奠定民意基础。二是从道德观念入手，发挥生态伦理与责任伦理的规约作用，促进各方道德水平的普遍提高。

3.3.3　科技风险的管控环境

科技风险的管控环境主要包括社会文化环境、社会政治环境、社会经济环境和自然环境。

（1）社会文化环境，是指在一种社会形态下被社会所公认的各种行为规范，包括价值观念、道德规范、宗教信仰及风俗习惯等。[1] 管控主体的各项管控措施应以社会文化环境为基础进行制定，通过融入文化传统、价值观念、地方性知识来增强防控措施的可行性，用非制度性因素促进防控体系的完善。

（2）社会政治环境，包括政治制度、政治体制、政治生活现状及政治发展方向等，[2] 其中政治体制又包括立法、行政、司法等方面。[3] 应不断构建并完善科技风险防控的多元参与体制与机制，形成相互尊重、相互磋商的社会政治氛围。

（3）社会经济环境，指社会经济体制、社会经济发展水平、金融体系等因素的综合。当今社会发展进入知识经济时代，科技带有极强的商业属性，但商业对科技的投入是一种投资行为，为了尽快获取更大的经济利益，可能会缩短科技试验过程，使科学技术盲目商业化，加剧科技风险。

（4）自然环境，是生物生存和发展所依赖的各种自然条件的总和，包括水土、地域、气候等。在技术层面，自然环境影响管控措施的可行性和效果，比如科技

---

① 冯俊华. 企业管理概论 [M]. 北京：化学工业出版社，2011：56.

② 李鸣. 我国重大公共事件网络舆情云治理研究 [D]. 武汉：华中科技大学，2016.

③ 袁聚录. 论优化我国民主文化的政治环境 [J]. 理论导刊，2014（4）：15-19.

风险对海洋的污染，在进行治理时必须以海洋生态环境为基础进行设计和实施。在管理层面，自然环境影响人们对科技风险管控紧迫性的认知和行动，当自然环境良好、自然资源充裕时，人们通常倾向于将风险管控让步于科技推动经济发展的需求，而当自然环境恶化、自然资源趋向于枯竭时，人们会对风险管控给予更多的关注和配合。

3.4 科技风险的特征分析

科技风险是当代社会的一个重要特征，除具有传统风险的不确定性等特征外，由于其本身属性及当前社会发展状态，还有很多特殊性。

3.4.1 科技风险本体子系统特征

从科技风险本体子系统看，主要有高度隐蔽性、时空跨越性、危害灾难性、破坏无序性、人为操控性等显著特征。

（1）高度隐蔽性。由于人类科学认知水平存在时间局限性，致使科技应用带来的风险以当时的科学水平可能无法识别，甚至很多灾难发生后科学家都无法快速地发现原因和机理。所以，科技自身的局限性决定了高度隐蔽性是科技风险的首要特征。正如贝克所言，"这个社会在技术上越来越完善，它甚至能够提供越来越完美的解决办法。但是，与此息息相关的后果和种种危险却是受害人根本无法察觉到的"。① 在《难以忽视的真相》一书中，美国著名的环境学家艾伯特·戈尔指出，"当我们周围环境中的重大变化是逐渐地、缓慢地发生时，我们会倾向于无动于衷，认识不到问题的严重性，直到局面已经不可挽回"。② 科技风险的隐蔽性特征是对人类社会最大的危害，因为人类无法察觉的风险才是最大风险。

（2）时空跨越性。查尔斯·佩罗曾指出，在当代风险社会中，各类高风险系统因为规模扩大、与公众距离更近以及内在破坏性能力更高等原因，导致它们一旦发生事故不只会影响系统运行参与者，而且会危及无辜的在场者和未来几代人，在空间和时间上都显现出无边界性。③ 传统社会中，风险一般只是作用于有限的领

---

① 乌尔里希·贝克，约翰内斯·威尔姆斯．自由与资本主义 [M]．路国林，译．杭州：浙江人民出版社，2001：127.

② 阿尔戈尔．难以忽视的真相 [M]．环保志愿者，译．长沙：湖南科学技术出版社，2007：54.

③ 查尔斯·佩罗．高风险技术与"正常"事故 [M]．寒窗，译．北京：科学技术文献出版社，1988：43-48.

域，只是对少数人或特定群体产生的威胁，主要体现为单一的、小范围的"地方性风险"。全球化社会中，科技风险具有了典型的"蝴蝶效应"，一个技术环节出现问题，可能衍生出跨地区、跨领域的连锁反应，引发灾难性后果。同时，核能技术、基因技术、生物工程等风险既会对当代产生影响也会决定未来人类的生活模式和历史走向。此外，资源匮乏、环境污染、生态失衡等科技应用衍生的风险和影响在短期内无法消除，甚至有些影响是不可逆转的，会持续影响几代人，甚至几十代人。

（3）危害灾难性。现代科技风险的跨越时空性决定了其影响可以跨越国界、跨代际，很多科技风险直接造成了物种灭绝、人员伤亡，形成了不可逆转的巨大破坏。也就是说，现代科技风险一旦演变成灾难，不仅会对人类社会造成破坏，而且这种破坏造成的后果范围广泛，程度深远，几乎影响到社会生活的方方面面，甚至使人类的生产与发展受到严重的威胁。例如，20世纪先后出现的世界八大公害、六大污染事件造成许多动植物灭绝、人类发病或死亡。现代科技研制出的原子弹和生化武器可以瞬间夺取数万人生命，放射性物质的泄漏和生物病毒的传播可以导致全球病菌肆虐和气候变化等。这些已经发生和可能发生的事件均证明了科技风险的极端危害性。

（4）破坏无序性。传统风险的影响基本是从一个点向外链式发展，但当前很多风险因为信息化以及交通方式的变化呈现出新的模式。一方面，由于互联网的连接性以及其在社会各个领域的深度应用，一旦一台计算机感染病毒就会迅速在网络中扩散，加之大数据时代网络媒介的发展，这种扩散可能没有任何规律可循。另一方面，由于当前全球范围内人流、物流的频繁、快速交换，很多风险因素会伴随发生扩散，新冠疫情在全球范围的大暴发以及多点散发都说明了在当前的社会运行模式下，各类风险传播和事故破坏的无序性。

（5）人为操控性。当前，科技发展形成的成果不断从传统的实体设备、物质向虚拟的信息、数据、服务等方向扩展。社会运行的数据化、信息化使人为操控的可能性大大增大。如随着个人自媒体的发展，社会舆论被人为恶意操控的可能性增加，当下社会的造谣成本越来越低但影响却越来越大。有学者指出，随着科技发展，现在一个小集团可以出于自己小集体的利益诉求，给世界制造灾难。过去的战争为的是国家利益，现在却可能与国家利益根本无关。

3.4.2 科技风险管控子系统特征

从管控系统看，科技风险的特征主要表现为主体责任界限模糊、后果消除复杂、预测难度大等方面。

（1）主体责任界限模糊。科技治理主体包括政府、公共组织、非营利组织、私人组织、社会、个人等。一方面，由于不同主体的目标不同，在治理过程中就存在利益、责任的多方博弈。另一方面，由于科技风险的隐蔽性以及时空跨越性，风险最终产生危害时可能突破了已有社会体制下各方的固有责任边界，导致风险无法正确归责。

（2）后果消除复杂。科技风险的隐蔽性导致人类对很多风险无法有效识别、提前防控，更无法充分认识其内在演化机理，灾害一旦发生往往就是规模较大、影响范围比较广的事故，识别原因、消除影响需要耗费大量时间和资源。同时，有些科技负效应出现时社会可能已对科技产生了深度依赖，短期内改变生产方式或生活模式都是不可行的。此外，当大范围、长时间的严重破坏突破地域和国界的限制后，科技风险的消除就涉及不同国家、不同利益群体间的博弈，成为政治、经济、文化等诸多因素相互交织的复杂问题。

（3）预测难度大。一方面，科技风险的隐蔽性使部分风险根本无法预测，只能等待科技进一步发展或负面后果显现。另一方面，破坏无序性和人为操控性的增强使风险监测和演化预测的难度增大，科技引发的灾害发生时间、地点和演化模式可能完全超出预测范围。

3.4.3　科技风险的特征归因：错位效应

科技风险的各个特征是相互影响、相互作用、相互加剧的，高度隐蔽性为风险积累和扩散创造了时间，破坏无序性使预测难度增加，两者导致时空跨越性、危害灾难性加剧，进一步造成了后果消除的复杂性。同时，后果消除的复杂性又会衍生导致危害时间和空间范围的延展，加剧危害程度。所以，科技风险的各个特征之间存在因果关系，通过相互作用和影响使后果不断演化。

通过对科技风险本体子系统和管控子系统两个方面的特征分析，基于社会心理学家海德提出的归因理论中的"共变原则"，可以进一步对各个风险特征存在的原因进行分析和归类，发现与科技风险特征相关联的共性原因，如图 3-4 所示。

通过归因分析可以发现，科技风险的特殊性之所以存在，主要是因科技风险在时间、空间和群体方面的"错位"，简单来讲就是：A 时间段发生的科技应用后果可能在很久以后的 B 时间段显现；C 地区的某种科技应用可能是 D 地区发生事件的起因；E 群体的科技行为后果可能作用在 F 群体上（如图 3-5 所示）。这些错位是科技风险的真实原因与其后果在表象上时空分离的原因，一定程度上掩盖了风险与其内在根源之间的联系，使人们较难抓住底层根源进而快速有效地解决危机。

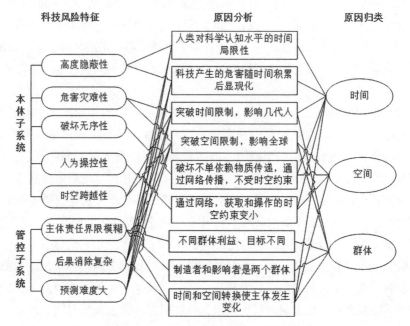

图 3-4　科技风险的特征归因关系图

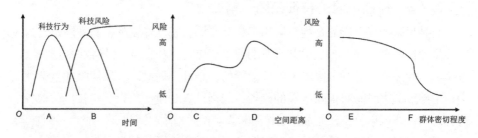

图 3-5　科技风险在时间—空间—群体上的错位示意图

"时间错位"是指 A 时间段的科技活动或者科技行为可能在很久以后的 B 时间段才显现出来。这也是科技风险具有高度隐蔽性、危害灾难性特征的主要原因之一。化石燃料使用造成的全球气候变暖、塑料垃圾产生的"白色污染"、DDT（双对氯苯基三氯乙烷）使用对生态环境产生的破坏等问题所引发的负面效应在时间上都是滞后于科技应用所带来的正面收益的。时间错位在客观上也造成了科技风险管控环节上责任主体转移、后果消除困难、预测难度大等问题。

"空间错位"是指在 B 地区的某种科技活动或科技成果应用可能引发 D 地区出现风险事件，造成损失和影响。存在空间错位的科技风险主要有几类：一是通过海洋、河流以及空气传播的化工类科技风险，这类风险可以通过空间上的快速扩散，使相距较远的地区也受到影响，如日本福岛核废水排放会对整个太平洋海域产生污染；二是通过网络传播的信息技术类科技风险，这类风险完全突破空间的局限，如 2006 年"熊猫烧香"计算机病毒在短短一个月时间迅速蔓延全国，受害用户至少上百万。

"群体错位"是指 E 群体的科技活动或行为产生的后果作用于 F 群体中。"群体错位"是"时间错位"和"空间错位"在风险受体上的直接体现。其中，"时间错位"直接带来的是群体代际上的变化，当代人的科技行为最终由后代人承受后果，与生态环境相关的科技风险几乎都存在这类问题。"空间错位"造成的是不同角色、不同性质的群体在承担科技风险时的不平等，享受科技带来收益的群体和承担科技引发风险的群体是分离的，而"弱势群体"往往会成为风险受体，这也是现实生活中"财富在上层聚集，风险在下层聚集"的体现，贝克在《风险社会》一书中提出的"在风险社会中，'不平等'的社会价值体系被'不安全'的社会价值体系所取代"也是对这一现象的阐述。[①]

---

① 乌尔里希·贝克. 风险社会［M］. 何博闻，译. 南京：译林出版社，2004：56.

第4章 科技风险的多维分析
与致灾潜势评估模型

科技风险产生的源头是科技本体蕴含的破坏性能量，能量的大小决定其可能引发的灾害规模，当能量集聚超过临界值意外释放后会对风险受体产生价值损伤，也就是引发了灾害事故。本章主要围绕科技风险的特点和致灾过程，从科技本体、致灾能量、风险受体、风险管控四个维度设计了包含科学已知度、社会感应度、单元蕴能度、损伤嵌入度、时空衰减度、物种敏感度、衍生扩散度、致灾减缓度和损伤可逆度的九度分析模型，并就每一个分析指标给出了分类评估的规则和正负相关性说明，构建了科技致灾潜势的概念评估模型。

4.1 多维分析体系

在科技致灾过程中，风险管控系统会对科技本体、风险受体及能量集聚和释放过程进行管控，科技致灾的基本过程如图4-1所示。因此，科技风险水平的大小可以通过对科技本体、风险受体、致灾能量和风险管控四个方面的进一步分析来研究。

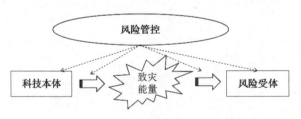

图4-1　科技致灾的基本过程示意图

不同的科技及其应用方式在蕴含的破坏性能量、在社会中的数量与分布，以及人们对其管控能力等方面有很大差异。如，相较于传统科技而言，人们对新兴科技的内在原理知悉度、作用机理把握度以及产生伤害后的救援手段方面会相对薄弱，相较于专项科技，共性科技在社会中的应用范围更广。同时，不同的能量类型对不同受体的破坏能力不同，有的受体敏感性强，有的受体承受能力大。管控主体对不同科技造成的受体损伤进行逆向恢复的能力也会有很大差异。通过对科技风险系统中各关键要素特征的分析，可以进一步汇总出科技风险分析的核心分析指标，如图4-2所示。本书中通过对科技本体、风险受体、致灾能量和风险管控四个方面的分析提出了科学已知度、社会感应度、单元蕴能度、损伤嵌入度、时空衰减度、物种敏感度、衍生扩散度、致灾减缓度和损伤可逆度等九度分析指标。

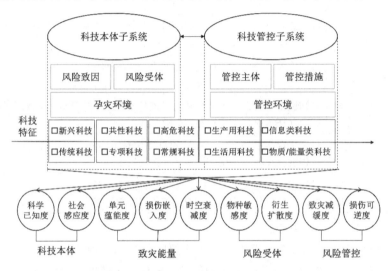

图 4-2　科技风险九度分析指标体系图

4.2　科技本体：科学已知度、社会感应度

4.2.1　科学已知度

4.2.1.1　定义与分级

科技在根源上是科学知识的实践应用，而科学认知是有限的、真理是相对的，人类对自然的探索是一个渐进的过程，无法在某个历史阶段完全掌握所有规律。同时，世界是一个由各个部分共同组成并相互联系、相互作用的系统，存在大量偶然和随机因素。加之当前科技受政治、经济等方面的影响不断增加，可能出现"先应用后试验""先生产后研究"的现象。因此，投入生产应用环节的科技，也很有可能是内在科学原理和作用机理还未明确的科技，科学界对其规律和性质的研究可能并不充分，严重影响科技风险识别和评估的准确性。

本书中将科技风险的"科学已知度（scientific knowness）"定义为科研领域对科技所内含的科学原理、性质和可能产生的负面后果的知悉程度。根据科技所关联的主导背景知识的研究程度、是否获得实践检验和社会公认等，将科学已知度分为五个等级，已知度越高对科技的掌控程度越强，科技风险越低，各级别判断标准如表4-1所示。

表4-1 "科学已知度"分级判断标准

级别	标准
高	主导背景知识完全已知，应用领域的机理明确，已有长时间应用，社会公认程度高，如传统化工科技
较高	主导背景知识大部分已知，应用领域的机理相对明确，已有较长时间应用，社会公认程度较高，如核电科技
中	主导背景知识基本已知，应用领域的机理基本明确，应用时间相对有限，社会公认层面存在争议，如3D打印技术
较低	主导背景知识存在未知，应用领域的机理相对不明确，应用时间较为有限，社会公认程度存在较大争议，如转基因作物技术
低	主导背景知识存在很大未知，应用领域的机理不明确，只在部分环境和个别领域应用，社会公认程度很低，如人类基因编辑技术

4.2.1.2 计算方法与模型

"科学已知度"的计算可借鉴"技术成熟度"的相关理念和方法。技术成熟度评估是对与技术成熟度有关的数据和信息，根据一定的度量指标进行分析，进而确定技术成熟程度的活动，主要有技术就绪水平（technology readiness level，TRL）方法、技术文献计量（technology bibliometrics，TBM）方法、技术专利分析（technology patent analysis，TPA）方法、技术性能测量（technology capability measure，TCM）方法四种。当前技术成熟度的研究主要是服务于企业技术选择决策使用。但实际上，技术成熟度和科学已知度是有密切联系的，在技术发展的不同阶段，技术的状态一定程度上也决定了人们对于该项技术的知识掌握和认可程度。根据本书中对于科学已知度的定义，当前主要的四种技术成熟度评估方法中，TBM和TPA是与"科学已知度"测量目标最为一致的方法。

TBM方法通过对技术相关文献资料进行统计分析，判断技术当前发展状态，获得技术的成熟度等级。Watts和Porter认为，当一项科技处于基础研究、应用研究或开发样品阶段时，说明应用时间有限，科技成熟度不是很高，内在的风险一般也就比较高（如表 4-2 所示）。① Porter 等提出了用期刊论文数与会议论文数之比来分析产品技术成熟度的方法。② 高德纳咨询公司发布的光环曲线（hype cycle）通过各个时期主要研究领域的关键词研究判断技术成熟度，将各种新技术发展分为萌芽期、过热期、谷底期、复苏期和成熟期，当一项科技的发展阶段处于技术萌芽期和过热期时，代表科技是相对不成熟的，内在风险也就比较高。

表 4-2　技术生命周期阶段与代表性文献类型

阶段	代表性文献
基础研究	SCI（科学引文索引）数据库
应用研究	EI（工程索引）数据库
开发样品	专利数据库
实践应用	新闻
社会影响	出版物

TPA 方法是基于专利数据的技术成熟度评估方法。专利是最典型的技术创新成果，专利文献是专利活动的完整记录，可以用来研究技术活动的发展过程。常用的计量参数有技术生长率（V）、技术成熟系数（α）、技术衰老系数（β）和新技术特征系数（N），可以根据 V、α、β、N 随时间变化情况分析技术发展阶段，如表 4-3 所示。

表 4-3　基于 TPA 方法的技术成熟度评估参数

计量参数	计算公式	编号	统计意义
技术生长率（V）	$V=a/A$	(2-1)	连续计算数年，若 V 值递增，说明该领域技术正在萌芽或生长阶段
技术成熟系数（α）	$\alpha=a/(a+b)$	(2-2)	连续计算数年，若 α 值递减，说明技术日趋成熟
技术衰老系数（β）	$(\beta)=(a+b)/(a+b+c)$	(2-3)	连续计算数年，若 β 值变小，说明技术日渐陈旧

---

① WATTS R J, PORTER A L. Innovation forecasting [J]. Technological Forecasting and Social Change, 1997, 56: 25-47.

② PORTER A L, ROPER A T, MASON T W, et al. Forecasting and management of technology [M]. New York: Wiley, 1991: 121-130.

续表

计量参数	计算公式	编号	统计意义
新技术特征系数（N）	$N=sqrt$（$N^2+\alpha^2$）	(2-4)	某项技术新兴或衰老的综合指标，N值越大，新技术特征越强

注：a 为当年某技术领域的发明专利申请（公布）数量；b 为当年某技术领域的实用新型专利申请（公布）数量；c 为当年某技术领域的外观设计专利或商标申请（公布）数量；A 为追溯 5 年某技术领域的发明专利申请（公布）累积数量。

4.2.2 社会感应度

4.2.2.1 定义与分级

感应度一般是指一方随另一方变化而变化的程度。科技风险的社会感应度是从科技与社会的关联程度方面进行的评估，这与科技所处的阶段、科技本身可应用的领域以及政府有关科技方面的政策有关系。在研究实验阶段，社会感应度较低，主要涉及科研机构和科研人员，研发完成进入应用环节后，随着技术扩散，对社会的影响会逐渐增大，但最终在社会中的分布格局还是取决于科技本身以及政府的管控。

本书中将科技风险的"社会感应度（social induction）"定义为科技在社会中的影响程度，可以用一项科技发生变化和调整会影响到的社会群体规模进行度量。本书中将社会感应度分为五个等级，感应度越高，科技影响的群体规模越大，科技风险也就越高，判断标准如表 4-4 所示。

表 4-4 "社会感应度"判断标准

级别	标准
高	影响人数与社会总人口比值为 [0.5，1]，如依附于基础设施，作用于全社会（如互联网技术）
较高	影响人数与社会总人口比值为 [0.3，0.5)，如依附于生活必需品的形式，通过衣食住行作用于大部分消费群体（如交通出行工具）
中	影响人数与社会总人口比值为 [0.1，0.3)，如依附于某类产品，作用于特定的消费群体（如学生文具用品加工技术）
较低	影响人数与社会总人口比值为 [0.05，0.1)，如以生产工艺或原料的形式，作用于行业内企业和相关区域（如制造企业的新设备或工艺）
低	影响人数与社会总人口比值为 [0，0.05)，科技以专用产品或设备的形式，作用于特定对象（如癌症靶向治疗技术）

4.2.2.2　计算方法与模型

根据科技最终应用的领域和呈现的形式，社会感应度的计算可以用不同的方法。针对主要应用于生产制造领域的科技，可以借鉴投入产出经济学中有关"感应度系数"的相关理念和方法进行计算。针对最终以产品或服务面向公众的消费品类科技，可以通过产品的社会保有量、用户数量等指标进行度量。

感应度系数在分析国民经济中各部门或各行业的重要地位及其对国民经济中各行业的推动作用中被普遍使用，是指国民经济各部门均增加一个单位最终使用时，某一部门由此受到的需求感应程度。感应度系数越大说明其对国民经济各部门生产的供给作用越大，对经济发展所起的作用也越大。同理，在衡量科技风险的社会感应度时，可以以某项科技作为分析对象，计算国民经济各部门增加一个单位最终使用时，某项科技由此受到的需求感应程度。感应度系数大于1，表示该项科技的需求影响程度超过平均水平，对于其他产业的推动作用较大，社会感应度较高。

需要说明的是，采用感应度系数进行计算虽然结果比较精确，但需要对各产业的投入产出数据进行详细统计和分析，工作量相对较大，计算过程也比较复杂。因此，在实践应用中，针对以产品或服务面向公众的消费品类科技，也可以通过简化的方式，以科技应用后最终体现的产品或者服务的数量、产值等指标进行反映。如某项转基因技术的社会感应度，可以通过转基因作物的种植面积或产量进行度量，某项电子产品技术的社会感应度，可以通过电子产品的社会保有量进行计算。为了确保最终结果的可比性，可以将结果统一转化为影响人数来计算，此时，需要综合产品数和单位产品影响受体规模两个参数，如（4-1）公式所示。

$$\mathrm{Si} = \frac{\sum_{j=1}^{n} C_{ij} \cdot \beta_{ij}}{N} \qquad (4\text{-}1)$$

其中，C_{ij} 为第 i 类科技应用的第 j 类产品在社会中的保有量；β_{ij} 为单个第 j 类产品所影响的平均受体；N 为总受体规模。不同科技产品的 β_{ij} 可能差异较大，如锂电池技术应用于手机产品时，因每个手机产品的实际使用者主要就是一个人，因此 β_{ij} 可以取值为1，而锂电池技术应用于动力电池以新能源汽车产品出现时，每辆汽车的实际使用者可能是以家庭为单位，β_{ij} 可以取 3~5。

4.3　致灾能量：单元蕴能度、损伤嵌入度、时空衰减度

4.3.1　单元蕴能度

4.3.1.1　定义与分级

单元蕴能度是以科技在不同阶段存在的基本形态作为一个分析单元，评估其

蕴含的破坏性能量的大小的指标。所谓基本形态是指科技本体或其依附的载体的外在表现形式。比如在研究阶段，各种科技基本都以材料、原料、工具、模型等形式存在于实验室。进入应用阶段后，差异会比较显著，有的科技以企业的生产原料、生产设备、加工工艺等形式存在，有的以生活中的不同消费品的形式存在。为了便于分析，我们可以以科技载体的管理主体或有形实体作为分析单元，如一个生物实验室、一个化工厂、一辆新能源车等。不同科技的分析单元差异较大，有的边界比较清晰，有的边界比较模糊，破坏性能量的计算单位也会有差异。比如：对于最终载体体现为有形物质可能会引发火灾爆炸的科技，其单元蕴能度可以通过"燃烧热/TNT 当量"衡量，主要侧重其可能产生的火灾、爆炸等灾害威胁；对于最终体现为有毒有害物质的科技，可以用"半数致死剂量/浓度"衡量，主要考虑其可能导致的生物中毒类灾害事故；对于以信息为主要对象的科技，可以选择信息敏感度和信息量作为衡量指标，考虑信息泄露等事故造成的损失；对于会产生辐射事故的科技，可以以"剂量当量"进行衡量，即组织或器官的平均吸收剂量与辐射权重因子的乘积；对于会产生温室气体的科技，可以转化为"CO_2当量"，通过分析其全球变暖潜能值进行分析。

　　本书中将科技风险的"单元蕴能度（energy density）"定义为每一单元科技（物质/产品等）蕴含的破坏性能量的大小，是科技本体的内在属性，单元蕴能度越高，则同等质量（数量）的科技所能产生的伤害越大，风险也就越高。单元蕴能度可以结合每一单元对象所含的物质或者材料的质量、体积、数量等进行计算。本书中将单元蕴能度分为五个等级，单元蕴能度越高，科技的相对破坏力越强，风险也就越高，判断标准如表 4-5 所示。

表 4-5　"单元蕴能度"分级判断标准

级别	标准
高	在会引发同类型灾害事故的科技中，单元蕴能度排序在前 10% 以内的科技，如：单元蕴能度≥100 kg TNT 当量的易燃易爆物品、剧毒物质、涉及国家安全的信息
较高	在会引发同类型灾害事故的科技中，单元蕴能度排序在 10%～30% 之间的科技，如：10 kgTNT 当量≤单元蕴能度<100 kgTNT 当量的易燃易爆物品、高毒物质、涉及社会秩序和公共利益的信息
中	在会引发同类型灾害事故的科技中，单元蕴能度排序在 30%～50% 之间的科技，如：1kgTNT 当量≤单元蕴能度<10kgTNT 当量的易燃易爆物品、中等毒物质、涉及组织和个人敏感度较高的信息

级别	标准
较低	在会引发同类型灾害事故的科技中，单元蕴能度排序在 50%~80% 之间的科技，如：0.1 kg TNT 当量≤单元蕴能度<1 kgTNT 当量的易燃易爆物品、低毒物质、涉及组织和个人较敏感的信息
低	在会引发同类型灾害事故的科技中，单元蕴能度排序在 80%~100% 之间的科技，如：单元蕴能度小于 0.1 kgTNT 当量的易燃易爆物品、微毒物质、涉及组织和个人一般敏感信息的信息

注：1 kg 的磷酸铁锂电芯蕴含的能量大约相当于 0.103 kg 的 TNT 炸药，1 kg 汽油大约相当于 10.9 kg 当量的炸药，1 kg 武器级铀完全裂变产生能量大约相当于 $1.9×10^7$ kg 当量的炸药。

4.3.1.2　计算方法与模型

在具体计算时，可以根据科技所属类别参照对应的行业标准和评估模型进行分析。

对化学类科技，可以根据联合国环境与发展会议（UNCED）推荐的《全球化学品统一分类和标签制度》（GHS）、国际劳工组织制定的《作业场所安全使用化学品公约》、国际标准化组织的 ISO 11014：2009《化学品安全技术说明书》等根据化学品安全、健康和环境方面的规范要求，将化学品燃爆、毒性、理化性质等的数据参数作为危化品类科技产品的单元蕴能度计算依据。我国《化学品分类和标签规范第 18 部分：急性毒性》（GB 30000.18—2013）中对化学品经口、经皮肤 LD_{50}（半数致死剂量）、吸入 LC_{50}（半数致死浓度）值的大小对人体的危害进行了分类，与"单元蕴能度"的对应关系可参照表 4-6 判断。

表 4-6　基于 LD_{50}/LC_{50} 的有毒化学品"单元蕴能度"判断表

接触途径	类别 1	类别 2	类别 3	类别 4	类别 5
经口/（mg/kg^{-1}）	5	50	300	2 000	5 000
经皮肤/（mg/kg^{-1}）	50	200	1 000	2 000	5 000
气体/（mg/L^{-1}）	0.1	0.5	2.5	20	见具体标准
单元蕴能度	高	较高	中	较低	低

对信息处理类的科技，应从信息遭到破坏后产生的影响角度进行评估，重点要考虑的是数据性质和重要程度。《信息安全技术　网络安全等级保护定级指南》（GB/T 22240—2020）根据保护对象的重要程度、受侵害的客体和侵害程度将安全保护等级划分为 5 级，与"单元蕴能度"的对应关系可参照表 4-7 判断。根据信

息对应的主体及信息类别，可以再进行具体细化。比如从个人权益保护的角度，可以将个人信息分为用户身份和鉴权信息（包括但不限于用户自然人身份及标识信息、用户虚拟身份、用户鉴权信息等）、用户数据及服务内容信息（包括但不限于用户的服务内容信息、联系人信息、用户私有数据资料、私密社交内容等）和用户服务相关信息（包括但不限于业务订购关系、服务记录和日志、消费信息和账单、位置数据、违规记录数据、终端设备信息等），每类信息的敏感度不同，其发生泄漏后产生的破坏性也不同。

表 4-7 信息处理类科技"单元蕴能度"分级判断表

级别	标准
高	保密性、完整性、可用性被破坏后，会对国家安全造成特别严重危害
较高	保密性、完整性、可用性被破坏后，会对社会秩序和公共利益造成特别严重危害，或者对国家安全造成严重危害
中	保密性、完整性、可用性被破坏后，会对社会秩序和公共利益造成严重危害，或者对国家安全造成危害
较低	保密性、完整性、可用性被破坏后，会对相关公民、法人和其他组织的合法权益造成严重损害或特别严重损害，或者对社会秩序和公共利益造成危害，但不危害国家安全
低	保密性、完整性、可用性被破坏后，会对相关公民、法人和其他组织的合法权益造成损害，但不危害国家安全、社会秩序和公共利益

4.3.2 损伤嵌入度

4.3.2.1 定义与分级

损伤嵌入度是以人为核心，对科技致灾事故产生的破坏能力与人体的作用模式进行评估的指标。损伤嵌入度取决于科技本体属性和人类利用科技的方式。有些科技产生的伤害是直接影响人体机能，比如核辐射、基因编辑、生物医药等。有些科技是通过产生光、热等能量从外部损伤人的生命，比如会产生火灾爆炸的化工科技。还有的科技是通过影响人类生活的环境，间接作用于人体，从而产生伤害，比如农药污染水体后产生的伤害。

本书中将科技风险的"损伤嵌入度（damage embeddedness）"定义为科技伤害人体机能的方式，方式越直接则嵌入度越高，科技风险的水平也就越高。本书中将损伤嵌入度分为五个等级，嵌入度越高，损伤过程越快，科技风险也就越高，判断标准如表 4-8 所示。

表 4-8　"损伤嵌入度"分级判断标准

级别	标准
高	直接作用于人体遗传信息或通过手术、药物等方式从内部直接作用于人体，如人体基因编辑技术、生物医疗技术
较高	通过热能、机械能等从外部直接作用于人体，会发生爆炸的化工类技术
中	通过空气、水域等方式间接缓慢作用于人体，如会产生污染的化工类技术
较低	通过作用于土壤或食物链中的对象间接作用于人体，如水产养殖技术
低	通过影响社会秩序等方式间接对人体产生伤害，如金融类科技

4.3.2.2　计算方法与模型

损伤嵌入度是对科技伤害人体机能的方式的一种度量，是影响科技造成的灾害损失的重要因素之一。在具体测算时，可以按照人员在同等破坏性能量作用下，生命状态指数变化速度来评估。在同等破坏性能量作用下，人员生命状态指数下降越快，证明损伤嵌入度越高，科技灾害的致死率也就越高。如图 4-3 所示，假设三种科技产生同样的破坏性能量对同一受体产生的生命状态损

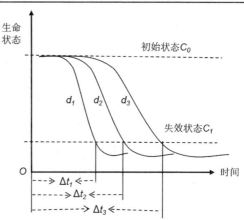

图 4-3　不同损伤嵌入度下受体生命状态变化示意图

伤变化为 d_1，d_2 和 d_3 三条曲线，受体从初始状态 C_0 到失效状态 C_1 的时间分别为 Δt_1，Δt_2，Δt_3，显而易见，d_1 对应的损伤嵌入度最高，d_3 对应的损伤嵌入度最低，计算公式见式（4-2）。以药物使用为例，同样剂量的药物通过静脉注射、口服和外用产生伤害的速度显然差异很大。

$$d_i = \frac{C_0 - C_1}{\Delta t_i} \tag{4-2}$$

4.3.3　时空衰减度

4.3.3.1　定义与分级

时空衰减度是从风险致因的破坏性能量在时间和空间上的变化角度进行评估的指标。灾害产生的破坏会随时间和空间不断衰减，同一位置在不同时间受到的能量破坏影响会不断变化，同一时间的不同位置受到的能量破坏也会随着距离的

增加而缩减。时空衰减性质与科技本身的特性直接相关，核泄漏产生的辐射伤害的衰减系数就很低，衰变时间很长（如铀235的半衰期约为7.1亿年），很多化学有毒物质进入土壤和水体后期衰变时间也会很长，而一般的化工火灾爆炸的持续时间很短，影响范围也就相对有限。从空间层面来看，大部分科技产生的灾害影响都会随着距离的增加而变小，与距离呈负相关的关系。

本书中将科技风险的"时空衰减度（time-space attenuation）"定义为科技产生灾害事故后，其破坏性影响随时间和空间的降低水平。此处，只考虑可能对人、环境产生伤害的影响，不考虑在社会舆论和政治方面的影响。本书中将时空衰减度分为五个等级，衰减度越高，影响随时间和空间变化而降低的程度越高，科技风险相对就越低，判断标准如表4-9所示。

表 4-9 "时空衰减度"分级判断标准

级别	标准
高	半衰期小于1天，半衰半径小于100 m
较高	半衰期大于1天小于1个月，半衰半径大于100 m 小于500 m
中	半衰期大于1个月小于1年，半衰半径大于500 m 小于1 km
较低	半衰期大于1年小于10年，半衰半径大于1 km 小于10 km
低	半衰期大于10年，半衰半径大于10 km

4.3.3.2 计算方法与模型

能量产生的破坏随时间和空间会不断衰减，同一位置在不同时间受到的能量破坏影响会不断变化，同一时间不同位置受到的能量破坏也会随着距离的增加而衰减。通常情况下，衰减系数与距离和时间都是负相关的，最常见的衰减系数 $\alpha(r_{ij})$ 取值与高斯函数的模式基本一致。

$$\alpha(r_{ij}) = e^{-\frac{(r_c - r_i)^2}{2\sigma^2(t_j)}} \tag{4-3}$$

其中，r_c 为风险致因的位置；r_i 为不同风险受体相对风险致因所在位置；$(r_c - r_i)^2$ 为两个位置的平方欧氏距离；t_j 为风险致因能量产生影响的不同时间；σ 控制风险致因能量的径向作用范围。图4-4和图4-5中可以看出，能量随着时间和距离会不断降低。σ 和风险致因特征相关，如普通化学物质爆炸产生的能量的径向作用范围相对核爆炸形成的辐射能量的径向作用范围要小，造成的损伤总值低。

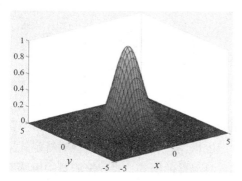

图 4-4　取值模拟图一

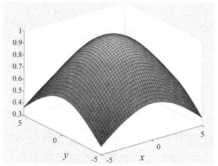

图 4-5　取值模拟图二

对于一类具体的科技，根据其依附的有形物质，可以具体确定计算模型。比如，对于会发生爆炸类的科技，其产生的空气冲击波超压在空间上的衰减变化可以运用萨道夫斯基公式计算：

$$\Delta p = 102\left(\frac{\sqrt[3]{W}}{R}\right) + 399\left(\frac{\sqrt[3]{W}}{R}\right)^2 + 1\,260\,399\left(\frac{\sqrt[3]{W}}{R}\right)^3 \tag{4-4}$$

其中，Δp 为空气冲击波的超压值，单位为 kPa；W 为炸药的质量，单位为 kg（TNT 当量）；R 为计算点距爆炸中心的距离，单位为 m。

不同程度的空气冲击波超压对人体的具体损伤程度如表 4-10 所示。[①]

表 4-10　冲击波超压对人体的损伤程度

损伤程度	损伤特征	超压（Δp/kPa）
无损伤	基本无伤害	小于 20
轻微	人体表面受到挫伤	20~30
中等	耳膜破裂、骨折等	30~50
严重	内脏损伤、内出血，可能引起死亡	50~100
极严重	大部分出现死亡	大于 100

---

① 程辰，林明，龙源，等 . 基于爆炸现场破坏分析的 TNT 当量快速估算方法研究 [J]. 爆破器材，2018，47（03）：37-41.

4.4　风险受体：物种敏感度、衍生扩散度

4.4.1　物种敏感度

4.4.1.1　定义与分级

不同科技产生的致灾能量影响的受体类型不一样，如核辐射对所有生命体都会产生损伤，而有些农业用药只会对植物产生损伤，有些杀虫剂只会对特定的昆虫产生伤害。一方面，不同风险受体因其自身属性的影响，对致灾能量的敏感度会有很大差异。如同样面对火灾释放的热能，木质建筑的敏感度要显著高于石质建筑的敏感度。另一方面，一类特定的受体对象，其对能量的敏感度与其体量一般负相关，体量越大对能量破坏力的耐受度也越高。

本书中将科技风险的"物种敏感度（species sensitivity）"定义为科技产生灾害事故后，会影响到的物种的数量，按照"界、门、纲、目、科、属、种"的物种分类体系，评估不同物种对科技产生的灾害的敏感程度。本书中将物种敏感度分为五个等级，敏感度越高，会受到影响的受体类型就越多，科技风险就会越高，判断标准如表4-11所示。其中，基于"以人为本、生命至上"的原则，直接将对人类生命健康产生伤害的科技风险的物种敏感度均定义为"高"。

表 4-11　"物种敏感度"分级判断标准

级别	标准
高	大于等于两个"界"的物种对此类科技产生的灾害影响敏感，如会产生火灾爆炸事故的科技
较高	大于等于两个"门"的物种对此类科技产生的灾害影响敏感，如灭生性除草剂。
中	大于等于两个"纲"的物种对此类科技产生的灾害影响敏感，如声呐设备对海洋生物的威胁（哺乳纲和鱼纲等）
较低	大于等于两个"目"的物种对此类科技产生的灾害影响敏感，如基站电磁波扰乱鸟类迁飞导航系统（鸟纲内多个目）
低	某一"目"内的物种对此类科技产生的灾害影响敏感，如抗棉铃虫转基因技术

4.4.1.2　计算方法与模型

风险受体 i 对特定科技 c 的能量的敏感度 λ_i^c 取值趋近于 0 时，代表该类型能量对该类受体几乎不会产生影响，趋近于 1 时代表该类型能量会对风险受体产生毁灭性影响。

$$\lambda_i^c \in [0, 1] \tag{4-5}$$

λ_i^c 既反映出了能量对受体产生损伤的阈值，也反映了受体损伤与能量之间的关联关系。一般地，在能量比较低时，受体不会产生损伤，超过一定阈值后，损伤开始急剧上升，最终接近完全损伤时又趋于缓慢。

4.4.2　衍生扩散度

4.4.2.1　定义与分级

衍生扩散度主要是从科技灾害对受体产生影响后，影响进一步在潜在受体间的传播模式、传播速度等方面评估影响衍生扩散程度的指标，最终体现为影响的受体总规模。对于机械物理类的伤害，比如火灾爆炸对受体产生的身体损伤，不会在受体之间再进行衍生扩散，但对于生物病毒类以及计算机病毒类的科技灾害，则会通过病毒复制不断在受体之间扩散转移，还有一些科技灾害产生的有毒物质，会通过食物链不断富集产生链式扩散。

本书中将科技风险的"衍生扩散度（derived diffusivity）"定义为科技灾害对受体产生影响后，影响在受体之间传播的程度。扩散度以直接受到损伤的受体数量为初始值，评估后续会受到衍生影响的受体总体规模。本书中将衍生扩散度分为五个等级，衍生扩散度越高，会受到影响的受体总数就会越多，科技风险就越高，判断标准如表4-12所示。

表 4-12　"衍生扩散度"判断标准

级别	标准
高	受到影响的受体通过垂直方式在代际间和通过水平方式在同代潜在受体（同种属或不同种属）中以指数函数的方式衍生扩散，如抗生素抗性基因污染风险
较高	受到影响的受体通过水平方式在同代潜在受体中以指数函数的方式衍生扩散，如传染病扩散风险
中	受到影响的受体通过单向传递方式在代际间衍生扩散，如人类基因编辑扩散风险
较低	受到影响的受体以汇集的方式在潜在受体中扩散，如污染物在食物链中的扩散风险
低	受到影响的受体不在潜在受体中衍生扩散，如火灾爆炸类的损伤扩散风险

4.4.2.2　计算方法与模型

衍生扩散度的计算需要根据科技对受体产生的致灾伤害的类型，以及该类伤害在不同受体间传播的机理进行参数选择和模型构建。衍生扩散的形式主要包括水平方向上的同一子群内扩散和不同子群间扩散，以及垂直方向上的代际间扩散（见图4-6）。平面 A 和 B 分别代表两代群体，节点 i 和 j 分别表示同一代际内不同的受体子群，每个节点内有已受到影响的受体（实心矩形）和潜在受体（斜线指向的矩形），节点 i 和 j 之间的连线叫作边，表示在节点之间有衍生扩散发生。

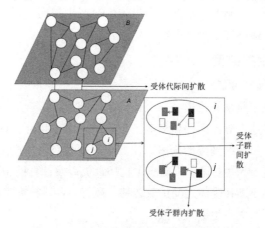

受体代际间扩散

受体子群间扩散

受体子群内扩散

图4-6 衍生扩散的三种主要形式示意图

在实际计算时，可以借鉴传染病传播模型中的异质集合种群模型，将已受到影响的受体作为感染者，潜在受体作为易感者，进行计算。实际上，衍生扩散度反映的是初始受到直接影响的受体后续扩散的程度，简单计算的时候可以通过指数的形式，将初始影响与衍生扩散度进行综合计算。假设 N_0 为初始受到影响的受体数量，经衍生扩散后的总受体规模 N_s 可以按照式（4-6）计算。

$$N_s = N_0^{\mathrm{Dd}} \tag{4-6}$$

其中，扩散度 Dd 取值大于等于 1，等于 1 时，代表不存在衍生扩散。

4.5 风险管控：致灾减缓度、损伤可逆度

4.5.1 致灾减缓度

4.5.1.1 定义与分级

致灾减缓度是从管控主体的角度，评估管控主体对科技风险致灾过程减缓能力的指标。管理者实施管控措施的目的就是在风险致因和风险受体间构建多层屏蔽系统，将意外释放的破坏性能量通过吸收、转化及其他耗散方式进行减化，在破坏性能量和受体之间起到隔离和缓冲作用。

本书中将科技风险的"致灾减缓度（disaster mitigation）"定义为致灾风险可被降低或减缓的程度，包含事前预防和事中应对两大过程。本书中将致灾减缓度分为五个等级，致灾减缓度越高，科技风险就越低，判断标准如表4-13所示。

表 4-13 "致灾减缓度"分级判断标准

级别	标准
高	管控者具备采取措施阻止风险致因释放能量，从而规避事故发生的能力，如科技引发的有毒气体泄漏事故风险
较高	管控者具备采取措施减缓风险致因释放能量，从而规避事故发生或造成更大损失的能力，如科技引发的大气污染事故风险
中	管控者对风险致因释放能量的过程的减缓能力有限，但可从受体保护的角度进行有力防护，如科技引发的爆炸事故风险
较低	管控者在现有知识、技术与资源条件下无法对风险致因释放能量的过程进行干预，但可从受体保护的角度进行防护，如科技引发的辐射事故风险
低	管控者在现有知识、技术与资源条件下无法对灾害发生和演化过程进行干预，只能从受体防护角度进行有限的灾害减缓，如转基因作物引起的基因污染事故风险

4.5.1.2 计算方法与模型

用于减缓致灾过程和最终损失的屏蔽系统包括各类工程措施、技术措施、管理措施等。能量屏蔽系统总的屏蔽阻尼越高，对风险致因的能量抵消作用越强，减缓度越高。能量屏蔽系统的层级越多，韧性越强，则阻尼的取值越大。孕灾环境和管控环境会影响屏蔽系统的防控值。屏蔽系统中不同的屏蔽层有的是串联，每一层都可以起到一定作用；有的是并联，需要共同有效才能发挥预期作用（如图 4-7 所示）。

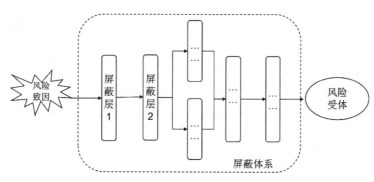

图 4-7 致灾能量屏蔽系统示意图

屏蔽系统中各屏蔽层的作用类似于电路中导体对电流产生的电阻的作用，参考电阻的计算方法，可以将屏蔽系统的阻尼 η 通过式（4-7）计算，并用屏蔽阻尼反映致灾减缓度。

$$\eta = \sum_{i=1}^{n} \omega_i + \sum_{j=1}^{m} \frac{1}{\sum_{a=1}^{p_{j}} \frac{1}{\omega_{ja}}} \tag{4-7}$$

其中，i 为串联的屏蔽层；j 为并联的屏蔽层组；a 为并联的屏蔽层中的单个屏蔽层；ω 是每个屏蔽层对能量的阻力系数；y 是第 j 个并联的屏蔽层组包含的屏蔽层的个数，在系统中串联的屏蔽层有 n 个；并联的屏蔽层有 m 组；第 j 组内有 p_{jy} 个屏蔽层。

4.5.2　损伤可逆度

4.5.2.1　定义与分级

损伤可逆度也是从管控主体的能力角度进行评估，是评估管控主体在受体遭到破坏后，通过抢修、挽救、修复、治疗等方式进行价值恢复的能力的指标。受体的可逆度取决于多方面的因素，如损伤的受体类型、损伤程度、科技发展水平等。

本书中将科技风险的"损伤可逆度（damage reversibility）"定义为管控主体采取措施对受体损伤进行逆向修复的能力。本书中将损伤可逆度分为五个等级，损伤可逆度越高，科技风险就越低，判断标准如表 4-14 所示。

表 4-14　"损伤可逆度"判断标准

级别	标准
高	管控主体在受体受到很大损伤后，可以在很大程度上对其进行修复，如科技引发的信息网络伤害风险
较高	管控主体在受体受到一般损伤后，可以在很大程度上对其进行修复，如科技引发的身体器官物理性伤害风险
中	管控主体在受体受到一般损伤后，可以在一定程度上可以对其进行修复，如科技引发的中毒伤害风险
较低	管控主体在受体受到一般损伤后，基本无法对其进行修复，如科技引发的辐射伤害风险
低	管控主体在受体受到一般损伤后，完全无法对其进行修复，如科技引发的基因伤害风险

4.5.2.2　计算方法与模型

科技灾害引发的伤害类型和受体类型两个因素共同决定可逆度的大小，受体 i 受到致因 c 损伤后的可逆度（ψ_i^c）隶属于区间 $[0, 1]$，完全可逆时取值为 1，完全不可逆时取值为 0。

$$\psi_i^c \in [0, 1] \qquad (4\text{-}8)$$

受体的可逆度取决于多方面的因素，一方面与损伤的受体类型和损伤程度有关，当损伤程度超过一定阈值后，可逆程度会急剧下降。另一方面，可逆度取决于科技发展水平，随着科技的发展，新的方法、新的技术、新的工具的出现，损伤的可逆性会得到提升（如图 4-8）。如随着医疗技术的发展，对人体生命损伤的挽救水平就越来越高。

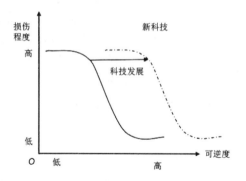

图 4-8　可逆性与损伤程度及科技发展关系示意图

4.6　科技致灾潜势评估模型构建

4.6.1　指标相关性分析

根据科技风险在科技本体、致灾能量、风险受体、风险管控四个维度的九个指标与风险水平的正负相关性可将其分为两类：正相关指标、负相关指标。

4.6.1.1　正相关指标

正相关指标是指取值越高，风险也越高的指标，主要包括社会感应度、单元蕴能度、损伤嵌入度、物种敏感度和衍生扩散度。社会感应度越高，说明潜在的风险受体数量越多，科技引发事故后影响的范围也就越广，相对风险水平就比较高。单元蕴能度越高，说明潜在的破坏性越大，科技引发的事故造成的损失程度越大，相对风险水平也就越高。损伤嵌入度越高，对受体产生伤害的方式越直接，最后造成的损伤也就越大，相对风险水平也就比较高。物种敏感度越高，说明科技引发灾害事故影响的受体类型越多，损伤也就越严重，风险水平也就越高。衍生扩散度越高说明直接受到影响的受体在潜在受体间衍生扩散的程度越强，最终影响的受体总规模越高，风险也就越大。

4.6.1.2　负相关指标

负相关指标是指取值越高，风险越低的指标，主要包括科学已知度、时空衰减度、致灾减缓度和损伤可逆度。科学已知度越高说明对于科技在原理、机理层面的知悉度越高，对科技可能产生的伤害和影响掌握得也越多，在防控和应对方面可以做的有效工作也就越多，相对风险水平就可以得到有效的控制和降低。时空衰减度越高，说明破坏性能量在时间上的延续性和空间上的扩散性越低，最终能影响的受体规模就相对较少，风险水平就比较低。致灾减缓度越高，说明管控主体对风险引发事故的发生及发展过程的干预能力越强，可以尽可能地减少事故影响范围和持续时间，从而减少伤害规模，相对风险水平也就越低。损伤可逆度越高，说明管控者在风险受体遭到损伤后的逆向恢复能力就越强，最终产生的影响就越低，相对风险水平也就越低。

指标的正负相关性汇总图如图4-9所示，其中，"+"代表正相关，"-"代表负相关。

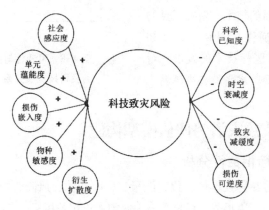

图4-9　科技风险九度分析指标相关性分析图

4.6.2　科技致灾潜势评估模型构建

根据前文分析，可以得出科技风险的大小与社会感应度、单元蕴能度、损伤嵌入度、物种敏感度和衍生扩散度正相关，与科学已知度、时空衰减度、致灾减缓度和损伤可逆度负相关。因此，科技致灾潜势评估的基本概念模型可用式（4-9）表示：

$$R_{stdp} = F\{(Si, Ed, De, Ss, Dd), (Sk, Tsa, Dm, Dr)*\} \qquad (4-9)$$

其中，R_{stdp}为科技致灾潜势；Si为社会感应度；Ed为单元蕴能度；De为损伤嵌入度；Ss为物种敏感度；Dd为衍生扩散度；Sk为科学已知度；Tsa为时空衰减度；Dm为致灾减缓度；Dr为损伤可逆度；*代表负相关。

由于不同科技、科技的不同应用领域以及不同风险类型的多维分析指标计算模型有差异，最终的科技致灾潜势评估模型也就不完全一致。因此，在具体评估时，根据评估目标的不同，结合科技、领域、风险类型的特点，以及数据获取的可行性、精细度等，可进一步对概念模型进行细化。如简单地根据指标的正负相关性，在对各分析指标进行归一化处理后，通过时间域T和空间域S上的积分进行致灾潜势计算，表示为式（4-10）：

$$R_{stdp} = \left(\sum_{j=1}^{N} \int_0^S \int_0^T \frac{Si \cdot Ed \cdot De \cdot Ss}{Sk^a \cdot Tsa \cdot Dm \cdot Dr} \right)^{D_d} \tag{4-10}$$

其中，N 为分析尺度域内，科技风险会直接影响的受体总数；考虑到科学已知度 Sk 对整体致灾潜势的影响程度比较高，故对其进行指数运算，α 大于 1。

4.6.3　科技致灾潜势评估流程

第一，在评估科技致灾潜势时，需要选择科技的颗粒度，科技可按照一定的层级结构分解为不同的子科技，形成树状结构（见图 4-10）。S&T 代表某一类科技领域，S&T$_1$、S&T$_2$、S&T$_n$ 分别是该科技领域下的科技主题，每个科技主题又可分解为若干技术。S&T、S&T$_1$、S&T$_{11}$ 分别代表了颗粒度的大、中、小。选择科技类型的前提是对科技进行分解，在用于比较时，应选择处于同一层级的技术。

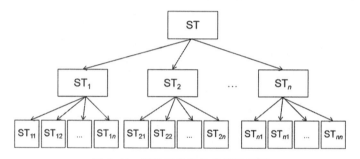

图 4-10　科技层次结构分解示意图

第二，选择科技的应用领域，同一科技可能应用于不同的领域，比如锂电池技术，可以用于动力电池与 3C 产品上。由于科技在不同领域的应用方式、应用时间等方面有差异，对评估结果精度要求越高，越需要将领域细分。

第三，选择科技的风险类型，可以选择最主要的风险类型，也可以对存在的每一种风险都进行分析然后汇总形成综合风险。如锂电池技术当前主要的风险是火灾爆炸风险，但从长期来看也需要关注环境污染风险。根据评估主体和评估目的的不同，可以只选择当前重点关注的火灾爆炸风险，也可以对两种风险分别进行评估后再汇总。

第四，对选定的科技在选定领域的致灾风险进行分析，根据具体的科技领域特点、数据的可获取性等，对科技风险的九度分析指标进行逐一分析，可选择定量模型，也可进行定性分析。当选择定性分析时，可以将每个分析维度的高、较高、中、较低、低分别按照 1、0.8、0.6、0.4、0.2 的标准进行取值，此时需要注意不同科技评估结果的可比性，选定科技的层级、应用领域和风险类型都可比时才能将评估结果进行对比。

第五，通过科技致灾潜势评估模型对选定的科技在某一领域的某类风险的致灾潜势进行分析。评估模型的具体形式可以根据评估需求和各个指标的分析结果进行具体设计。

第六，对科技致灾潜势进行汇总。根据评估目的的不同，可以选择按风险类型、应用领域、同层级子科技等不同维度进行汇总，从而形成某一子科技在某一领域的综合致灾风险评估结果、某一子科技在所有领域的某一类风险评估结果、某类大的科技主题的某一类型风险的评估结果或某类大的科技主题的综合致灾风险评估结果等。

科技风险评估的整体流程如图 4-11 所示。

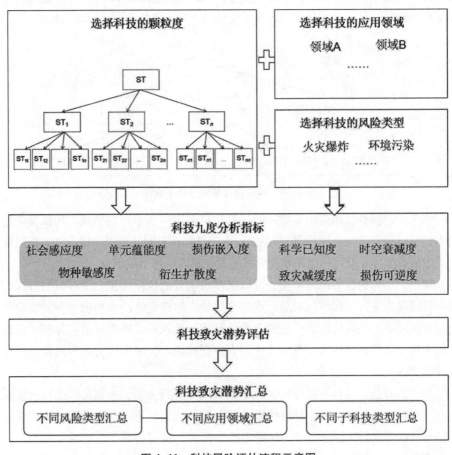

图 4-11 科技风险评估流程示意图

第5章 科技风险分析的
尺度域与分析框架

对于科技风险而言，时空已不再简单作为一种自然常态和外生变量，而是作为系统的重要内生变量，成为风险复杂内部结构和演化的根源。要全方位地认知科技风险，就必须从时空全尺度域上进行系统分析，研究发生发展演化机理，进而设计相应的管控策略。尺度的选择与尺度域的划分应服务于具体的研究对象和研究问题。对于科技风险，尺度域的确定需要结合科技风险的关键要素和多维指标，也就是围绕科技风险本体子系统中的风险致因、风险受体、孕灾环境以及管控子系统中的管控主体、管控措施和管控环境六类要素在时间、空间、群体三个维度上的尺度范围进行研究。为实现尺度域划分的合理性、科学性，本章综合实证分析和理论分析方法，对科技风险的尺度域和分析框架进行设计。其中，实证分析部分通过基于案例的数据挖掘方式进行尺度域聚类，理论分析部分基于对系统各关键要素尺度域分析和归纳汇总展开。在此基础上，综合两个分析结果确定科技风险的多尺度分析框架和分析思路。

5.1 基于案例数据挖掘的尺度域分析

5.1.1 案例库构建

案例库中的对象为已发生的各类科技引发的灾害事故。案例库构建的基本规则包括：时间范围为1900年到2022年，空间范围为全球，类型上覆盖物理、化学、生物、信息四大类，影响规模上包括地区、国家、全球等不同层面。案例库的结构从科技风险的多维分析指标、科技风险引发事故的后果影响以及事故发生的时间、地点等角度进行设计，共包括18个字段（如表5-1所示）。

通过网络检索、文献分析等方式初步筛选完相关案例数据后，进一步通过专家意见征询的方式对案例进行二次精选，最终确定了包含100项科技致灾案例的基础案例库作为后续分析基础。表5-1中各属性取值括号内的数字为案例数据预处理的转化规则。即，将专家判断出的各案例的指标分级结果以括号内的数字进行对应替换，以符合相应数据挖掘工具的数据格式要求，从而进行后续数据分析处理。

表 5-1　案例库基本结构

序号	属性	取值
1	编号（No）	1~100，案例的索引号
2	事故名称（Accident_name）	每个事故的名称
3	发生时间（Time）	事故发生的年份
4	发生地点（Country）	事故发生的国家
5	主导的科技类型（S&T_type）	传统能源技术（1），电子设备技术（2），航天飞行技术（3），核能技术（4），化工技术（5），基因编辑技术（6），人工智能技术（7），病毒生物技术（8），食品加工技术（9），水利工程技术（10），新能源技术（11），信息服务技术（12），转基因技术（13）
6	事故类型（Accident_type）	病毒感染事故（1），辐射事故（2），环境污染事故（3），火灾爆炸事故（4），基因安全事故（5），交通安全事故（6），经济安全事故（7），社会公共安全事故（8），生态安全事故（9），食品安全事故（10），网络安全事故（11），信息泄露事故（12），中毒事故（13）
7	致灾能量类型（Disaster-causing_energy）	物理类（1），化学类（2），生物类（3），信息类（4）
8	科学已知度（Scientific_knowness）	高（1），较高（2），中（3），较低（4），低（5）（注：负向指标取值转置）
9	社会感应度（Social_induction）	高（5），较高（4），中（3），较低（2），低（1）
10	单元蕴能度（Energy_density）	高（5），较高（4），中（3），较低（2），低（1）
11	损伤嵌入度（Damage_embeddedness）	高（5），较高（4），中（3），较低（2），低（1）
12	时空衰减度（Time-space_attenuation）	高（1），较高（2），中（3），较低（4），低（5）（注：负向指标取值转置）
13	物种敏感度（Species_sensitivity）	高（5），较高（4），中（3），较低（2），低（1）

序号	属性	取值
14	衍生扩散度 （Derived_diffusivity）	高（5），较高（4），中（3），较低（2），低（1）
15	致灾减缓度 （Disaster_mitigation）	高（1），较高（2），中（3），较低（4），低（5）（注：负向指标取值转置）
16	损伤可逆度 （Damage_reversibility）	高（1），较高（2），中（3），较低（4），低（5）（注：负向指标取值转置）
17	影响范围 （Impact_scope）	地区（1）、国家（2）、全球（3）
18	受体类型 （Influence_groups_type）	系统运行参与者（1），无辜在场者或系统用户（2），非在场者或后代（3）
19	影响持续时间 （Duration_of_impact）	数年内（1），数十年内（2），数百年（3）

在科技类型方面，案例数据共包括 13 类，各类科技占比如图 5-1 所示，占比最高的前三类是信息服务科技、传统能源科技和化工科技。

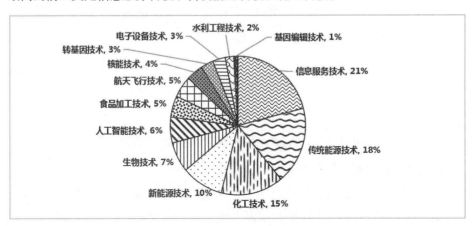

图 5-1　案例数据库中科技类型占比分布图

在事故灾难类型方面，案例数据共包括 13 类，各类事故占比如图 5-2 所示，占比最高的前三类事故是火灾爆炸类、环境污染类和信息泄露类事故。

在致灾能量类型方面，化学类占比最高（48%），信息类占比次之（23%），物理类占比第三（18%），生物类占比最低（11%），如图 5-3 所示。

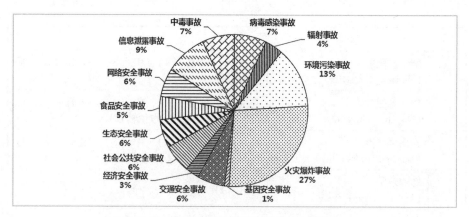

图 5-2　案例数据库中事故类型占比分布图

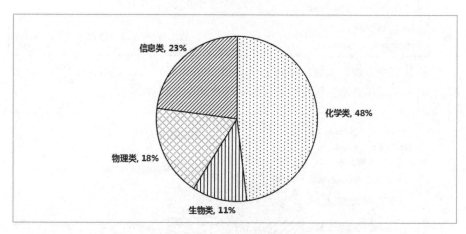

图 5-3　案例数据库中致灾能量类型占比分布图

5.1.2　案例数据预处理

本书使用 Weka 作为数据挖掘工具。Weka 作为一个功能全面的机器学习工具，集合了当前主流的数据挖掘算法和数据处理工具，可以实现数据预处理、回归、聚类分析、规则关联及结果可视化等功能。

5.1.3　基于数据聚类的尺度域分析

聚类是将对象集合进行分组的过程，生成的组称为簇（cluster）。簇内部对象间具有较高的相似度，不同簇的对象之间具有较高的相异度。本书中选择当前聚类算法中应用较为广泛的 K-Means（K 均值）算法对案例数据进行聚类分析。

科技风险致灾过程中主要受科技本体、能量类型和受体以及管控者的影响。在 Weka 中，选择案例事故后果相关的致灾能量类型（Disaster-causing_energy）、影响范围（Impact_scope）、影响受体类型（Influence_groups_type）、影响持续时间（Duration_of_impact）属性进行分析。使用"Cluster"功能，选择"K-Means"算法，参数设置及运行结果如图 5-4 所示。案例数据通过聚类分析分为 3 组，其中属于"cluster 0"的有 27 个案例，属于"cluster 1"的有 37 个案例，属于"cluster 2"的有 36 个案例。聚类的误差平方和显示"Within cluster sum of squared errors：86.3"，聚类效果比较好。

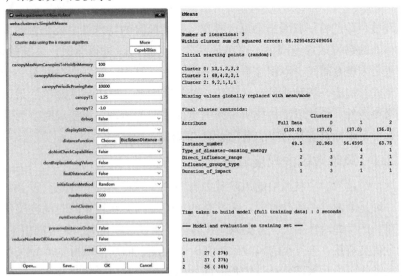

图 5-4　聚类分析参数设置及结果界面截图

通过结果中的"Final cluster centroids"（最终的簇质心），对各个分类簇的众数（属性上取值为众数值的示例最多）进行分析，可以得出：在"cluster 0"中，影响范围取值占比最高的是全球级别，影响受体类型取值占比最高的是非在场者或后代，影响持续时间取值占比最高的是数百年；在"cluster 1"中，影响范围取值占比最高的是国家级别，影响受体类型取值占比最高的是无辜在场者或系统用户，影响持续时间取值占比最高的是数年内；在"cluster 2"中，影响范围取值占比最高的是地区级别，影响受体类型取值占比最高的是系统运行参与者，影响持续时间取值占比最高的是数年内。

基于案例聚类结果，按照影响规模从小到大的顺序可以将科技风险初步分为以下三类。

第一类（cluster 2）：科技风险引发的事故后果影响规模不大，相对可控，主要受影响的受体为系统运行参与者，空间范围主要涉及地区级别。

第二类（cluster 1）：科技风险引发的事故影响的受体涉及无辜在场者或系统

用户，空间范围主要涉及跨地区的国家层面。

第三类（cluster 0）：科技风险引发的事故影响的受体涉及非在场者和后代，空间范围主要涉及跨国家的全球层面。

5.2 基于系统关键要素的尺度域分析

从科技风险的特征归因结果可以看出，科技风险的特殊性主要是由时间、空间和群体上的错位效应造成的。这也说明要对科技风险进行全面、系统的认知，分析过程必须覆盖时间、空间和群体的各个层次。其中，空间和时间是一切存在的基本形式、构成一切物质形态之间统一的外部联系，群体是风险"后果"维度存在的必要条件。科技以及科技所带来的负面效应的出现、演变以时空为基本坐标，在每一个坐标点有其对应的潜在影响"群体"。

5.2.1 风险致因的尺度域分析

从时间维度看，科技风险的风险致因有两种作用类型，一种是突发类的风险致因，一种是渐发类的风险致因。突发类的风险致因会在较短的时间内突然引发事故灾难，产生即时性损失，这类风险致因往往能量密度较大，如可能引发火灾、爆炸的危化类科技，突发类的风险致因在时间维度上的尺度域可基本定义为时间点。渐发类的风险致因需要经过较长时间的累积后负效应才能显现出来，科技活动对生态环境的影响往往都是渐发性的，"时间错位"效应比较显著。此外，基因工程、新材料、新能源、人工智能等相对新颖，人类对其应用发展和潜在风险不明确的科技，在时间维度上的影响也因不确定性而拉伸。渐发类的风险致因在时间维度上的尺度域一般是比较长的，可能是数十年，也有可能是数百年，主要由风险致因的理化特性以及风险受体的敏感性决定。"杜邦特氟龙案"中杜邦公司1954年开始将四氟乙烯运用于煎锅等厨房用具上，直到1998年美国西弗吉尼亚州帕克斯堡市的农场的牛出现异常才开始引发关注，历时40余年；切尔诺贝利核电站1986年发生的核泄漏事故的影响将持续上百年。

从空间影响范围看，风险致因主要有三种类型。第一类是以具体的点为核心的局部区域，如，绝大部分的科技研发类活动的影响范围为实验室或园区，以实体形式存在的科技产品的影响范围为使用主体所处的区域；第二类是由于科技政策和行政体制的约束，在以主权国家为单位的区域内产生影响；第三类是不受行政边界约束，通过网络，或经由空气、水域等在全球范围内产生影响。

从群体角度看，一方面，风险致因的影响与时间和空间方面直接相关，时空跨度越大，受影响的群体越大。在实验室研究阶段，风险直接影响的群体规模较小，主要是科技研发系统的参与者。当投入应用时，随着科技成果推广空间的扩大，受影响的群体也会越来越大，会涉及无辜的在场者和使用科技产品或服务的普通用户。另一方面，由于科技本身和风险受体的特性，某些风险可能仅对特殊的群体产生显著影响。

5.2.2　风险受体的尺度域分析

风险受体的尺度域取决于受体本身的属性。在自然界系统中，空气、水体、土地等资源本身在时间维度上是永久存在的，在空间维度上是连续延展的，其尺度域取决于风险致因。人以及其他有生命的生物，在时间维度上存在三种可能的尺度域。一是短时间内的直接影响，造成生命损伤或丧失，可界定为时间点；二是在生命存续期内的持续性影响，取决于寿命，一般为百年左右；三是通过遗传因子代际传播，影响后续长久的物种历史发展。

根据与风险产生、事故爆发及后果承受等方面的关系密切程度，风险受体分为系统运行参与者、无辜在场者或系统普通用户、非在场者或后代三类。系统运行参与者与风险的产生和事故的发生有较为密切的关系，包括实际操作者，也包括确保系统正常运行的保障人员。无辜在场者或系统普通用户对风险的产生和事故的发生没有直接的干预能力，但与风险致因存在较为密切的联系。这类用户或者是从空间位置上风险致因比较邻近（如化工厂周边的居民），或者是作为普通用户使用其提供的产品或服务（如手机用户、互联网用户、新能源汽车用户等）。非在场者或后代与风险致因几乎没有任何关系，不享受其带来的任何收益，也不参与系统的运行，但风险和事故会对其产生影响，如因为辐射或环境污染受到影响的后代。

5.2.3　孕灾环境的尺度域分析

孕灾环境主要是人文环境。人文环境会随空间变化而变化，主要是不同的文化背景、政治体制、经济发展水平等，这与当前世界体系中行政维度的空间划分是基本一致的，即以主权国家为基础的次国家尺度以及超国家尺度，对应地区、国家、全球三个维度上。在时间维度上，孕灾环境随着社会经济与文化发展以及政治变迁而变化，时间跨度相对较大，一般为数十年到数百年。

5.2.4　管控主体的尺度域分析

管控主体主要包括科技工作者、政府及政府性国际组织、商业营利组织、非营利性组织、社会公众。从时间维度看，主要取决于其负有管控责任或与管控收益有相关性的时间，包括两种类型：一是开展科技活动或使用科技成果的时间，一般为几年到数十年；二是行政上负有管控责任的时间，和组织的生命周期类似，一般为数十年到数百年。从群体维度看，与风险本体子系统中各要素的空间尺度影响和管控主体的责任空间相匹配，科研工作者主要为个体层面，政府及政府性国际组织、商业营利组织和非营利组织对应特定群体，社会公众则代表全人类。在空间维度上主要有地区、国家以及全球。

5.2.5 管控措施的尺度域分析

管控措施主要包括经济措施、法律措施、伦理措施以及科普教育措施等。管控措施在时间、空间以及群体维度上，尺度取决于管控主体的制度以及风险致因和风险受体的尺度。在时间维度上，主要有数年、数十年、数百年三个尺度域；在空间维度上主要有地区、国家、全球三个尺度域；在群体维度上主要有个体、特定群体以及全人类三个尺度域。

5.2.6 管控环境的尺度域分析

管控环境主要包括社会文化、政治、经济和自然环境。其中，前三者与孕灾环境在性质上是一致的，自然环境的尺度域与风险受体中对自然界系统的分析一致。

对科技风险的风险致因、风险受体、孕灾环境、管控主体、管控措施、管控环境的尺度域分析结果进行汇总，如表5-2所示。

表5-2　科技风险关键要素在时间、空间和群体维度上的尺度域分析结果汇总

分析维度	时间	空间	群体
风险致因	时间点、数十年、数百年	实验室/园区/地区、国家、全球	科研人员、特定群体、全物种
风险受体	时间点、百年内、长久	实验室/园区/地区、国家、全球	少数个体、特定群体、全物种
孕灾环境	数十年、数百年	地区、国家、全球	个体、特定群体、全物种
管控主体	数年、数十年、数百年	地区、国家、全球	个体、特定群体、全人类
管控措施	数年、数十年、数百	地区、国家、全球	个体、特定群体、全物种
管控环境	数十年、数百年	地区、国家、全球	个体、特定群体、全物种

5.3　科技风险的多尺度分析框架

5.3.1　科技风险尺度域归类

对科技风险各关键要素的尺度域分析以及案例聚类结果进行汇总，可以得出科技风险在时间、空间和群体三个分析维度上的结果（见表5-3）。在科技风险影响的时间维度上，可以分为数年（含时间点）、数十年和数百年三类；在空间维度上，可以分为地区（含实验室/园区）、国家和全球三类；在群体维度上采用受影响受体的类型进行区分，即分为系统运行参与者、无辜在场者或系统普通用户、非在场者或后代三类。进一步地可以从微观、中观和宏观层面，对科技风险在时间、空间和群体三个维度的尺度域进行归纳（见表5-3）。科技风险的尺度域既是对风险致灾结果的归纳，同时也应作为开展风险辨识、分析与管控的路线和依据。

表5-3　科技风险的尺度域归类

尺度域	宏观	中观	微观
空间尺度	全球	国家	地区
时间尺度	数百年	数十年	数年
群体尺度	非在场者或后代	无辜在场者或系统普通用户	系统运行参与者

5.3.2　科技风险全尺度域关联规则分析

不同尺度下科技风险的多维分析指标与灾害事故后果有一定的关联关系，这种关联关系在不同尺度下存在差异。因此，本书对科技风险的多尺度分析会以案例库的关联规则分析结果为基础和支撑。关联规则是对数据集中各项之间的关联关系或相关性的描述。通过关联规则可以找出各项之间潜在的关联关系。令 D 为全体项的集合，项集 A 和 B 都属于集合 D，且 $A \cap B = \varnothing$，则定义关联式 $A \rightarrow B$ 为关联规则。其中 A 为关联规则的前件，B 为后件。衡量规则关联程度的参数有置信度（confidence），提升度（lift）和平衡度（leverage），其中最主要的是置信度，反映 A 出现时，B 有多大概率出现。

本书中选择 Apriori 算法进行关联规则分析，将聚类后的案例数据导入 Weka，选择 "Associate" 功能。最小支持度上界和下届分别设置为 1.0 和 0.1，输出规则数设置为 20。对输出结果中置信度大于 0.9 的关联规则进一步分析，可以得出以下有效规则，如表5-4所示。

表5-4 科技风险指标关联规则筛选结果

序号	规则描述	规则参数
1	Direct_influence_range = 1 Influence_groups_type = 1 ⇒Cluster = cluster 2	<conf: (1) >lift: (2.78) lev: (0.23)
2	Direct_influence_range = 1 Duration_of_impact = 1 ⇒Cluster = cluster 2	<conf: (1) > lift: (2.78) lev: (0.22)
3	Influence_groups_type = 1⇒Cluster = cluster 2	<conf: (0.95) > lift: (2.63) lev: (0.22)
4	Influence_groups_type = 2⇒Cluster = cluster 1	<conf: (1) > lift: (2.7) lev: (0.22)
5	Influence_groups_type = 1 Duration_of_impact = 1 ⇒Reversibility_degree = 2	<conf: (1) > lift: (1.79) lev: (0.16)
6	Direct_influence_range = 1 Duration_of_impact = 1 ⇒Reversibility_degree = 2	<conf: (1) > lift: (1.79) lev: (0.15)
7	Direct_influence_range = 1 Duration_of_impact = 1 ⇒Influence_groups_type = 1	<conf: (1) > lift: (2.63) lev: (0.22)
8	Direct_influence_range = 1 Influence_groups_type = 1 Duration_of_impact = 1⇒Reversibility_degree = 2	<conf: (1) > lift: (1.79) lev: (0.15)
9	Reversibility_degree = 2 Direct_influence_range = 1 Duration_of_impact = 1⇒Influence_groups_type = 1	<conf: (1) > lift: (2.63) lev: (0.22)
10	Direct_influence_range = 1 Influence_groups_type = 1 ⇒Duration_of_impact = 1	<conf: (0.97) > lift: (1.52) lev: (0.12)
11	Reversibility_degree = 2 Direct_influence_range = 1 Influence_groups_type = 1⇒Duration_of_impact = 1	<conf: (1) > lift: (1.56) lev: (0.13)
12	Type_of_disaster-causing_energy = 1 ⇒Species_sensitivity = 5	<conf: (0.98) > lift: (1.38) lev: (0.13)
13	Influence_groups_type = 1⇒Duration_of_impact = 1	<conf: (0.97) > lift: (1.52) lev: (0.13)
14	Diffusion_degree = 1 Reversibility_degree = 2 ⇒Duration_of_impact = 1	<conf: (0.95) > lift: (1.49) lev: (0.14)

表中前4条规则与科技风险的尺度有关，可以看出：灾害影响受体的性质与风险分析尺度有很强的关联关系，当涉及"无辜在场者和普通用户"时，风险分析尺度一般应为"中观尺度"，当只涉及"系统运行参与者"时，风险分析尺度一般为"微观尺度"；当灾害影响区域为"地区"，影响受体类型为"系统运行参

与者"或影响持续时间为"数年内"时,属于微观层面的分析尺度类型。

不同的属性之间,也有一定的关联关系,规则5~7揭示的是影响受体类型、影响持续时间和影响范围之间的关联规则,一般来讲都是正相关的关系,影响的范围越大、持续时间越长则越可能会对无辜者、非在场者和后代产生影响。规则8~11反映出影响范围、影响时间、影响受体类型和可逆度之间的关系是负相关的关系。可逆度越高,则影响范围、影响时间、影响受体类型越低。规则12揭示出当致灾能量类型为"化学类"时,物种敏感度会很高。规则13说明当影响受体类型为"系统运行参与者"时,影响持续时间较短。规则14说明当扩散度较低、可逆性较高时,持续时间一般较短。

5.3.3　科技风险多尺度分析基本思路

如表5-4所示,科技风险的多尺度分析可以分为微观、中观和宏观三个层面。由于科技风险"错位效应"的存在,要想得到全面、准确的分析结果,必须从三个分析尺度上开展识别和评估,同时在管控时也应在三个层面同步开展,协同管控。当具体到一个特定的时间段时,科技风险的主导特征可能和发生的灾害后果有差异,管控的侧重点也应该有所区分。

在分析时,按照"MAX"原则定义分析尺度,即将"时间""空间""群体"三个维度中分析尺度最大的作为整体分析尺度(如图5-5所示)。不同尺度域上科技风险各关键要素的类型、作用和表现不同,从而导致风险的特征和机理出现显著差异。一项科技风险在一个特定阶段可能主要表现在某一个主导尺度上,但从其全生命周期角度分析,可能会涉及跨尺度的分析。

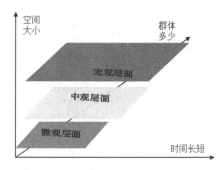

图5-5　科技风险"时间—空间—群体"多尺度分析示意图

参考创新过程模型,科技活动的全过程包括研究与实验、生产与应用、跨区域/行业推广应用三个主要阶段。① 每个环节可能的时空范围和涉众有所不同，适用的分析尺度也有所差异（如表5-5所示）。实际上，用系统论的观点来看，随着尺度的上推，科技风险所处的系统边界在不断扩大，系统内的组成和可能受到的干扰、控制因素也就越多。

表5-5　科技活动的全过程分析

适宜的分析尺度	科技发展阶段	时间维度特征	空间维度特征	群体维度特征
微观分析尺度	研究与实验阶段；涉及普通用户的应用与推广阶段	单次活动开展的时间较短，整体研发持续时间可能较长。此环节的致灾能量一般较少，风险事件造成影响的时间相对较短，一般为数年内	科技活动开展所需空间范围较小，一般为实验室或者园区范围，主要影响周边区域，空间一般为地区级别	主要为科研工作者或科技产品的使用者，单次活动涉及的人员数量较少，影响的人员也相对较少
中观分析尺度	生产、应用与推广阶段	根据科技类型及所属行业不同，有些风险影响的时间跨度较大，如核能进入应用环节后发生事故，会影响较长时间。其他大部分科技在此阶段发生事故时，时间影响跨度不会很大，在数十年范围内	根据科技类型及所属行业不同，以实物为承载体的科技，此阶段风险的空间范围一般是主权国家范围内，而信息化网络形式的科技有可能迅速扩展至全球	此阶段涉及的群体主要为生产机构的工作人员以及科技附属产品的普通用户，根据科技的类型和行业不同，有可能是特定群体，也有可能涉及空间内的全部对象
宏观分析尺度	持续应用与推广阶段	此阶段基本不受空间维度的约束，时间维度特征主要由风险致因本身的性质决定，相对前两个阶段而言，时间跨度明显增加，一旦发生事故，极有可能会持续数百年	此阶段的空间范围基本取决于科技本身的应用价值，具有经济、社会效益的科技产出物可通过跨国公司等媒介在全球范围内应用	由于空间范围的不受限，群体维度的影响主要由科技本身的应用行业和形态所决定，一般来讲可对环境生态产生作用的科技，其群体维度都是全物种

5.3.3.1　科技风险"时间—空间—群体"微观分析尺度

"时间—空间—群体"微观尺度主要是指时间在数年、空间在个别区域、群体

---

① GLYUN M A. The emergent organization: communicate as its site and surface [J]. Administrative Science Quarterly, 2002, 47 (1): 169-172.

是系统运行参与者的分析尺度。在微观尺度上，科技风险主要有两种表现形式，一是极易暴露的，比如与火灾、爆炸、中毒相关的物理、化学类科技风险。在科技大范围应用前，科技发展主要涉及研发和试用人员、设施和环境，涉及的空间范围相对较小，受影响的组织群体也比较有限。二是面向社会公众的消费性科技产品所引发的科技风险，由于单体致灾能量不高，科技事故发生后造成的损失和产生的影响也不大，导致在微观尺度上的分析容易被低估和隐藏。

对案例信息进行分析可以发现，主要的案例类型包括两类：一类是处于研究实验阶段发生的科技灾害事故，如 1956 年苏联发生的"委内瑞拉马脑炎病毒泄漏感染事故"；还有一类是在应用阶段，提供给公众个人使用的科技产品所引发的科技灾害事故，如 2013 年美国发生的"3D 打印技术引发的治安风险"。需要说明的是，微观层面的这些科技产品的使用者，是直接操作科技产品或者与其关系密切的参与者，在受体类型上属于"科技系统运行的参与者"。后文关于科技风险的"微观尺度"分析将以这一结果为基础进行具体研究。

5.3.3.2　科技风险"时间—空间—群体"中观分析尺度

"时间—空间—群体"中观尺度主要是指时间在数十年、空间在国家层面、群体涉及无辜在场者或系统普通用户的分析尺度。在中观尺度上，科技应用引发的各类事故风险开始逐渐显现。这一方面是因为科技应用经过数十年后，设备设施生命周期所带来的不安全状态引发的事故，另一方面是因为随着科技成果的应用范围扩大和获取便利化，副作用不断累积、预期之外的应用被恶意使用。如日本水俣病事件、东京地铁沙林毒气事件都是在科技应用数十年后发生的灾难事故。在中观尺度上，随着科技影响范围和群体的扩大，地区或国家管理主体开始重视并治理科技风险。

对案例信息进行分析可以发现，主要的案例类型包括两类：一类是单体致灾能量比较大、发生事故后影响的时空范围比较广，导致周边的无辜在场者受到影响的事故，如 2001 年法国发生的"图卢兹化工厂爆炸事故"；还有一类是作为基础设施向社会公众提供服务的科技产品引发的风险，因为用户量大，而用户又不具备直接干预系统运行的能力，导致科技系统一旦发生问题，影响范围会比较广的事故，如 2006 年我国发生的"'熊猫烧香'计算机病毒事件"、2016 年发生的"雅虎账号信息泄露事件"，2021 年日本发生的"日本加密货币交易所 Liquid 遭网络攻击事件"。后文关于科技风险的"中观尺度"分析将以这一结果为基础进行具体研究。

5.3.3.3　科技风险"时间—空间—群体"宏观分析尺度

"时间—空间—群体"宏观尺度主要是指时间在百年、空间涉及全球、群体涉及非在场者或后代的分析尺度。科技风险的巨大危害之一体现在时间维度的延续和变异上，空间和群体维度的影响也与此相关联。人类对科技危害的认识往往滞后于结果显现，而且由于危害控制与消除方案的形成需要不断探索、协商和投入，因此，危害即使被识别到也不可能马上阻止其发生或消除危害，甚至有些危害受限于科技水平和社会条件是无法解决的。在宏观尺度上，全人类都会被直接或间接影响到，治理也不是一个国家或者某个群体能完成的，需要全球联合防控。例如，从 20 世纪初至今，塑料垃圾形成的"白色污染"问题始终没有得到有效解决，这一危害结果将持续影响人类健康和生态环境，直到发明出无害分解塑料的办法。

对案例信息进行分析可以发现，主要的案例类型包括三类：第一类是化石能源使用造成的大规模环境污染事件，如全球范围内发生的"DDT 环境污染事故"，美国洛杉矶、英国伦敦等地发生的"城市烟雾事件"；第二类是核电站事故，如1986 年苏联发生的"切尔诺贝利核电站事故"，2011 年日本发生的"福岛核电站事故"；第三类是与基因工程相关的事件，"转基因抗虫棉对昆虫生态群落影响事件"等。后文关于科技风险的"宏观尺度"分析将以这一结果为基础进行具体研究。

第6章 科技风险的"时间—空间—群体"微观尺度分析

科技风险的微观尺度分析侧重在有限的空间、时间和群体范围中。从科技活动过程来看，几乎所有的科技在基础研究和实验阶段的风险都可先从微观尺度的分析入手，从风险致因的能量、屏蔽系统的阻力、风险受体的价值、风险受体对能量的敏感度等角度进行评估。现实中需要关注的微观尺度上的科技风险一般是能量密度较高的科技，这类科技风险一旦演变为事故，会在短时间内对承灾体产生巨大破坏，但由于其持续时间短，影响范围和群体就相对有限。根据前文分析，微观尺度的研究对象主要包括研究实验阶段的科技风险和科技产品在公众使用过程中的科技风险两类。

6.1 微观尺度典型科技风险及其特征分析

按照科技风险的尺度域划分，微观尺度的分析是指空间范围在地区级别、时间范围在数年内、群体范围为系统运行参与者的风险分析。根据前文对案例信息的聚类结果，主要包括两类：一类是处于研究实验阶段发生的科技灾害事故，如1956年前苏联发生的"委内瑞拉马脑炎病毒泄漏感染事故"；还有一类是在应用阶段，提供给公众个人使用的科技产品所引发的科技灾害事故，如2013年美国发生的"3D 打印技术引发的治安风险"。

6.1.1 科技研发活动引发的灾害风险及其特征

在科技研发阶段，科技活动的"探索性"特征最为显著，但由于此阶段活动是科研人员的"常规性"工作，从实际案例来看，疏忽大意、设备老化等原因引发的各类事故频率较高。

2012 年《自然》杂志面向全球 2 400 名科学家开展了一项实验安全调查，发现86%的科学家认为自己所在的实验室是安全的，然而50%人都经历过实验室伤害。[①] 一组美国学者随后具体分析了其中1 200余份问卷数据，发现学术界、工业界和政府部门实验室的研究者在实验前进行过较为正式的风险评估的占比分别是20%、51%和43%，学术界的比例明显偏低。此外，虽然美国的科研硬件与环境体系相对先进，但也只有不到70%的研究者在进入实验室之前接受过安全培训。

结合国内外实验室活动的致灾风险分析，以属于微观层面的相关案例为基础，对其中属于科技研发活动引发的相关案例进行汇总分析，可以得出其在科技风险九个分析指标上的取值情况（见图6-1）。从图中可以看出，对于科技研发活动而言，由于其涉及的科技类型不同，导致其在科学已知度、衍生扩散度、时空衰减度、损伤可逆度方面存在明显差异。比如病原微生物实验室事故的衍生扩散度一般较高，而化学类实验室的衍生扩散度很低。然而，在物种敏感度、单元蕴能度方面，各类科研活动致灾风险相对都比较高，这主要是因为科技研发活动过程与科研人员关系密切，化学类、物理类等科技研发极易引起科研人员伤亡。

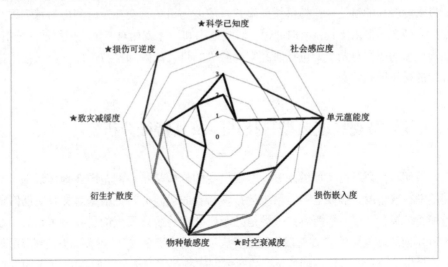

图 6-1　科技研发活动致灾案例雷达图

注：图中标"星号"的代表对负向指标进行转置后的取值，后续图片中含义同理。

6.1.2　科技产品在公众使用过程中引发的灾害风险及其特征

进入公众领域的科技产品一般单个对象致灾潜势不大，但社会感应度较高。科技载体在社会中分布广泛，数量比较多。主要涉及面向社会大众的消费品类的

---

① VAN NOORDEN R. Safety survey reveals lab risks [J]. Nature, 2013, 493 (7430): 9-11.

科技载体，如用于个人交通工具、个人通信工具、个人娱乐产品等的科技创新。此类科技风险在单个科技产品层面不会引发大规模的事故灾难，但当科技本身有缺陷时，发生频率会特别高。

新能源行业中的锂电池火灾爆炸风险是典型的在消费市场中的科技产品风险。锂电池作为重要的化学电池，广泛应用于手机、数码相机等便携式小型电器，以及电动自行车、电动汽车等动力电池领域。与其他类型的充电电池相比，锂电池具有能量高、电压高、无记忆效应等优点，使用范围将越来越广泛。然而，由于锂电池的热不稳定性，发生火灾爆炸的概率很大。以新能源汽车行业为例，据统计，截至 2021 年年底，全国新能源汽车保有量达 784 万辆，但同时汽车火灾、爆炸等事故发生频率也居高不下。资料显示，2020 年我国发生 124 起新能源汽车安全事故，核心原因是锂电池的热失控。[①] 在电动自行车方面，据应急管理部消防救援局统计，2021 年上半年全国发生电动车火灾事故 6 462 起，过充电、电池单体故障、电气线路短路是事故的根本原因。由此可见，当科技载体面向社会大众扩散后，其中潜藏的风险也随之扩散，当科技负效应出现后，就会面临全社会事故多点频发的局面，从而在整体层面对社会产生不良影响。

对属于公众使用科技产品引发的相关案例进行汇总分析，可以得出其在九个指标上的取值情况，如图 6-2 所示。公众使用科技产品引发的风险在各指标取值上的差异主要为社会感应度、损伤嵌入度和物种敏感度。社会感应度的差异主要

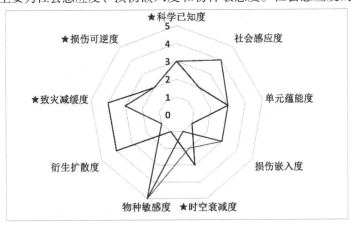

图 6-2　公众使用科技产品致灾事故案例雷达图

① 抄佩佩，丰俊献，程端前，等．基于新能源汽车大数据的事故特征模式匹配追踪分析［J］．汽车工程学报，2021，11（06）：404-412.

源自消费群体规模和应用推广阶段的不同。有些产品，比如手机，目前社会保有量很大、社会感应度非常高。而有些产品，比如3D打印设备，目前属于早期应用阶段，社会感应度比较低。在损伤嵌入度和物种敏感度方面，有些产品涉及物理爆炸类的能量，如涉及新能源电池和自动驾驶相关的汽车，会对人产生直接的伤害，损伤嵌入度和物种敏感度都很高。而有些科技产品，比如电子设备类（如因为针孔摄像机被恶意使用导致的隐私泄漏事件），在损伤嵌入度方面会比较低，物种敏感度也比较低。

6.1.3 微观尺度科技风险的整体特征分析

微观尺度下的科技风险在发生原因、可能性、后果严重性及管控方面主要有以下特点。

6.1.3.1 风险引发事故的频率相对较高

近年来，随着各国对科研的重视和高校招生人数的不断扩大，实验室数量也在不断增加，科技研发活动规模不断攀升。由于管理制度不完善、人员培训不到位、安全意识不足等原因，导致科技研发事故在全球范围内时有发生。美国职业健康及安全管理部针对科研和测试实验室从2010年至2015年的事故统计发现每年至少发生8 000件工伤事故，平均每百名实验员全职工作一年至少有2.2件安全事故发生。[①] 在科技产品方面，面向公众的消费品一般来讲数量规模会比较大，社会感应度高，若科技本身有缺陷，就会导致事故发生频率很高。如在电动自行车方面，2021年上半年全国发生电动车火灾事故6 462起。[②]

6.1.3.2 风险的受体类型主要为"系统运行参与者"

从相对程度来看，微观尺度下的科技风险主要涉及的是科技研发活动和消费类产品使用过程，波及的空间范围相对有限，受体类型主要是科研人员和某个具体的产品使用人员，所以整体的人员伤亡情况和对环境、社会的影响与中观和宏观尺度相比，严重程度比较低。

6.1.3.3 风险引发的灾害事件的影响范围相对较小

在影响范围方面，对于科技研发活动中的风险而言，因为其涉及的科技物质原料一般数量较小，所以即便单元蕴能度较高，其最终会波及的范围也不会很大。而对于公众使用的科技产品而言，单个产品的体量也不会很大。所以，整体上，在微观层面，科技风险涉及的规模相对较小、空间范围相对有限，人员也主要是

---

① 贺诗通. 实验室环境健康安全管理体系构建研究 [D]. 上海：上海交通大学，2017.

② 应急管理部：今年以来全国发生电动车火灾6462起 [EB/OL]. （2021-07-22）[2023-01-10]. https：//m. gmw. cn/baijia/2021-07/22/1302420444. html.

与科技活动直接相关的操作者或使用者，灾害后果相对可控。

6.1.3.4 风险的管控主体相对明确

微观尺度的科技风险的制造者、影响人群比较明确，因此在管控层面，对风险负有直接和间接管理责任的主体也比较明确，科技活动的执行方、监管方、产品的使用方等责任主体和责任边界相对清晰。

6.1.3.5 引发风险的人为性原因居多

科技研发人员安全意识不强、缺乏安全培训等导致的操作失误、违规操作成为科技风险在微观尺度上发生的最主要原因。在学者统计的 150 起实验室事故的发生原因中，科研人员操作不慎或使用不当占 22.67%，违规操作占 21.33%。[①] 在电动自行车引发的火灾爆炸事故中，过充、违规改装电池等原因占比也较高。

6.2 微观尺度科技致灾机理分析

从本质上讲，所有危险后果的产生都可归结为存在着危险物质、能量及危险物质、能量失去控制两方面因素的综合作用。1961 年，吉布森（Gibson）提出了能量意外释放理论，即事故是一种不正常的或者不希望的能量释放，各种形式的能量是构成伤害的直接原因。[②] 他认为应该通过控制能量及相关载体来预防事故。1966 年，美国运输安全管理局局长哈登（Hardon）在吉布森的研究基础上，完善了能量意外释放理论，将伤害分为两类：一类是由施加了局部或全身损伤阈值的能量引起的伤害；另一类是由影响局部或全身能量交换所引起的伤害。哈登提出[③]，能量的大小、接触能量时间长短和频率以及力的集中程度决定了该种能量能否造成人员伤亡。能量意外释放理论阐明了伤害事故发生的物理本质，说明防止伤害事故就是防止能量意外释放、屏蔽承灾体与能量的接触。所有活动都要关注过程中的能量流动、转换和相互作用，规避能量意外泄漏或集聚。我国学者陈宝智等[④]提出了事故致因的两类危险源理论：第一类危险源是伤亡事故发生的能量主体，决定事故后果的严重程度；第二类危险源是围绕第一类危险源出现的一些异常现象或状态，是第一类危险源造成事故的必要条件，决定事故发生的可能性。

---

① 李垚栋. 2010—2020 年高校实验室事故统计分析及对策研究［J］. 黑龙江科学，2022，13（1）：13-15.

② 纪婧. 能量意外释放理论［J］. 中国安全生产科学技术，2016，12（06）：2.

③ 纪婧. 能量意外释放理论［J］. 中国安全生产科学技术，2016，12（06）：2.

④ 陈宝智，张培红. 安全原理（第 3 版）［M］. 北京：冶金工业出版社，2018：28-30.

两类危险源相互关联、相互依存。

科技风险转化为科技事故灾难，对人类、社会和环境产生负面影响的根本原因同样是各类能量的不受控释放、扩散和累积，在这一过程中伴随的是各类屏蔽和控制系统的失效。因此，结合风险本体子系统和管控子系统中的各类关键要素，可以将科技风险成灾的过程划分为风险致因的能量意外集聚、管控主体的屏蔽措施失效、能量释放与扩散、风险受体受损、能量消散与转移等阶段。其中，孕灾环境和管控环境是这一过程的基础环境，会对过程的演化速度和影响深度起到阻碍或推动作用。微观尺度下的科技风险成灾机理如图6-3所示。

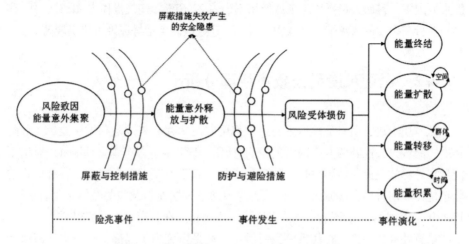

图6-3 微观尺度下的科技风险成灾机理示意图

6.2.1 安全隐患引发险兆事件

险兆事件阶段是指尚未造成实际损失的阶段。风险致因中根本性风险致因蕴含的各种能量，在人、物、作业环境等不安全因素相互作用时会导致能量的意外集聚。此时，若屏蔽与管控措施出现缺陷产生安全隐患，如自动切断装置失灵、隔离装置失效等会导致能量突破约束，造成能量的意外释放。这是科技风险成灾的第一阶段，从微观角度看，这一阶段都有一个持续的过程，当能量集聚到一定阈值，就会从量变引发质变，此时若屏蔽与管控措施本身又有漏洞，则会发生险兆事件。根据海因里希 1 : 29 : 300 的原则，在实际运行中，险兆事故出现的频率是非常高的，但实践中却往往因为没有产生实际损失而没有得到重视和管理。对这一阶段的事件的起因和过程进行深入分析，可以避免事件的进一步发生，实现关口前移，从根本上实现从"事件应对"到"风险防控"的转移。

6.2.2　险兆事件转化为灾害事件

若险兆事件没有得到有效干预，能量突破了风险受体的防护措施，风险受体避险失败，则会导致实际的灾害事件发生，造成人、环境和财产的损失。用安全流变-突变理论的视角来看（如图6-4所示），能量在 *OA* 阶段产生意外集聚，如没有采取管控措施，能量在 *AB* 阶段持续集聚突破屏蔽与管控措施后进入险兆事件阶段，此时若进一步发展进入 *BC* 阶段能量释

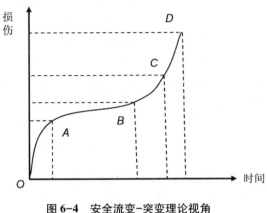

图6-4　安全流变-突变理论视角
下的能量致灾过程示意图

放，防护和避险措施遭到破坏，会对风险受体开始产生损伤，在 *CD* 阶段损伤加剧超过承灾体的承受阈值后，在 *D* 点达到灾害的突变点，险兆事件转化为灾害事件。①

损伤的大小主要取决于五个方面：一是能量本身的大小；二是受体自身价值；三是受体对能量的敏感系数；四是屏蔽系统（包括屏蔽与管控措施、防护与避险措施）对能量的阻碍与吸收能力；五是对损伤的逆向修复能力。前三个方面与事件造成的损失正相关，后两方面与事件损失负相关。在风险管控时，首先要分析的就是致灾因子的能量类型和特征，在此基础上设计匹配的防护措施，使屏蔽系统对能量的意外释放能够产生最大的阻力，从而降低事件产生的损失。

6.2.3　灾害事件进一步演化

不同风险致因的能量大小和释放模式不同，能量突破屏蔽系统对风险受体产生损伤后，主要有四种演化模式。第一种模式是能量终结，即能量在突破屏蔽系统以及对风险受体造成损伤的过程中被吸收，这种情况下风险引发的灾害事件也就对应终结了，大部分的机械能、电能等传统物理类致灾因子都属于这种模式。第二种模式是能量扩散，能量在对直接的风险受体造成损伤后，进一步在空间维度上扩散，影响范围进一步增加，能量足够大或者能量可伴随空气、水等进行传播的风险致因大多会沿着这种模式演化。第三种模式是能量转移，直接风险受体可作为媒介，将能量转移至其他风险受体上，比如很多化工科技产生的水体污染，

---

① 何学秋. 安全工程学［M］. 徐州：中国矿业大学出版社，2000：23-36.

使水生物受到危害，人类在食用水产品后，身体出现损伤。第四种是能量积累，有些能量是属于持续释放型的，比如核辐射，核泄漏后能量会在较长的时间内持续释放，使波及范围内的受体受到的伤害持续累积。

除了主观意愿之外的传统能量意外集聚、释放导致的灾害事故之外，当科技通过生产系统物化为面向公众的设备、产品后，随着扩散范围变大、使用群体变多，本身不具备直接致灾潜势的科技产品，在各种"人为故意"的行为触发后，可能衍生出具有破坏性的新事物，从而引发新风险，产生新事故。这种连锁反应的起因并不是科技，科技只是作为其中的一项"工具"，使原始的不良目的得以实现。当代科技的"两面性"和"人为操控性强"这一显著特征在这一点上也体现出来。随着科技的不断发展，人们可以以越来越便捷的方式、越来越多元的渠道、越来越低廉的价格获得各类科技产品，加之有些科技产品在投入市场时配套的监管机制不健全，在复杂的社会系统中，极易被恶意使用。近年来，不法分子利用无人机干扰正常航线、利用3D打印机打印枪支实施犯罪、利用针孔摄像机窃取用户隐私信息、利用支付宝贩毒等事件，无一不是怀有不法目的的个人或组织利用科技产品制造的事件。以利用针孔摄像机偷拍窃取用户隐私风险为例：针孔摄像机本身是记者暗访调查、公安暗访取证的重要工具，但不法人员为了经济利益，或因为心理问题，利用针孔摄像机窥探别人隐私、出售隐私视频获利，或通过敲诈勒索实施违法犯罪行为（如图6-5所示）。

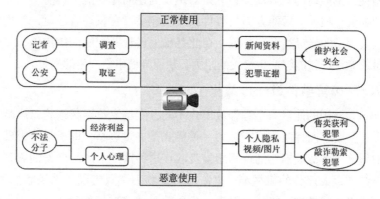

图6-5　人为恶意使用针孔摄像机激发致灾机理示意图

6.3　微观尺度科技致灾潜势评估：以锂电池爆炸风险为例

微观尺度下的科技风险的致灾潜势评估，可以选择颗粒度较小的评估单元。

本书以当前社会系统中比较突出的、涉及群体比较多的锂电池科技为例进行致灾潜势评估。作为当今应用最广泛的可充电电池,锂电池因其能量密度高、使用寿命长、无记忆效应的特点,被广泛应用于移动电话、笔记本电脑、电动自行车、电动汽车等各个领域。锂电池为人类生活带来了很大便利,但同时因为过充、过放、短路等各种原因也引发了多起着火、爆炸等事件。

6.3.1 科技类型、应用领域及风险类型选择

按照图 4-11 所示的致灾潜势评估流程,首先确定评估的科技、应用领域和风险类型。为了简化研究过程,微观尺度下的科技致灾潜势评估以我国锂电池技术在手机、电动自行车和电动汽车三个应用领域中的火灾爆炸风险作为评估对象。锂电池的核心组成部分是正负极材料、隔膜及电解液,不同的组成部分共同决定锂电池的性能。实际上锂电池技术根据正负极材料、电解液等的不同可以进一步细分,但在本书中笔者将其作为一个技术主题进行整体研究,不再细分。本书中锂电池技术致灾潜势评估范畴如图 6-6 所示。

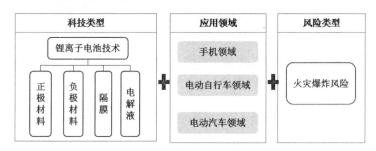

图 6-6 微观尺度科技致灾潜势评估范畴图

6.3.2 九度分析指标计算

针对选定的锂电池在手机、电动自行车和电动汽车三个领域的爆炸风险,分别计算其科学已知度、社会感应度、单元蕴能度、损伤嵌入度、时空衰减度、物种敏感度、衍生扩散度、致灾减缓度和损伤可逆度。

6.3.2.1 科学已知度

在测算科学已知度时,选择 TPA 评估方法,以专利汇(https://www.patenthub.cn/)为数据检索平台,检索式分别为"cets:(锂电池 OR 锂电池)AND ts:(手机)""cets:(锂电池 OR 锂电池)AND ts:(自行车)""cets:(锂电池 OR 锂电池)AND ts:(汽车)",考虑到专利公开与申请间的滞后性,将检索时间截止日期设置为 2019 年 12 月 31 日,对发明专利公开及实用新型数据进行检索汇总,剔除无效数据后,与锂电池手机应用相关的发明专利与实用新型分别识别

到 715 条、1 193 条；与锂电池电动自行车应用相关的发明专利与实用新型分别识别到 150 条、363 条；与锂电池电动汽车应用相关的发明专利与实用新型分别识别到 891 条、1 136 条；根据对数据的初步分析，按照表 4-3 中的公式，选取技术生长率 V、技术成熟系数 α 和新技术特征系数 N 三个参数进行计量分析［技术衰老度系数 β 因为涉及外观设计专利和商标申请（公布）数量，检索到的数据有效性不足，故不对这一参数进行计算］。分析结果见附录一到附录二，拟合得到三个参数随时间的变化趋势如图 6-7、6-8、6-9 所示。

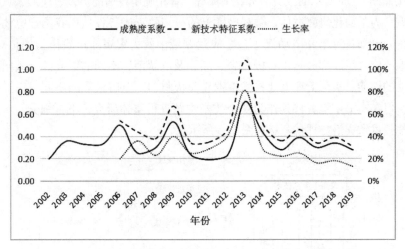

图 6-7 锂电池技术在手机应用领域的技术生命周期分析图

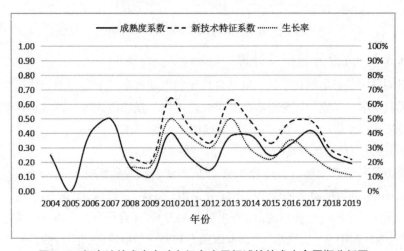

图 6-8 锂电池技术在电动自行车应用领域的技术生命周期分析图

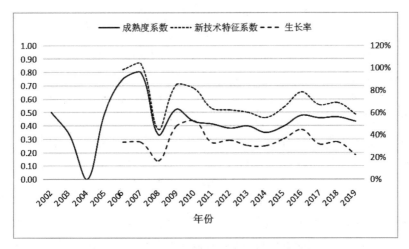

图 6-9　锂电池技术在电动汽车应用领域的技术生命周期分析图

从图中可以看出，锂电池技术在手机应用领域的技术生长率 V、技术成熟系数 α 和新技术特征系数 N 已经过最高点后处于平稳下降阶段，技术已经相对比较成熟，科学已知度较高。锂电池技术在电动自行车应用领域的技术生长率 V、技术成熟系数 α 和新技术特征系数 N 整体处于波动状态，但最近几年整体呈下降趋势，技术接近于成熟稳定阶段，科学已知度处于中等。锂电池技术在汽车应用领域的技术生长率 V、技术成熟系数 α 和新技术特征系数 N 近几年一直处于较高的状态，新技术特征系数 N 相对其他两类应用而言比较高，说明整体处于上升阶段，科学已知度在三者中相对较低。根据锂电池技术在手机、电动自行车和电动汽车应用领域的技术成熟度分析，可以分别将其科学已知度取值为 0.8, 0.6 和 0.4，即：$Sk_p = 0.8$，$Sk_b = 0.6$，$Sk_c = 0.4$。

6.3.2.2　社会感应度

三类风险的社会感应度用式（4-1）进行计算。

当前我国手机市场中几乎所有的手机电池均为锂电池。[①] 根据《中国统计年鉴 2021》的统计数据，我国 2020 年移动电话年末用户数为 159 407 万，人均超过 1 部，因此 β_{ij} 的取值实际上是小于 1 的，考虑到实际手机持有的不均衡以及每部手机同时最多只有 1 个人使用的情况，将 β_{ij} 取为 0.6，2020 年我国总人口数为 141 000 万，则锂电池技术在手机应用上的致灾风险的社会感应度如下：

---

① 林南南，陆顺. 浅议废旧手机锂电池的回收和再利用 [J]. 新材料产业，2018 (08)：22-26.

$$Si_p = \frac{159\,407 \times 0.6}{141\,000} = 0.678$$

在电动自行车领域，锂电池的渗透率是在不断升高的，根据国家电动自行车质量监督检验中心发布的《中国电动自行车质量安全白皮书》等资料分析，电动自行车的渗透率在 2011 年仅为 1.71%（53 万辆），2020 年为 21%（1\,000 万辆），目前累计锂电池电动自行车总量约为 3\,020 万辆。[①] 锂电池电动自行车的火灾爆炸多发生在充电过程中，由于我国当前在室内进行电动车自行车电池充电的情况仍比较多，因此将 β_{ij} 取 3，则锂电池技术在电动自行车应用上的致灾风险的社会感应度如下：

$$Si_b = \frac{3\,020 \times 3}{141\,000} = 0.064$$

电动汽车的电池也几乎以锂电池为主，华经产业研究院整理的数据显示，2020 年我国新能源汽车保有量约为 420 万辆。结合汽车的实际使用场景，将 β_{ij} 取为 5，则锂电池技术在电动汽车领域应用上的致灾风险的社会感应度如下：

$$Si_c = \frac{420 \times 5}{141\,000} = 0.015$$

将结果与表 4-4 "社会感应度" 分级判断标准对照，手机、电动自行车和电动汽车基本对应于高、较低和低三个级别，为了实现与其他指标的可比性，归一化取值为 1、0.4 和 0.2。

6.3.2.3　单元蕴能度

本书中锂电池火灾爆炸风险的单元蕴能度以 TNT 当量来衡量。根据研究，1kg 的磷酸铁锂电芯蕴含的能量相当于 103g 的 TNT 炸药。[②] 为了简化计算取当前手机电池、电动自行车、电动汽车电池的平均质量 0.05kg、7kg、400kg 作为计算基数，对应的锂电池技术在手机领域、电动自行车领域和电动汽车领域应用上的致灾风险的单元蕴能度如下：

$$Ed_p = 0.05 \times 0.103 = 0.00515 \text{ kgTNT}$$
$$Ed_b = 7 \times 0.103 = 0.721 \text{ kgTNT}$$
$$Ed_c = 400 \times 0.103 = 41.2 \text{ kgTNTE}$$

将结果与表 4-5 "单元蕴能度" 判断标准对照，分别对应低、较低和较高三个级别，为了实现与其他指标的可比性，归一化取值为 0.2、0.4 和 0.8。

---

① 全球电动车网. 营商年度数据报告 | 增长：2020 年电动两轮车总销量同比增长 23%［EB/OL］.（2021-01-02）［2022-02-25］. http：//news. qqddc. com/html/news/202101/news_ 64413. html.

② 姜连瑞，李梦雨. 锂电池火灾扑救战术方法研究［J］. 消防技术与产品信息，2017（12）：33-36.

6.3.2.4 损伤嵌入度

在损伤嵌入度方面,电池火灾爆炸均是通过产生的碎片、空气冲击波、灼伤等从外部直接作用于人体,属于较高的级别,所以均取值0.8。

6.3.2.5 时空衰减度

锂电池发生火灾爆炸后,其影响在时间上持续时间非常短,在空间上以TNT爆炸伤害半径进行评估,其中电动汽车的伤害半径最大,死亡半径约为4.5m,重伤半径约为14.2m,轻伤半径约为25.4m。[①]对照表4-10中的判断标准,属于"高"级别,电动自行车和手机电池爆炸的时空衰减度比电动汽车的更高,因此,将三者的时空衰减度均取值为1。

6.3.2.6 物种敏感度

根据物种敏感度的定义,三种科技风险产生的火灾爆炸事故都会直接对人类生命健康产生伤害,因此,物种敏感度都属于"高"级别,取值为1。

6.3.2.7 衍生扩散度

因火灾爆炸造成的伤害均属于对人体机能的直接损伤,受到影响的受体不在潜在受体中衍生扩散,故衍生扩散度属于"低",最终受体规模即为受到直接影响的受体规模,衍生扩散系数取值为1。

6.3.2.8 致灾减缓度

根据"致灾减缓度"判断标准,在锂电池火灾爆炸风险的致灾减缓措施中,最主要的是对电池运行安全的监控,因此简化其他措施的影响,以电池安全监控措施作为衡量指标。从当前手机、电动自行车、电动汽车应用领域来看,电动汽车方面的锂电池安全监控措施做得相对全面,其次是手机,最后是电动自行车,其中电动自行车因为存在电池改装、违规充电等原因,出现的安全隐患比较多,故分别将其取值定为0.8、0.6和0.2。

6.3.2.9 损伤可逆度

损伤可逆度根据火灾爆炸对人体产生伤害的程度存在差异,从整体来看,由于现代医疗技术的进步,除了直接致死的情况外,对于重伤和轻伤的生命状态恢复能力是相对较强的,因此将损伤可逆度取为0.8。

6.3.3 致灾潜势评估

对锂电池技术在手机、电动自行车和电动汽车三个应用领域中的火灾爆炸风险的九度分析指标的结果进行汇总,如表6-1所示。

表 6-1　三类风险的九度分析指标结果汇总

分析指标	手机	电动自行车	电动汽车
科学已知度 Sk	0.8	0.6	0.4
社会感应度 Si	1	0.4	0.2
单元蕴能度 Ed	0.2	0.4	0.8
损伤嵌入度 De	0.8	0.8	0.8
时空衰减度 Tsa	1	1	1
物种敏感度 Ss	1	1	1
衍生扩散度 Dd	1	1	1
致灾减缓度 Dm	0.6	0.2	0.8
损伤可逆度 Dr	0.8	0.8	0.8

因时空衰减度为1，且只考虑对人这一受体类型的影响，故在本实证分析中可将锂电池技术在手机（R_{stdp}^p）、电动自行车（R_{stdp}^b）、电动汽车（R_{stdp}^c）应用领域的火灾爆炸致灾潜势评估公式简化为如下公式计算。

$$R_{stdp}^p = \left(\frac{Si \times Ed \times De \times Ss}{Sk^2 \times Tsa \times Dm \times Dr} \right)^{Dd} = \left(\frac{1 \times 0.2 \times 0.8 \times 1}{0.8^2 \times 1 \times 0.6 \times 0.8} \right)^1 = 0.521$$

$$R_{stdp}^b = \left(\frac{Si \times Ed \times De \times Ss}{Sk^2 \times Tsa \times Dm \times Dr} \right)^{Dd} = \left(\frac{0.4 \times 0.4 \times 0.8 \times 1}{0.6^2 \times 1 \times 0.2 \times 0.8} \right)^1 = 2.222$$

$$R_{stdp}^c = \left(\frac{Si \times Ed \times De \times Ss}{Sk^2 \times Tsa \times Dm \times Dr} \right)^{Dd} = \left(\frac{0.2 \times 0.8 \times 0.8 \times 1}{0.4^2 \times 1 \times 0.8 \times 0.8} \right)^1 = 1.25$$

结果显示，在微观尺度下，电动自行车的锂电池火灾爆炸致灾潜势是最高的，其次是电动汽车，最后是手机。具体指标分析结果如下：电动自行车的致灾减缓度较低，单元蕴能度和社会感应度相对较高，导致其最终致灾潜势比较高；手机虽然社会感应度很高，但因其科学已知度相对较高，单元蕴能度又比较低，所以致灾潜势并不高；电动汽车的科学已知度是最低的，单元蕴能度是最高的，但因其致灾减缓度较高、社会感应度较低，所以整体的致灾潜势比电动自行车要低。

需要说明的是本部分计算出的致灾潜势只是针对当前锂电池技术在三个应用领域的火灾爆炸风险进行的评估，实际上，如果从更高层面去评估，可以将三者汇总形成锂电池技术在三个领域的火灾爆炸风险致灾潜势。此外，除了分析火灾爆炸风险外，也可以评估和汇总废旧锂电池的环境污染风险。另外，随着锂电池电动自行车和电动汽车普及率的提高，致灾潜势也会发生变化。

6.4　微观尺度科技风险治理策略

微观尺度科技风险是所有类型的科技活动都会经历的一个阶段，也是三个尺度域上频率相对较高的一类，虽然其后果与中观和宏观尺度上的风险相比相对可控，但会直接造成科研人员和产品用户的伤亡，对科技活动的顺利开展和科技产品的推广应用造成阻碍。因此，在微观尺度上，需要针对风险致因，从能量屏蔽与控制、个体防护与避险的角度进行管控。此外，在这一尺度域的风险致灾事件中，人为原因居多，还需从人-机-环系统的角度进行有效的管理。从优先级的角度来分析，首选的是对风险致因进行能量管控，次选的是在能量到达风险受体的路径上进行控制，最后是从风险受体的防护角度进行保护（见图6-10）。

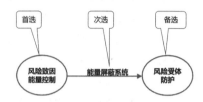

图 6-10　微观尺度风险治理策略选择原则示意图

6.4.1　风险致因能量控制

能量是损失产生的根源，因此对能量进行限制和隔离是风险治理过程中首先要考虑的因素。风险致因的能量控制主要是指降低风险致因的破坏能量以及防止能量意外集聚的各类措施。

6.4.1.1　降低风险致因的能量

风险致因的能量是由其本身的能量体量和能量密度决定的。在科技研发过程中，用来实验的主要原材料和技术方案往往是无法替换的，因此在能量密度方面基本是确定的，可以进行控制的主要是能量体量。以化学类科技实验室为例，在很多实验室环境中，除了每次做实验所用的化学试剂外，往往还有很多存储的备用化学品，在发生意外情况时，备用化学品产生的能量远大于单次实验活动所用原材料的量。因此，需要从采购、存储、使用到报废的全过程做好控制，实现限量购置、降低库存，按需取用，及时清理报废。针对应用环节，在产品上市面向公众进行大范围推广使用时，应将产品的安全性能作为重要测评指标，对于技术成熟度不高的产品，应采取审慎态度。以锂电池为例，目前主要的锂电池包括锰酸锂电池、磷酸铁锂电池、三元锂电池和钴酸锂电池，不同锂电池在能量密度、循环寿命、一致性、成本和安全性上各有优缺点。由于三元锂电池的能量密度最高、成本又相对较低，所以应用在很多产品中，但实际上其在安全性方面劣势明显，如果没有有效的监控手段和良好的使用条件，容易发生火灾爆炸。当前锂电池在各个领域的应用不断扩大，超高续航的电动汽车、大型的储能电站等使单元蕴能度不断增加，在客观上也引发了致灾潜势的增大。

6.4.1.2 防止能量的意外集聚

能量意外集聚主要是由活动过程中的各类直接性风险致因触发的。在微观层面主要包括人的不安全行为、物的不安全状态、环境缺陷和管理失误几个方面。相应地，在风险治理层面需要进行对应的管控。

（1）人的不安全行为管控。我国实验室事故的调查资料显示，操作不慎或使用不当、违规操作是引发事故最多的原因。[①] 人的不安全行为可以通过制定标准化作业程序、严格人员资质管理和培训、执行作业审批、设置告警措施等手段进行管控。标准化作业程序是将操作过程细化到每一步的每一个具体要求，用统一的格式描述出来，对过程中的关键控制点进行细化和量化的作业程序。近年来，虽然监管部门制定了多项法规制度对科研活动进行约束，但执行层面依然存在安全教育和培训工作落实不到位，实验人员对物质和操作危险特性认识不足等问题，需要加强科研人员上岗及在岗过程的定期、不定期培训，确保人员具备相应的能力。

（2）物的不安全状态管控。物的不安全状态主要指设备老化、故障或缺陷，比如，物品存储不规范，电气线路老化或短路等，涉及选型、采购、安装、使用、检维修、变更与报废等各个环节。选型既要考虑技术需求，又要以安全为基础选择适宜的、安全性能高的产品。设备安装时要考虑对应的电路要求以及与其他物品间的安全距离，会产生有毒有害物质的设备要尽量集中并做好通风措施，振动大的仪器要尽量安置在建筑的底层，减少对建筑的共振和负荷。物品的使用过程要严格按照操作规程开展，避免对设备的损伤以及引起直接的意外事故。检维修作业属于非常规性作业，设备设施处于非正常运行状态，要做好安全交底和作业许可。对于达到使用寿命或不符合使用要求的设备要及时履行变更和报废程序。

（3）环境缺陷管控。温湿度、通风、照明、振动等是主要的环境管控要素，当这些环境管控要素出现问题时会导致人的失误和物的故障。例如，场所内湿度过高会加速金属腐蚀而降低结构强度，刺激的噪声会分散人的注意力、影响人的

---

① 叶元兴，马静，赵玉泽，等. 基于 150 起实验室事故的统计分析及安全管理对策研究 [J]. 实验技术与管理，2020，37（12）：317–322.

情绪而引发人的失误。因此，需要根据具体的作业环境需求，做好环境维护工作。

（4）管理失误管控。管理方面主要体现为组织架构、职责体系和管理制度。一方面要确保安全管理责任机制健全，实现权责利的对等。另一方面，要完善安全管理制度，明确场所管理、人员管理、安全检查、培训演练等方面的管理规则，实现 PDCA（计划、实施、检查、处理）的闭环管理。

6.4.2　能量释放路径屏蔽

能量释放路径屏蔽是指通过各种屏蔽措施隔断来自风险致因的能量对风险受体的作用和影响，可从以下几个方面考虑。

6.4.2.1　能量隔离

能量隔离设施主要指可以防止风险受体和能量接触的工程措施以及管理措施。工程措施包括安装各种隔离设施。隔离设施可以安装在风险致因的部位上，如安装在机械转动部分外面的防护罩上，也可以设置在受体和能量之间，如安全围栏等。管理措施可通过时间或空间的调整使能量和风险受体隔离。如在机械作业或者工艺执行过程中，操作人员可以通过远程操控实现与能量的空间分离，从而切断能量对受体产生损伤的路径。

6.4.2.2　能量卸放

能量卸放主要指通过物理或化学等方式将能量卸放至其他对象，避免对要保护的风险受体产生损伤。如在危化类的事故中，可以通过活性炭、吸附垫、酸碱中和等方式将能量卸放，电力相关的能量可通过接地、避雷针等方式将能量引导至其他位置。

6.4.2.3　能量缓释

缓慢地释放能量可以降低单位时间内释放的能量，从而减轻对风险受体产生的损失。如各种减震装置可以吸收冲击能力，防止人员受到伤害。

6.4.3　风险受体防护

风险受体防护可以看作从受体角度设置能量屏蔽措施，其目的是将意外释放的能量与受体进行隔离，从而避免或减轻对受体的损伤。受体防护是防护屏障中的最后一层，本书中主要是指个体防护相关的装备，如安全帽、防静电工作帽、激光防护镜、自吸过滤式防毒面具、阻燃服等。不同作业环境中的防护装备配置有不同的要求。我国《个体防护装备配备规范：总则》（GB 39800.1—2020）根据不同行业的典型伤害类型给出了相应的配备标准。合理配备与使用个体防护装备对作业者确保人身安全至关重要，也是保护人员健康和安全的最后一道防线。

第7章 科技风险的"时间—空间—群体" 中观尺度分析

科技风险的中观尺度域分析的是满足时间在数十年、空间在国家层面、群体涉及无辜在场者或系统普通用户三个条件中的一个及以上的风险。从科技活动的过程看，主要涉及应用和推广环节。在中观尺度上，随着科技在时间、空间上的不断扩散，以及科技应用成果不断增加，科技引发的各类事故风险开始逐渐显现。这一方面是因为科技应用经过数十年后，设备设施生命周期所带来的不安全状态引发的，另一方面是因为随着科技成果的应用范围扩大和获取便利化，副作用不断累积，预期之外的功能被恶意使用。此外，科技应用所引发的其他系统的连锁负面反应在不同群体间集聚，可能引发群体性事件等社会风险。在中观尺度上，随着科技影响范围和群体的扩大，除科技产品操作者与使用者外，周边的无辜人员和科技系统的普通用户也成为科技负效应的受体，同时国家层面的管理主体开始重视并治理科技风险。

7.1 中观尺度典型科技风险及其特征分析

对于特定的科技而言，其风险致因的能量密度是确定的，科技风险在中观尺度上的变化主要体现在体量的增大上。在这一过程中，随着时间的推移，新科技的采用者数量越来越多（如图7-1所示），科技载体本身的数量越来越大，且作为生产使用的体量远比实验室所需量大。与此同时，当科技从实验室环境迈入市场环境，在生产和生活中发挥作用时，风险受体不再局限于进行科技研发的科技工作者，而是变为生产或应用系统的操作者、参与者、周边的公众，以及科技转化为产品后的消费者群体，受体规模直接扩大。在这些因素的共同作用下，导致科技风险显著上升。

中观尺度域涉及的科技风险主要包括两种类型：一类是单体致灾能量比较大、

发生事故后影响的时空范围比较广，导致周边的无辜在场者会受到影响的风险，如 2001 年法国发生的"图卢兹化工厂爆炸事故"；还有一类是作为基础设施向社会公众提供服务的科技产品引发的风险，因为用户量大，而普通用户又不具备直接干预系统运行的能力，导致科技系统一旦发生问题，影响范围会比较广，如 2006 年我国发生的"'熊猫烧香'计算机病毒事件"、2016 年

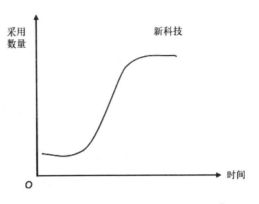

图 7-1 技术扩散的"S"形曲线图①

发生的"雅虎账号信息泄露事件"，2021 年日本发生的"日本加密货币交易所 Liquid 遭网络攻击事件"。

7.1.1 单体致灾能量比较大的科技风险

典型的单体致灾能量比较大的科技是化工技术，由于其有毒、有害，可随空气、水体扩散，能在生物体内累积等特性使其成为致灾潜势比较大的科技风险中的典型风险。20 世纪世界环境污染最著名的"八大公害"和"十大事件"就是化工污染对人类、生物、空气、水域、土壤等产生的一系列破坏。1953—1968 年，日本熊本县水俣湾的人由于食用了海湾中含汞污水污染的鱼虾、贝类等水生动物，造成超过 1 000 人死亡、近万人中枢神经出现问题。1984 年印度博帕尔市郊的"联合碳化杀虫剂厂"发生了有史以来最严重的因事故性污染引发的惨案，一座存贮 45 t 异氰酸甲酯贮槽的安全阀出现毒气泄漏事故，这次事故直接中毒人数超过 50 万人（当时博帕尔市区的人口约 80 万人），3 天内死亡人数超过 8 000 人。② 《中国统计年鉴》数据显示，2014 年到 2022 年我国规模以上化学原料和化学制品制造业企业数、企业平均用工人数、资产总计如图 7-2 所示。虽然企业数量和平均用工人数有所下降，但化工产业总资产近年来呈上长升趋势，间接反映出化工科技的产出物并未下降，致灾潜势仍然比较高。

除化工行业外，当前在建筑施工行业采用的超高建筑施工、地下空间施工等

① MANSFIELD E, ROMEO A. Technology transfer to overseas subsidiaries by U. S. based firms [J]. Quarterly journal of economics，1980（4）；737-750.

② 周永平. 博帕尔事故及其生产安全中的法律问题 [J]. 中共中央党校学报，2006（4）：98-103.

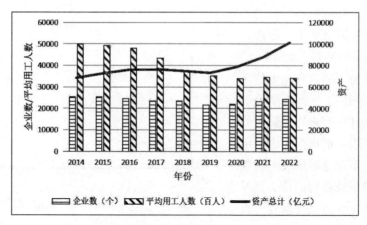

图7-2　我国化工行业发展趋势图（2014—2020年）

技术所引发的风险，以及建设完成的大型工程设施，如水电站、水坝等引发的风险也都属于单体致灾能量比较大的科技风险。

　　以属于中观层面的相关案例为基础，对其中单体致灾潜势比较大的科技风险引发的事故案例进行汇总分析，可以得出其在科技风险九个分析指标上的取值分布，如图7-3所示。可以看出，对于单体致灾潜势比较大的科技风险，其单元蕴能度、物种敏感度都很高，主要是因为其蕴含的能量比较大，主要事故类型为火灾爆炸和环境污染，几乎对所有物种都会产生伤害。但在社会感应度方面，主要为较低和中等水平，这主要是因为对单体致灾能量比较高的风险，政府管控比较严格，如化工厂的开办就需要严格履行相关手续，相比其他类型企业而言，其数

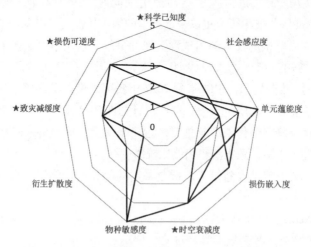

图7-3　单体致灾潜势比较大的科技致灾事故案例雷达图

量也相对较少。

7.1.2　作为基础设施提供社会公共服务的科技风险

科技风险本质上取决于科技致因的属性，有些科技因为自身具有较强的致灾能力，破坏性比较大，会直接引发大的事故灾难，如化工类、能源类科技。但还有一类科技，本身不会直接对生命和财产造成损失，但其出现问题时会引发其他系统的连锁反应，导致社会秩序混乱或影响某些群体的利益，在被恶意使用时也会对他人隐私造成破坏，本书中将这类科技定义为"激发致灾潜势比较大的科技"。

当前社会的正常运行离不开各类基础设施的保障，经济越发达的地区对基础设施的依赖性越强。在各类基础设施中，重要性比较高、影响比较大的主要有电力系统、供排水系统、交通运输系统、燃气系统、通信网络系统等城市生命线系统。随着科技的发展和社会系统的交织，系统之间的连锁性也在不断增加，有学者对系统之间的相关作用进行研究后，发现系统间的功能依赖、修复阻碍、替代系统影响等交互作用非常强[①]（如表7-1所示）。当某一科技系统发生故障产生影响后，一方面因为其公共服务系统的性质，会导致大量用户受到直接影响，另一方面由于系统间的相互作用会导致影响发生转化和衍生，从而引发更大规模的问题。

表7-1　灾害损失状态下生命线系统相互作用关系

系统	供电系统	供气系统	供水系统	交通系统	通信系统
供电系统	※	○气源厂、球罐站、压力调节装置失效 ○中心控制系统失效 ○照明中断	○水厂泵站的电动机失效 ○中心控制系统失效 ○照明中断	○交通信号无法使用 ○地铁、轻轨交通系统停运 ○中心控制系统失效 ○照明中断	○通信中心功能失效 ○在线服务中断 ○中心控制系统失效 ○照明中断
供气系统	■作为替代物的过量使用（如：供热）	※	◆修复工作复杂化 ◆抢占修复机械	○由于输气管线破坏而隔离造成道路堵塞	—

---

① 李若飞. 灾害损失视角下城市生命线系统脆弱性评估研究 [D]. 大连：大连理工大学，2017.

续表

系统	供电系统	供气系统	供水系统	交通系统	通信系统
供水系统	● 水淹地面管线 ○独立电厂缺少冷却剂	◆修复工作复杂化 ◆抢占修复机械 ○缺少冷却剂	※	○由于输水管线破坏造成道路堵塞 ○独立电厂缺少冷却剂 ●水淹道路	○电话交换机等缺少冷却剂 ○独立电厂缺少冷却剂 ●水淹地面管线
交通系统	◆电瓶车不能使用 ◆延滞修复（如：材料、人员、机械等） ○材料燃料无法送达 ○通勤中断	◆延滞修复（如：材料、人员、机械等） ○材料燃料无法送达 ○通勤中断	◆洒水车不能使用	※	■电话超负荷使用
通信系统	○中心控制系统失效 ◆修复工作通信不便（如：组织人员、宣传、联系工作等）	○中心控制系统失效 ◆修复工作通信不便（如：组织人员、宣传、联系工作等）	○中心控制系统失效 ◆修复工作通信不便（如：组织人员、宣传、联系工作等）	○中心控制系统失效 ◆修复工作通信不便（如：组织人员、宣传、联系工作等）	※

注：○表示功能性损失蔓延；●表示物理性损失蔓延；◆表示阻碍修复；■表示对替代系统的影响；※表示影响与被影响系统为同一系统。

除了传统的水、电、气、暖、交通、通信基础设施之外，"互联网+"背景下的大数据、物联网、电子商务、互联网金融等领域的科技近年来发展迅速，成为当前涉众范围最大的新型基础设施，但同时也引发了各类风险。P2P（peer-to-peer，点对点借贷）暴雷事件是典型的互联网科技在金融领域应用带来的负效应。资料显示，① 2011 年正常运营的网贷平台有 52 家，有问题的平台有 5 家，由于网贷平台门槛低，监管不规范，2013 年到 2015 年 P2P 经历了野蛮生长的阶段，截至

---

① 零壹财经 . P2P 网贷平台数量 ［EB/OL］.（2019-08-01）［2022-02-26］. https：//www. 01caijing. com/indicator/index/all. htm？keyword=P2P.

2018 年年底，我国 P2P 网贷平台累计 6 613 家，但问题平台达到 5 114 家，P2P 行业在监管下进入淘汰阶段，截至 2020 年年底，P2P 网贷机构已经完全归零，但还有 8 000 多亿元贷款人的资金没有收回，各地因此出现的维权上访等群体性事件不断，给人们的生活和社会秩序造成了严重影响。

大数据时代个人隐私数据泄漏也是一项重大社会风险。互联网技术在给人们生活和工作带来便利的同时也导致隐私泄漏事件频繁发生，为各国政府、企业、用户带来了巨大损失和影响。2017 年雅虎公司的泄漏事件导致全球 30 亿个雅虎账号遭到泄漏，最终导致公司破产；2018 年美国市场营销及数据聚合企业 Exactis 公司泄漏个人信息高达 3.4 亿条；2019 年，美国 Facebook 应用程序数据泄漏达 5.4 亿条。有学者对 2016 年 1 月到 2019 年 5 月全球发生的 55 起规模较大的数据泄漏事件进行了分析，发现黑客入侵（30 起）和企业操作失误（22 起）是其中最主要的事件起因（如图 7-4 所示），数据一旦泄漏，追回的可能性极低。①

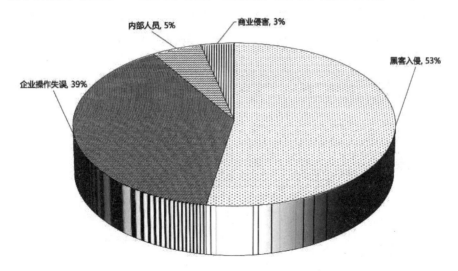

图 7-4　大数据泄漏事故原因统计图

有些科技应用在为一些人创造利益的同时，由于损害了另外一些人的利益，同样会引发负面效应。共享经济下网约车与出租车的冲突反映出科技创新对传统行业"破坏性"的一面，以及其可能触发其他邻近群体异常反应的风险。2015 年 1 月 4 日，辽宁省沈阳市数千台出租车因政府相关部门对网约车、黑出租整

---

①　金元浦. 大数据时代个人隐私数据泄漏的调研与分析报告 [J]. 清华大学学报（哲学社会科学版），2021，36（01）：191-201，206.

治力度不够集体罢运，造成不少乘客打不到车。2016 年 5 月 31 日西安市最为繁华的钟楼、小寨附近大量出租车聚集，"停运"抵制网约车，在两大闹市区街道内"散步"，一度导致西安市北大街和长安中路严重拥堵，引发当地政府紧急维稳。

这些激发致灾潜势倾向比较大的科技，虽然其自身没有直接的破坏能量，但会因为群体间利益冲突、人为破坏、误操作等原因引发社会风险。因这一阶段科技已经应用并在不同区域、不同群体间扩散，一旦发生事故，则影响面会比较大。

以属于中观层面的相关案例为基础，对其中激发致灾潜势比较大的科技引发的事故案例数据进行分析，得出其在科技风险九个分析指标上的取值情况（如图7-5 所示）。可以看出，这一类科技风险相对来讲社会感应度都比较高，物种敏感度都比较低。这主要是因为作为基础设施向公众提供服务的科技产品，其受体规模都很大。一旦发生问题，整个社会层面都会受到影响，但与单体致灾潜势较大的受控科技相比，损伤嵌入度相对较低，物种敏感度也相对较低。

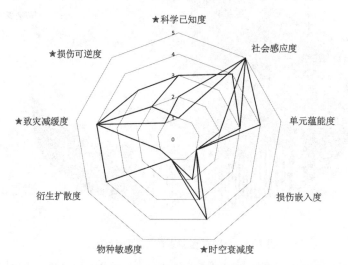

图 7-5　激发致灾潜势比较大的科技致灾事故案例雷达图

7.1.3　中观尺度科技风险的整体特征分析

7.1.3.1　单体致灾潜势与科技载体数量成反比，与政府管控强度成正比

科技风险是科技的"伴随物"，会随科技在时空上的扩散而扩散。科技在扩散过程中根据科技载体的致灾潜势、公益服务属性、推广应用难度等方面的特征，会有不同的扩散模式。扩散行为主体主要是政府和企业，政府从社会公众利益角

度进行科技扩散引导和管控，企业从经济利益角度进行科技采用、新产品生产与销售。单体致灾潜势越高的科技一旦发生事故，造成的人员伤亡和财产损失规模就越大，短时间内难以快速恢复，因此政府一般会对其采取较为严格的管控，科技载体数量相对有限。载体主要表现为生产领域的企业对象，相互之间独立性较强，如化工厂、电厂等。反之，如果科技载体的单体致灾潜势比较低，则政府对其管控会相对放宽，以市场推广行为为主。最终，载体在社会系统中存在的数量相对较多，如新能源汽车、新生物制药产品等（如图 7-6 所示）。

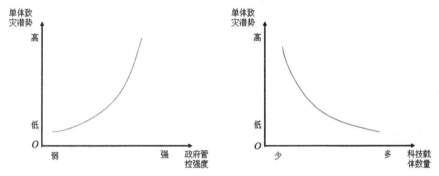

图 7-6　单体致灾潜势与政府管控强度及科技载体数量的关系图

7.1.3.2　科技风险系统更趋复杂，非线性动态交互作用增多

科技进入生产应用与消费环节后，其面临的内外部环境更加复杂，风险致因的规模、数量增加，相关涉众群体变多，各类干扰因素和防护屏障更加复杂。无论是以单体形式存在的科技生产应用系统，还是以多点散布形式存在的科技产品使用系统，都是复杂系统，各类正向和负向的影响因素会对系统的风险状态产生作用，引发系统层面的事故状态最终发生变化。

7.1.3.3　科技风险系统中突变、涌现和链式激发成灾形式并存

在中观层面，科技风险伴随科技扩散，可分为三种存在模式：一是单体致灾潜势较高的科技，其在政府严格管控下在生产端以数量有限的独立散点形式存在，这类科技风险多以单点突变致灾为主；二是单体致灾潜势较低的科技，其在消费端以数量庞大的网络节点形式存在，这类科技风险主要表现为多点涌现致灾；三是科技载体本身不具有直接的破坏力，但若使用不当或在科技交替过程中遇到干扰则会导致多源链式激发致灾。

7.1.3.4　科技管控主体多元，管控措施类型更为复杂

中观层面的科技风险系统涉及政府、企业、公众等不同主体，涉及生产、存储、运输、使用、维护等不同环节的工作，每类对象在其中的角色和定位不同，但都与风险防控有关系，有时在风险管控层面的责任边界变得模糊，对不同主体

间的一体化协同防控要求更高。在管控措施层面，可供选择的方式也会变多，除了直接面向风险致因的防护屏障外，法律规范、政策引导、经济调节等方式成为风险防控的重要手段。

7.2 中观尺度科技致灾机理分析

科技进入生产应用领域后，其所在系统的复杂度远高于在实验室环境和单个科技产品视角下的微观层面机制，系统内外部各种非线性效应和交互行为的出现，要求致灾机理的分析也需要有与复杂系统特征相适应的分析模型。复杂系统的事故是微观致因因素耦合交互所导致的系统层面的突变，当系统中各类因素交互作用导致系统紊乱程度增加，矛盾累积，达到一定程度时就会引发系统状态变化导致事故发生。系统发生事故的风险主要取决于不确定和严重性两方面，严重性由风险致灾潜势和涉及的受体价值决定，而系统的不确定性可用"熵"来度量。风险熵是对系统风险程度不确定性的一种度量，能够从系统风险动态变化的角度分析系统运行状态、演化方向和机理。在系统本身的科技载体确定的情况下，系统所蕴含的致灾潜势已经确定，当相关的防控和减缓措施出现问题时，系统熵增超过一定阈值后就会导致事故发生。根据中观尺度下科技风险的特征分析，可将风险按照致灾潜势、政府管制、最终载体存在形式等角度进行归纳（如图7-7所示）。从致灾的角度看，中观层面科技风险可分为高致灾潜势受控科技在单点上的突发致灾、低致灾潜势渐变累积致灾，以及新旧科技在交替时因利益冲突、衔接不畅等原因引起的链式激发致灾等。此处，"单点"是相对于社会公共服务科技系统的"线"和"面"而定义的，实际上每个点也是一个"系统"，但系统有大有小，一般而言，"单点"所属的"系统"与社会公众的联系更多的是间接联系，而提供社会公共服务的科技与公众的联系更多的是直接的联系。

实际上，对于自身具有直接破坏性能量的科技而言，无论是致灾潜势高的单点突变，还是致灾潜势低的科技在能量累积后造成的灾害，致灾机理都与微观尺度下的致灾机理类似，属于微观尺度科技风险致灾机理的"放大版"，遵循"科技风险引发险兆事件→险兆事件转化为灾害事件→灾害事件进一步演化"这三个阶段，但同时其机理又因系统复杂性的提高而比微观尺度下的机理复杂。复杂性主要来源于科技所处的系统本身更复杂，受到的影响因素更多，一因多果和一果多因现象更为显著，多种因素复杂交织，因此可采用复杂系统风险熵理论进行分析。

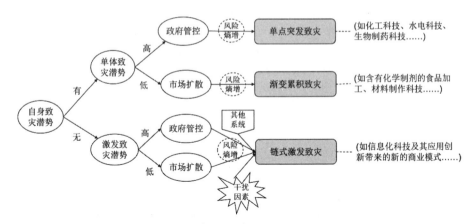

图 7-7　中观尺度下基于"致灾潜势"的科技风险分类图

7.2.1　复杂系统风险熵理论

熵（entropy）是一个源自热力学领域的物理概念，后来逐渐被应用于信息学、金融学、社会学等各个领域。玻尔兹曼有序性原理中指出"熵可以作为系统无序程度的量度"，熵越大，系统的混乱程度越高。[①]　因此，在风险评估领域，有学者提出用风险熵来度量事件的不确定性。系统风险演化与开放系统的熵变有诸多相似之处，都是从有序到无序，再从无序到有序，最终进入到另外的平衡稳态，系统熵在不同平衡态之间的转化能够反映系统安全状态的演化过程。在系统从有序到无序的过程中系统的熵是不断增加的，直到系统演化到平衡态时系统熵达到最大，即熵增原理。科技在应用领域中与外界环境具有物质和能量的交换，属于开放的复杂系统（如图 7-8 所示）。系统熵值与风险状态相对应，熵值越高，系统越紊乱，风险越高，熵值越低，系统越有序，风险越低。

在时间间隔 dt 内，系统熵值 dS 由两部分构成，一部分是使系统趋向紊乱的风险熵增（正熵）diS；另一部分则是使系统趋向有序的风险熵减（负熵）deS。风险熵增是系统发生事故的原因，系统熵值 dS 超过一定阈值后，系统突破稳定状态的临界点，平衡状态被打破，就会引发事故。

$$dS = deS + diS \qquad (7-1)$$

---

① 周理干，张云霞. 生态与人类社会系统演化的熵增分析和高熵危机［J］. 佛山科学技术学院学报：社会科学版，2009，27（5）：15-19.

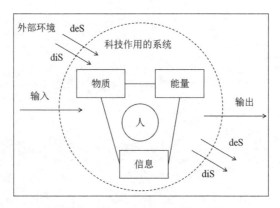

图7-8 复杂系统风险熵变示意图

7.2.2 中观尺度科技致灾机理

科技作为第一生产力，在作用于社会系统时有一个渐进的过程，通过与生产力系统中的诸要素结合转化，形成科技含量更高的劳动资料，塑造更高效的生产工具，提高劳动者的技能，调整生产关系，但同时也会对原有系统产生干扰。一项新科技输出的成果 A（新产品、设备、模式等）有可能将原来的对象 B（原有产品、设备、模式等）最终完全替换（如手机市场对传呼机市场的替代），也有可能与 B 融合共存形成新的 C 系统（如网约车和传统出租车）。从原有系统的角度来看，新的科技是对系统的一个"大的正熵"，导致原系统的秩序紊乱程度增加，如果过程中配套的衔接机制、保障措施、引导与监管制度等系统"负熵"不能有效输入以抵消正熵带来的系统紊乱，系统就会发生突变，如果其中又涉及了群体之间的利益纠纷，对社会秩序、生态环境的影响时，就会激发出新的社会问题。在 Tushman 提出的技术生命周期的变异、酝酿、选择和保留的四个阶段中，不同阶段的技术特征、竞争主体和驱动要素有很大差异，影响系统熵值的因素也不同，变异和酝酿阶段是最容易发生事故的阶段（如图7-9所示）。①

从系统整体来看，在中观层面，社会各系统以开放的状态主动吸收各类科技成果或被动受科技成果的影响，导致系统的熵值动态变化。不同阶段的熵增和熵减来源有很大差异，从最终结果来看科技成灾的过程实际上就是风险熵增因子作用不断增加，远超风险熵减因子作用后，系统熵值超过阈值，系统从有序变为无序的过程（如图7-10所示）。

---

① TUSHMAN M L，ROSENKOPF L. Organizational determinants of technological change：technological evolution ［J］. Research in Organizational Behavior，1992（14）：311-437.

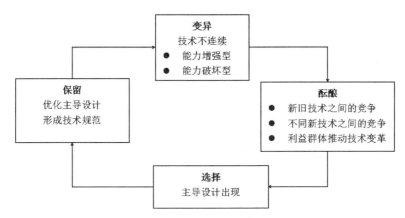

图 7-9　技术生命周期的基本过程图

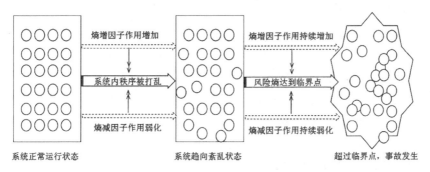

图 7-10　科技风险中观尺度致灾演化过程示意图

结合风险熵理论和技术生命周期阶段，中观系统下的科技致灾机理可以从系统熵的波动、累积和突变三个阶段进行分析。

7.2.2.1　系统正常运行状态——熵的波动

在系统正常运行过程中，来自内部和外部的各种影响因素也在对系统持续产生影响，各种状态变量会存在一定的波动，系统的自组织性可以自发地解决这些扰动因素，系统处于接近平衡态的微波动期，处于正常的状态。新科技输出的新物质、新工艺、新材料、新产品、新服务模式在应用过程中一般随技术扩散有一个渐进的逐步更新和替换过程，"能力增强型"新科技通常引发的是熵的可控波动，在"选择"和"保留"阶段的主导过程也主要表现为熵的波动。这一阶段主要是对系统正常运行状态的管理，科技所属系统的相关影响要素变化不大，核心的机理和管控主要体现为微观层面的控制。

7.2.2.2 系统趋向紊乱状态——熵的累积

熵的累积主要表现为两个方面：一是"能力破坏型"新科技在应用过程中，涉及新旧技术的竞争和替代，以及不同群体的利益博弈，在酝酿阶段，极易引发不同群体之间的矛盾，造成熵值增加。另一方面，从生产运作组织的角度来看，在科技应用和运行过程中，由于危险源聚集、生产运行环境的复杂化以及各种人为的不可控因素影响，风险熵增因子在破坏性能量快速集聚的过程中不断增长（$diS \gg 0$），而一定时间内支持系统正常运行的控制性熵减因子增长有限，风险熵增与风险熵减的作用差越来越大（$dS = deS + diS \gg 0$）。系统风险熵会不断趋近于稳定状态的临界点，系统的自组织性发生脆化，平衡状态将被打破，系统开始走向混乱无序的非平衡状态。

7.2.2.3 系统发生事故状态——熵的突变

当能量异常集聚到最大状态、超出系统承载极限时，事故就会爆发。由于系统处于状态崩溃的临界点，轻微的扰动就会使系统发生突变，进入混乱无序状态。可以看出，突发事件的发生本质上是一个熵增导致的系统崩溃过程。

"互联网+"与大数据技术背景下网约车与出租车冲突就是典型的新科技对传统行业"破坏性"的一面，国外发生的多起"出租车罢运"等群体性事件就是这一风险的典型代表。传统出租车系统内部面临"份子钱"带来的压力、外部面临黑车带来的竞争，当"网约车"这一新科技催生的交通出行方式对原有系统产生冲击时，在自媒体炒作推动下，系统的紊乱程度不断增加，总熵值不断加大，最终突变，引发出租车罢运等群体性事件（如图7-11所示）。

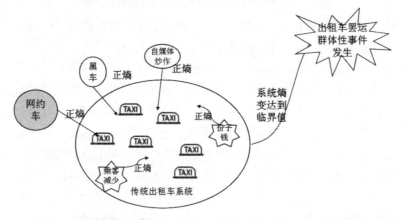

图7-11 "网约车"对传统出租车产生冲击引发群体性事件的机理示意图

7.3　中观尺度科技致灾潜势评估：以移动支付信息泄露风险为例

中观尺度科技风险的致灾潜势评估对象选择以公共设施形式向社会公众提供服务的科技产品，具体以互联网背景下的移动支付技术为例进行分析。

移动支付是用户通过移动终端设备（通常是手机、平板电脑、可穿戴设备等）对所消费的商品或服务进行账务支付的一种方式。随着移动通信和近距离交互技术的发展，移动支付几乎覆盖了公众日常线上到线下所有的支付场景。第 47 次《中国互联网络发展状况统计报告》显示，截至 2020 年 12 月，我国移动支付用户规模达到 8.54 亿人。移动支付加快了个人信息的多向流动和使用频率，但也削弱了公民对其个人信息安全的控制能力，引发了金融信息泄露导致的账户资金失窃风险、住址身份信息泄露引发的人身安全风险、生物识别信息泄露导致的身份被顶替风险等问题加重。2018 年 10 月，大量中国用户的 Apple ID（苹果账户）被黑客入侵，超 700 人 Apple ID 被盗刷，用户损失最高达 10 万元。[①]

7.3.1　科技类型、应用领域及风险类型选择

移动支付实际上包含移动通信、身份认证、数据加密、大数据等多项技术，支付方式包括二维码、NFC（近场通信）、刷脸、指纹等多种，为了简化研究过程，按照图 4-11 所示的致灾潜势评估流程，本书以移动支付中二维码支付和刷脸支付两种技术的信息泄露风险为例进行中观尺度下的致灾潜势评估。二维码支付是一种基于账户体系搭起来的无线支付方案，利用图像识别技术通过扫描包含有收（付）款账号、金额、商品等信息的二维码，调用移动设备支付通道完成支付。刷脸支付属于生物识别技术支付方式，通过计算机与光学、生物统计学等的结合，利用人体固有的生物特征进行身份识别并完成支付。本书中观尺度的科技致灾潜势评估范畴如图 7-12 所示。

---

① 和你一起去旅行. Apple ID 被黑客入侵，已造成 700 多人余额宝账户清零［EB/OL］.（2018-10-20）［2022-02-26］. https://www.163.com/dy/article/DUJ4463S0524P700.html.

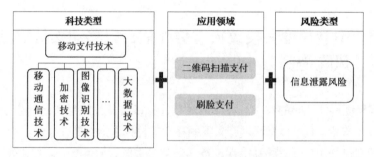

图 7-12　中观尺度科技致灾潜势评估范畴图

7.3.2　九度分析指标计算

针对选定的移动支付中二维码支付和刷脸支付两种技术的信息泄露风险，分别计算其科学已知度、社会感应度、单元蕴能度、损伤嵌入度、时空衰减度、物种敏感度、衍生扩散度、致灾减缓度和损伤可逆度。

7.3.2.1　科学已知度

在测算科学已知度时，选择基于专利数据的技术成熟度评估方法，以专利汇（https：//www.patenthub.cn/）为数据检索平台，检索式分别为"cets：［（二维码 OR 条形码）AND（支付 OR 付款 OR 交易 OR 付费 OR 付账 OR 缴费 or 钱包）］""cets：［（刷脸 OR 人脸 OR 脸型）AND（支付 OR 付款 OR 交易 OR 付费 OR 付账 OR 缴费 OR 钱包）］"，考虑到专利公开与申请间的滞后性，检索时间截止日期设置为 2019 年 12 月 31 日，对发明专利公开及实用新型数据进行检索汇总，剔除无效数据后，与二维码移动支付相关的发明专利与实用新型分别识别到 2 363 条、1 225 条；与刷脸支付相关的发明专利与实用新型分别识别到 629 条、304 条。根据对数据的初步分析，按照表 4-3 中的公式，选取计算技术生长率 V、技术成熟系数 α 和新技术特征系数 N 三个参数进行分析，结果见附录四和附录五。对分析结果做曲线拟合，得到三个参数随时间的变化趋势，如图 7-13 和图 7-14 所示。

从图中可以看出，二维码移动支付技术应用的时间相对较长，技术生长率 V、技术成熟系数 α 和新技术特征系数 N 在 2012—2013 年达到顶峰后开始低幅振荡，整体处于下降趋势，技术相对比较成熟，科学已知度可定为"中"。刷脸支付技术应用的时间较短，在 2012 年才开始出现，技术整体处于成长期，科学已知度可定为"较低"。根据两者的技术生命周期分析，分别将二维码和刷脸移动支付技术的科学已知度取值为 0.6 和 0.4，即：$Sk_c = 0.6$，$Sk_f = 0.4$。

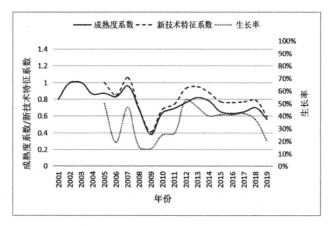

图7-13 二维码支付技术生命周期分析图

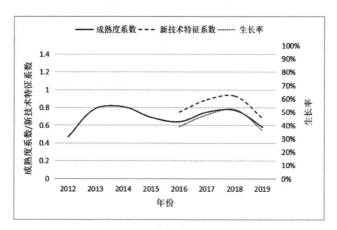

图7-14 刷脸支付技术生命周期分析图

7.3.2.2 社会感应度

社会感应度应用公式(4-1)进行计算。iMedia Research(艾媒咨询)数据显示,2020年我国移动支付用户中78.4%的人偏好使用二维码方式支付,25.8%的用户偏好使用刷脸支付,而2020年我国移动支付用户总数为7.9亿。[①] 2020年我国总人口数为141 000万,移动支付直接影响均为个体,将β_{ij}取为1,则二维码支付技术的社会感应度如下。

---

① 艾媒数据中心. 2020上半年中国移动支付行业用户调研:二维码支付占主流地位. [EB/OL]. (2020-09-06) [2022-02-26]. https://www.iimedia.cn/c1020/74087.html.

$$Si_c = \frac{79\,000 \times 0.784 \times 1}{141\,000} = 0.439$$

刷脸支付技术的社会感应度如下。

$$Si_f = \frac{79\,000 \times 0.258 \times 1}{141\,000} = 0.145$$

将结果与表4-4"社会感应度"分级判断标准对照，二维码支付技术和刷脸支付技术的社会感应度基本对应于较高和中两级别，与定性分析取值对应，取值为0.8和0.6。

7.3.2.3　单元蕴能度

单元蕴能度从信息敏感度方面进行判断。根据《电信和互联网服务用户个人信息保护定义及分类》（YD/T 2781—2014）、《电信和互联网服务用户个人信息保护分级指南》（YD/T 2782—2014）、《金融数据安全分级指南》（JR/T 0197—2020）等有关信息分类分级方面的标准，二维码移动支付和刷脸支付涉及的核心信息都属于"用户身份和鉴权信息"的范畴，但刷脸支付过程中的人脸信息属于"A1-3生理标识类信息"，二维码支付过程中的验证码、密码等信息属于"A2-2 交易类服务身份标识和鉴权信息"，表7-2所示为《电信和互联网服务用户个人信息保护定义及分类》（YD/T 2781—2014）中有关用户身份和鉴权信息电子类和范畴的描述。

表7-2　用户身份和鉴权信息子类和范畴

子类	范畴（包括但不限于）	信息举例
A1：用户自然人身份和标识信息	A1-1：用户基本资料	姓名、证件类型及号码、年龄、性别、职业、工作单位、地质、宗教信仰、民族、国籍等
	A1-2：身份证明	身份证、军官证、护照、驾照、社保卡等证件影印件
	A1-3：生理标识	指纹、声纹、虹膜、脸谱等
A2：用户虚拟身份和鉴权信息	A2-1：普通服务身份标识和鉴权信息	电话号码、账号、邮箱、用户个人数字证书以及服务涉及的密码、口令、密码保护答案等
	A2-2：交易类服务身份标识和鉴权信息	各类交易账号和相应的密码、密码保护答案等

相对而言，生理标识类信息因随意修改，敏感度更高。因此，将二维码支付技术和刷脸支付技术的单元蕴能度对应于中和较高两级别，与定性分析取值对应，取值为0.6和0.8。

7.3.2.4　损伤嵌入度

在损伤嵌入度方面，信息泄露均是通过资金失窃、身份顶替等方式引发个人权利被侵犯，进一步可能导致金融秩序、社会秩序受到影响，从而间接对人的生命健康产生影响，因此损伤嵌入度低，取值为 0.2。

7.3.2.5　时空衰减度

信息泄露一旦产生，影响会持续一段时间，影响的范围也不受地理空间的限制，整体上时空衰减度是比较低的。其中，刷脸支付可能泄漏的人脸信息属于生理标识信息，无法修改，衰减度比二维码支付泄漏的密码等信息的衰减度更低，因此综合考虑，将刷脸支付的时空衰减度 Tsa_f 取值为 0.4，将二维码支付的时空衰减度 Tsa_c 取值为 0.6。

7.3.2.6　物种敏感度

根据物种敏感度的定义，两种科技风险产生的信息泄露风险都会对人产生影响，但因为影响都不是直接对生命健康产生损伤，因此综合考虑，物种敏感度定为"中"级别，取值为 0.6。

7.3.2.7　衍生扩散度

因信息泄露风险对应的受体为信息所属的特定受体对象，不会在不同的受体之间进行衍生扩散，故衍生扩散度为"低"，最终受体规模即为受到直接影响的受体规模，衍生扩散度取值为 1。

7.3.2.8　致灾减缓度

根据"致灾减缓度"判断标准，对信息泄露风险的减缓措施主要包括提高相关技术标准和规范、加强支付体系的信息安全基础设施、增强入侵监测技术、提高用户的安全防范意识等，这些都属于二维码支付和刷脸支付信息泄露风险共同的致灾减缓措施，从目前来讲整体处于比较高的管控水平。但由于刷脸技术所涉及的生物识别技术的发展比二维码支付涉及的信息安全技术的发展要晚，同时在具体的细化规则方面，刷脸支付也比二维码支付管理的实践应用时间短，因此综合考虑，将刷脸支付的致灾减缓度 Dm_f 取值为 0.6，将二维码支付的致灾减缓度 Dm_c 取为 0.8。

7.3.2.9　损伤可逆度

从管控主体的能力角度进行评估，对于二维码支付产生的信息泄露，监管方可以对相关方进行处罚，用户方可以通过修改密码等方式进行调整，而对于刷脸产生的信息泄露，用户方无法对信息进行调整，只能通过监管方对违法持有和使用信息的相关方进行处罚和禁止。目前来看，因为信息泄露引发的财产损失的追回比例较低，整体上，二维码支付产生的信息泄露事故的损伤可逆度要高于刷脸产生的信息泄露的损伤可逆度，两者分别对应"中"和"较低"，分别取值为0.6和0.4。

7.3.3 致灾潜势评估

对移动支付中二维码支付和刷脸支付两种技术的信息泄露风险的九度分析指标的结果进行汇总，如表7-3所示。

表7-3 二维码支付和刷脸支付风险的九度分析指标结果汇总

分析指标	二维码支付	刷脸支付
科学已知度 Sk	0.6	0.4
社会感应度 Si	0.8	0.6
单元蕴能度 Ed	0.6	0.8
损伤嵌入度 De	0.2	0.2
时空衰减度 Tsa	0.6	0.4
物种敏感度 Ss	0.6	0.6
衍生扩散度 Dd	1	1
致灾减缓度 Dm	0.8	0.6
损伤可逆度 Dr	0.6	0.4

根据公式（4-10），在本实证分析中二维码支付信息泄露风险的致灾潜势 R_{stdp}^{c} 和刷脸支付信息泄露风险的致灾潜势 R_{stdp}^{f} 简化为如下公式计算：

$$R_{stdp}^{c} = \left(\frac{Si \cdot Ed \cdot De \cdot Ss}{Sk^2 \cdot Tsa \cdot Dm \cdot Dr} \right)^{Dd} = \left(\frac{0.8 \times 0.6 \times 0.2 \times 0.6}{0.6^2 \times 0.6 \times 0.8 \times 0.6} \right)^{1} = 0.556$$

$$R_{stdp}^{f} = \left(\frac{Si \cdot Ed \cdot De \cdot Ss}{Sk^2 \cdot Tsa \cdot Dm \cdot Dr} \right)^{Dd} = \left(\frac{0.6 \times 0.8 \times 0.2 \times 0.6}{0.4^2 \times 0.4 \times 0.6 \times 0.4} \right)^{1} = 3.75$$

结果显示，中观尺度下刷脸支付信息泄露风险的致灾潜势要明显高于二维码支付信息泄露风险的致灾潜势。这主要是因为刷脸支付的科学已知度相对较低，单元蕴能度相对较高，同时其时空衰减度、致灾减缓度和损伤可逆度又明显偏低，因此导致其致灾潜势比较高。评估结果也反映出对于刷脸支付等涉及生理标识类的信息技术要高度重视，应从根源上注意信息保护、加强使用条件限制和过程监管，在相关技术未成熟、监管机制不健全前不易大规模推广应用，因为这类信息泄露一旦发生，可逆度比较低，影响的时间较长。

7.4 中观尺度科技风险治理策略

科技风险在中观层面的影响要素和作用机理最为复杂，治理策略选择也很难，涉及生产方、使用方、监管方等不同主体，相互间的利益冲突也会导致治理策略效力有很大的不确定性。整体上，可以从科技本体的安全性能评估、制度体系的约束与保障、相关方的利益协调等几个方面进行风险管控策略的制定。

7.4.1 科技本体视角下的风险管控

7.4.1.1 科技本体在简化条件失效后的风险识别与预防

科技研发是在简化条件、相对封闭的实验环境中进行的，而将在此种情景中生产的科技应用到复杂的社会系统中时，潜在未知因素就可能引发"差之毫厘，失之千里"的风险放大效应，导致实际结果与预期出现大的差异。对于此类风险，首先应从科技本身的属性上进行充分的科学分析和技术测试，对不同条件下可能产生的变异做好充足的预想和应对措施设计，并将相应的监测和控制手段同步内置到系统中。其次，在科技大规模市场应用前应对各类应用模式和情景进行分析，做好不同时间、不同空间的实际场景测试，使可能发生的故障提前暴露。此外，应提前做好科技应用过程的监测体系和应急方案，确保在科技本身发生问题时能早报警、早干预、早治理。

7.4.1.2 科技本体在"时—空—量"累积放大后的风险识别与预防

科技的研究过程相较于其应用过程而言，在时间、空间和数量上存在极大的差异。很多微小的作用，经过时间上的累积、空间上的集聚或者数量上的放大后会显现出来，其表现方式和影响程度可能超出人们的想象。科技成果应用带来的连锁增长特征以及人们认知的局限性会使风险迅速提高。对于此类风险，一方面可结合同类或近似原理的科技应用案例，通过加入各种可能的影响因素进行模拟和仿真，对各种风险进行识别。另一方面，可提前部署研究和应用"反方向"科技，以使风险出现时可以进行抵消或逆向修复，从而减少负面影响。此外，应构建"多主体评估"评估机制，综合技术专家、人文学者以及社会公众各方意见。

7.4.2 制度体系视角下的风险管控

7.4.2.1 约束性的法律规范和标准制定

科技预期内的、正常的生产和使用是实现风险管控的基础，对其进行约束的方式主要就是法律法规、标准和技术规范等。制定法律法规不论是在国家还是地方层面上都是最常用的风险管理方法，可以通过对科技的生产主体、传输渠道、适用范围进行强制约束提供科技生产、应用和出现危害时的应对方法。对于高风险的科技尤其需要在法律层面提前进行约束，《中华人民共和国原子能法草案》对原子能的研究、发展、应用和安全监管等各个方面进行了一系列约束。《民用核设施安全监督管理条例》《核材料管制条例》进一步明确了民用核设施的选址、设计、建造、运行和退役的过程必须贯彻"安全第一"的方针。技术标准制定也是确保科技产品生产和应用符合既定要求，确保产品本身安全的重要方式。如《便携式电子产品用锂离子电池和电池组安全要求》考虑了锂电池和电池组较常见的电安全试验、环境安全试验、电池组及系统保护电路安全试验，确保滥用情况下电池组安全保护功能可以正常发挥而不发生危险。

7.4.2.2 保障性的制度规范和标准制定

新科技应用必然涉及对旧科技的竞争和替换，可能会引发各种冲突，保障性的制度规范既要确保新科技能够以合理、适应的方式进入应用系统，也要对旧科技使用系统进行一定的保护。如，《网络预约出租汽车经营服务管理暂行办法》的出台使网约车在我国的合法地位得以明确，促进了出租车行业和互联网的融合发展，规范了网约车经营服务行为，更好地满足了社会公众多样化出行需求。

7.4.3 利益博弈视角下的风险管控

在科技的生产和应用过程中，企业、政府、公众之间的利益诉求可能一致，也可能存在冲突。多数情况下，利用科技盈利是企业的第一目标，这一目标使企业极有可能倾向于隐瞒风险。对技术潜力的实际利用反映的往往是相关利益集团的眼界而非整个社会的利益，他们首先从中获益，承担代价的却可能是其他人或整个社会。① 当风险的潜在受害者意识到危害时，就可能发生对利益集团的抗议、对政府的不信任等社会群体性事件。从政府的角度看，只将个体应对风险的理性方式与市场的逻辑相结合，可能导致局部情况优化与整体情况恶化并存的局面，因此必须从宏观战略规划层面进行统筹。

7.4.3.1 权责利协同的多主体协同风险管理体制构建

在各方权利保障、责任分担和利益表达方面，可以从机制构建的角度，通过在风险管理领域进行"政治再造"，让政治体系之外的组织和个体也可以出现在科技风险管理的体系中，有更多的发言权和参与权。在"政治再造"体制下，需要适当限制政府管理部门的职权，防止政府部门管理太宽，政府职责主要以宏观调

---

① 朱葆伟. 科学技术伦理：公正和责任 [J]. 哲学动态, 2000 (10)：9-11.

控与管理协调为主，通过制定政策法规等方式引导和控制科技发展。技术专家作为专业人员，政府在尊重其专业分析和判断结果的同时，要充分考虑其利益纠缠性与政治性，避免盲目信任而造成失误。社会公众对风险的感性认知是对社会价值、文化、心理以及经济状况等诸多因素的反映，应该得到重视，不应一概被认为是主观、不理智的。整体上，应通过行业协会、社会团体、公开听证会、公开征集意见等方式，提高不同群体的参与度，充分吸纳社会公众的意见和诉求，扩充政治的代表性，建立起应对现代风险的新型政治体制。

7.4.3.2 经济手段调节实现风险负外部性补偿和正向引导

自工业革命以来，科技发展使生产经营活动的外部性问题日渐凸显，所产生的各类风险和危害在不同群体和时空范围内扩张，引发的负面后果不再局限于惩罚具体的群体而是有可能影响到每一个人。负外部性行为的本质是一种权益冲突，通过补偿机制的设计使负外部性内部化是解决此类问题的有效方式。一方面，政府可以通过成本增加、风险补偿等方式来管理风险，实现风险的资源补偿、环境补偿、安全及健康补偿。如，政府可以要求污染者付费、对其进行罚款，通过增加环境负面影响的成本推动企业改善生产工艺，降低风险与危害，从源头降低污染。另一方面，政府还可通过产业政策引导、财政税收政策的变革等手段来管控风险。政府可对风险高、负效应显著的科技产业不给予支持，通过出台产业政策来引导技术应用、降低技术风险。

7.4.4 社会文化视角下的风险管控

7.4.4.1 全民科技风险意识培养

科技风险意识是对科技从研发到应用全过程中不确定性的潜在风险的责任意识。科技风险意识的培养应包括科技从业者、媒体和公众等各类主体。要加强科研人员科技风险意识的教育培训，将风险意识渗透到科研活动中，增强科技正效应，减少科技负效应。媒体不仅能满足公众知情权，还能引导和监督舆论，应充分发挥媒体的信息传播作用，提高全社会对风险的关注度和重视程度。公众要增强责任感，提高科学素养和对科技风险的认知能力。只有全社会都具备科技风险意识，才能有效地防范现代科技带来的风险。

7.4.4.2 科研人员道德自律和企业责任伦理建设

科研人员是科技产生的起源节点，由于其具有专业知识，他们很大程度上能够分析出科技潜在的风险，同时他们对处于科技成果的未来走向有一定的控制权。因此，要加强科研人员的道德自律，每个科研人员都必须重视自己的科学研究所带来的后果，对研究成果的风险进行评估，并将结果向公众揭示。科研人员应坚守科研道德底线，坚持公众利益优先的原则，避免滥用科技，承担起防范风险的责任。企业是科技成果从研究走向应用的关键节点，除了通过经济利益调节和法律手段约束之外，还要重视企业责任伦理的提升，要求企业谨慎地开发利用科学技术，根据科技风险评估结果主动调整战略和行为规则，提前制定应急预案，防止科技成果的应用向"坏处"转化，降低科技风险水平。

第8章 科技风险的"时间—空间—群体"宏观尺度分析

科技风险在宏观尺度域上的风险持续作用时间在近百年以上,空间近乎涉及全球,群体层面可能涉及当代及后代的全人类,甚至全物种。科技在宏观尺度上的风险显现和致灾特性主要来源于几个方面:一是随着经济全球化和信息化的发展,科技及其应用在世界范围内扩散,这种空间范围上的延展和数量规模上的剧增,导致很多风险因素在时间维度上累积后,会从"微不足道"引发"全球巨灾",如温室气体排放导致的全球气候变暖,进一步引发全球极端气象灾害频发;二是生态环境本身就是全球性的,任何一处的科技风险引发灾害后,只要其破坏性足够大、衰减足够慢,就会随空气、水域等不断扩散,不受行政边界的限制,没有特别有效的手段可以阻止,如核电站和核武器导致的核污染;三是由于物种本身的遗传特性,与生物基因有关的科技风险会随着代际延续在群落中快速扩散,甚至进行跨种群的传播,如转基因作物和人类基因编辑的相关风险。这些风险已经走到国际事务的最前台,成为全球治理中的关键内容,并与政治、外交等交互,成为在治理层面最为复杂的一类科技风险。

8.1 宏观尺度典型科技风险及其特征分析

科技的快速发展及其在社会经济领域的广泛应用,在给人类带来巨大便利的同时也引发了一系列棘手的问题。当前,由于科技活动和科技应用而引发的生态环境恶化、核灾难威胁以及基因污染等风险,是全球面临的共同挑战,也是世界各国、社会各界要共同解决的典型问题。

8.1.1 已知的事实:气候变化与生物多样性风险

生态环境是人类生存和发展的基础,包括气候资源、水资源、土地资源、生物资源等。全球性生态环境问题是指当代国际社会面临的超越国家和地区界限、由人类活动作用于生态环境而引发的关系到整个人类生存与发展的环境的一系列问题。近年来，全球性生态环境问题日益凸现，对人类生存与发展造成了严重威胁。其中，与科技风险相关性较大的主要有全球气候变暖和生物多样性减少。

8.1.1.1 全球气候变暖

大量科学证据已经证实，温度升高与大气中二氧化碳和其他温室气体的浓度有关。气候变化可归结于能源使用的两次大变革，第一次是煤炭取代木材等成为主要能源，第二次是石油取代煤炭而居主导地位。可以说，人类利用能源的技术变化是气候变化问题的内在原因。2018 年 10 月联合国政府间气候变化专门委员会提出全球较工业革命前升温 1.5°C 的结论，引起了各国政府和社会公众的高度关注。①

全球气候变暖危害自然生态系统的平衡，威胁人类生活环境。一方面，全球变暖可能影响到大气环流的变化，使气候异常。近年来全球极端气象灾害频发，造成重大影响。仅 2021 年全球各地就发生了数起影响巨大的气象灾害：7 月，中国河南省遭遇严重洪灾，造成 176 亿美元损失；几乎在同一时间，洪灾袭击德国和比利时，造成 430 亿美元损失；8 月至 9 月间，美国东部地区受到飓风"艾达"影响，造成 650 亿美元损失。② 人道组织 DARA 评估报告显示，到 2030 年，1 亿多人将会因气候变化失去生命，全球经济增长削减 3.2%。③ 另一方面，全球气候变暖可使极地冰川融化，科学家预测海平面每 10 年将升高 6cm，导致一些海岸地区被淹没。为了阻止全球变暖趋势，20 世纪 80 年代以来，联合国开始推动应对气候变化问题的多边合作进程，截至 2023 年 10 月，《联合国气候变化框架公约》共有198 个缔约方，成为国际气候合作的最主要阵地。但同时，气候变化问题十分复杂，其与社会、经济、政治、环境、外交等多领域的国家利益相关，当前气候公平问题是需要解决的关键问题。

8.1.1.2 生物多样性减少

2019 年政府间生物多样性和生态系统服务科学政策平台（IPBES）发布的《生物多样性和生态系统服务全球评估报告》显示，受到资源过度开发利用、环境

---

① IPCC. Special report on global warming of 1.5° C ［M］. Cambridge：Cambridge University Press，2018.

② 甄翔. 十大气象灾害令全球损失 1 700 亿，河南省遭遇的严重洪灾排第四 ［EB/OL］. （2021-12-28）［2022-02-26］. https：//view. inews. qq. com/a/20211228A02KJC00？startextras ＝ undefined ＆fom＝amptj.

③ 王泓漓，马丽. 报告称气候变化将致 2030 年一亿人死亡 ［EB/OL］. （2012-09-28）［2022-02-26］. http：//scitech. people. com. cn/n/2012/0928/c1007-19138495-1. html.

污染、气候变暖等因素影响，在过去一百年里，人类活动使物种灭绝速度增加到自然灭绝速度的百倍以上，生物多样性遭到前所未有的破坏。① 2020 年世界经济论坛发布的《自然风险的上升》报告指出，当前全球 76 亿人口仅占地球生物总量的 0.01%，但造成了地球上 83% 的野生哺乳动物灭绝、50% 的植物消失。②

生物多样性包括物种多样性、基因多样性和生态系统多样性。早期生物多样性减少的大部分原因是气候、地理等自然因素，但工业革命以来，科技进步推动人类活动成为生物多样性急剧减少的主要原因。一方面，科技进步推动各类远洋捕捞、盗猎等新型技术工具出现，使非法渔猎、捕捞和盗采更加猖獗，直接引发生物多样性的严重衰退，如长江白鲟的灭绝就是非法和过度渔猎的结果。另一方面，是由环境污染、生态破坏等原因间接引发的生物多样性减少。如石油泄漏等原因引发的水体污染会对海洋生物造成严重影响，化学药物使用造成的土壤污染会给陆地物种群落的生存产生巨大破坏。大型的水坝、公路等设施，导致物种生境的分割和片段化，对物种的生存和繁衍产生毁灭性影响。此外，转基因技术、克隆技术等生物科技，使人类选择性繁衍物种的能力得到增强、生物界自我循环能力降低。《自然风险的上升》中指出，全球 GDP 的一半依赖于大自然，如果生物多样性持续减少，人类面临的经济损失将会不断增加。

8.1.2　已知的必然：核电站与核武器风险

自 1934 年科学家发现人工放射性元素以来，核技术逐步从核物理基础研究阶段、核军事应用与竞争阶段，发展到当前的核能军事应用与和平利用并举阶段。核技术的双刃剑效应尤为显著，如果和平利用可以解决能源问题、造福人类，如果管理不当会因其巨大的破坏性产生严重后果，如果用于战争则可能直接毁灭人类，也毁灭全部生态系统。核技术的风险主要表现为危害时间长和完全不可控。基于当前核技术的主要应用领域，目前典型的核技术风险包括大型核电站的风险和核武器的风险。

8.1.2.1　大型核电站的风险

降低温室气体浓度的关键措施是寻找新技术实现对化石燃料的替代，而核能以其高效、清洁和低成本的优势成为各国节能减排的重要途径。根据国际原子能机构（IAEA）公布的数据，截至 2020 年年底，全世界共有 442 座在运核电机组，核电的发电量大约占各类发电总量的 10.2%。目前全球约 2/3 的在运核电机组已

---

① 詹绍文，赵雅雯. 全球生物多样性正在加速丧失 [J]. 生态经济，2020，36（05）：5-8.
② 贺祚琛. 全球生物多样性保护再提速 [J]. 生态经济，2021，37（12）：1-4.

运行超过 30 年，同时北美洲和欧洲获准延寿的在运机组数量越来越多。[①] IAEA 按照低值情境（假设目前的市场、技术和资源发展趋势将持续下去，且核电相关政策和法律法规几乎不变）和高值情境（放开这些假设，更加雄心勃勃，但仍具有合理性和技术可行性，同时考虑了各国应对气候变化的政策）对全球到 2050 年的核电发电量和其占总发电量的比例进行了预测（如图 8-1 所示），可以看出，两种情境下虽占比趋势有所不同，但发电量都是呈上升状态。这也说明，至少到 2050 年，全球的核电总规模不会比现在低。

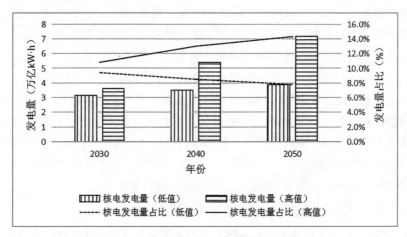

图 8-1　IAEA 对核电发电量及其占比的预测图

有关核能利用安全性和道德性的争论一直没有停止过。2011 年日本福岛核电站事故发生后，全球对核污染和核爆炸的关注再次增加。同时，中国、美国、法国等核电大国目前也没有考虑放弃发展核能的政策。在目前的能源结构和技术水平下，完全地放弃核能是不太可行的，更需要做的是提升安全性和标准化建设。

8.1.2.2　核武器的风险

自 1945 年核武器研制成功以及二战中对日本首次使用核武器后，人们对核武器独特的毁灭杀伤力和破坏力在军事战略上的作用产生了突破性的关注。核武器带给人们的不安全感和危机感一直伴随着人类发展。根据瑞典斯德哥尔摩国际和平研究所发布的关于全球核武器数量评估的报告，截至 2021 年初，美国、俄罗斯、

---

① 伍浩松，张焰. IAEA 发布新版全球核电发展预测报告［J］. 国外核新闻，2023，（11）：4.

英国、法国、中国、印度等全球 9 个拥有核武的国家共拥有 13 080 枚核弹。① 其中，俄罗斯和美国分别拥有 6 255 枚和 5 550 枚核弹，两国总和约占全球总数的 90%。核武器巨大的杀伤力对人类的生存与安全构成了极大的威胁。虽然全面禁止和彻底销毁一切核武器是这一问题的最优解决方案，但在当前的国际形势下是不太现实的，所以防止核武器扩散成为国际社会关注的焦点问题。20 世纪 90 年代到现在，全球核扩散形势不断面临巨大危机：朝鲜核危机不断升级，1993 年和 2002 年朝鲜半岛分别爆发了两次核危机，2003 年朝鲜退出《不扩散核武器条约》，2006 年宣布首次进行了核试验，2009 年中止与国际原子能机构的所有合约；印度和巴基斯坦不顾国际社会的反对，于 1998 年相继公开进行了核试验；2022 年俄乌冲突中，"俄方是否会动用核武器"不断成为舆论热点。

与此同时，非传统安全威胁也导致核危机不断显现。2004 年，巴基斯坦科学家卡迪尔·汗利用网络走私核武器，使一些制造核武器的重要部件、设备和资料流向世界各地。同时，越来越多的非国家行为体也在开展核武器实验，这也导致恐怖分子更容易获取核武器，核武器的风险更加不可控。

8.1.3　已知的可能：基因工程与人工智能风险

当前基因工程、人工智能等各类高、精、尖的前沿新科技，不仅影响当代社会，而且会决定人类未来生活和历史的走向，诸多潜在的风险和灾害后果是目前科学研究尚未明确的。

8.1.3.1　基因工程

基因工程是以分子遗传学为理论基础，改变生物遗传特性、获得新品种、生产新产品的技术。当前，引起广泛关注的主要有转基因农作物和人体基因编辑。

截至 2019 年，全球转基因作物种植面积已达 1.917 亿公顷，为解决粮食短缺、消除贫困发挥了巨大作用，但同时转基因技术的应用也对人类、动植物和环境造成了现实和潜在的威胁。② 尽管目前尚没有足够确信的证据表明危害的类型和程度，但一些研究所揭示的潜在风险已经引起社会广泛关注和争论。从对人类健康影响的角度来看，转基因技术因其存在的整个生物圈遗传代谢的繁杂性和有限性，导致转基因作物对人体可能潜存着风险。从对自然生态系统影响的角度看，目前

---

①　今日蚂蚁网. 截至 2021 年初，全球主要有核国家共拥有 13 080 枚核弹［EB/OL］.（2022-02-28）［2022-03-01］. https：//baijiahao. baidu. com/s? id=1702622075286166183&wfr=spider&for=pc.

②　马宇浩，蔡甘先，邓晓恬，等. 我国转基因生物安全评价现状及展望［J］. 中国畜牧杂志，2021，57（10）：1-7.

生物学界认为转基因技术给生态系统可能带来的影响主要包括产生"超级杂草"、产生"超级害虫"、造成基因污染、导致基因紊乱从而使物种产生畸变打破自然界的平衡状态，破坏生物的多样性。由于生物系统的复杂性和认知水平、实验规模与时间的限制，转基因作物大规模商业化生产可能产生的环境生态风险难以通过现有的风险分析方法给出全面可靠的结论。

人类基因编辑因直接操作人体细胞特别是遗传基因导致了安全、伦理、法律等多方面的风险。首先，人类基因编辑的技术尚存在许多未知领域，其"不可逆性"和"脱靶"现象可能对人体健康造成影响，危害人类的"基因完整性"与"人种完整性"。其次，对生殖细胞或胚胎的基因编辑涉及对人之自然形态与演化方式的改变，是对人类尊严与生命伦理的挑战，在许多国家引发了伦理争论。第三，基因编辑技术引发了对"基因强化"以及定制"完美婴儿"的忧虑，可能引发基因歧视、基因垄断等新的社会问题。此外，对生殖细胞或胚胎的基因编辑涉及后代人的权利问题，而且人类基因的法律地位尚不明确，因而对现有法律也构成了挑战。

8.1.3.2 人工智能

上海交通大学江晓原讲授认为："人类正在玩的最危险的火有两把，即基因工程和人工智能，其中更危险的就是人工智能。"[①] 人工智能的威胁主要有大规模失业、军事化应用、人工智能的失控和反叛等。未来学家雷·库兹韦尔在《奇点临近：当人类超越生物学》一书中写道，人类社会将发生远远超出我们预期和想象力的超级变化，奇点将在 2045 年左右发生，非生物智能在这一年将会 10 亿倍于今天所有人类的智慧。[②]

与此同时，也有学者对人工智能产生的风险持乐观态度。生物学家 P. Z. 迈尔斯斥责库兹韦尔是一个"对大脑如何工作一无所知"的"疯子"。[③] 麻省理工学院诺姆·乔姆斯基认为，我们离建立人类水平的机器智能还"遥不可及"，称奇点是"科幻小说"。虽然目前有关人工智能的风险还有争议，但社会各界对人工智能治理的必要性已形成基本共识。[④] 2017 年初，892 名人工智能研究人员以及另外1 445名专家共同签署并发布了《人工智能23条原则》，限定了未来的人工智能研

---

① 江晓原. 人工智能：威胁人类文明的科技之火 [J]. 探索与争鸣, 2017 (10): 18-21.

② 库兹韦尔. 奇点临近 [M]. 李庆诚, 董振华, 等译. 北京：机械工业出版社, 2014: 80.

③ 杰瑞·卡普兰. 人人都应该知道的人工智能 [M]. 汪婕舒, 译. 杭州：浙江人民出版社, 2018: 2.

④ 张耀铭, 张路曦. 人工智能：人类命运的天使抑或魔鬼——兼论新技术与青年发展 [J]. 中国青年社会科学, 2019, 38 (01): 1-23.

究可以做什么、不可以做什么。

8.1.4　宏观尺度科技风险特征分析

8.1.4.1　九度分析指标特征

科技风险在宏观尺度上包括三类：一是化石能源使用造成的大规模环境污染事件风险和生态破坏；二是核电站事故引发的爆炸和泄漏事故风险；三是基因工程相关的事件。本书以属于宏观层面的相关案例为基础，对三类分别分析后发现，具体到一个特定的类别，其在九个度上的取值基本一致，因此将三类风险的九个分析指标进行汇总（如图 8-2 所示）。可以看出，三类风险的特征比较显著：核能科技风险的能量蕴含度、损伤嵌入度、科学已知度、衍生扩散度、物种敏感度相对高，且时空衰减度、致灾减缓度、损伤可逆度都很低；能源化工科技引发的环境污染和生态破坏风险的能量蕴含度相对较低，但衍生扩散度、物种敏感度都很高；在基因科技的致灾风险中，科学已知度较低、社会感应度和衍生扩散度较高。整体上，三类科技风险的时空衰减度、物种敏感度、衍生扩散度、损伤可逆度特征导致其作为宏观层面的风险，时空影响范围广，后果消除难度大，整体影响比较大。

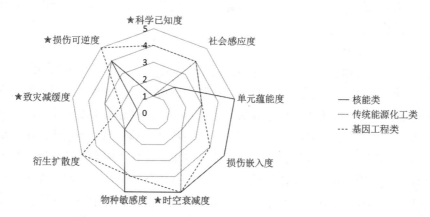

图 8-2　核能类、传统能源化工类、基因工程类科技致灾事故案例雷达图

8.1.4.2　整体特征分析

1. 影响的时空无边界性

查尔斯·佩罗曾指出，在当代风险社会中，各类高风险系统因为规模扩大、与公众距离更近以及内在破坏性能力更高等原因，导致它们一旦发生事故不只影响系统运行参与者，而且会危及无辜的在场者和未来几代人，在空间和时间上都显现出无边界性。① 随着技术的全球扩散，现代科技风险已遍及人类生产与生活的各个角落。资源匮乏、环境污染、生态失衡等科技应用衍生的风险和影响短期内无法消除，甚至是不可逆转的，其影响会持续影响几代人，甚至几十代人。

2. 显现与逆转的长时滞后性

全球性问题是长时累积后显现出来的，可能是几十年甚至是几百年来人类活动的结果，历史上不同阶段、不同科技活动和科技应用所产生的影响随着时间发展在不断积累、耦合、演化，最终以环境污染、生态恶化等方式呈现出来。同时，宏观层面的风险消减也是长期性的，不是短时间内能彻底解决的，如沙漠化、空气污染等问题需要全球各主体长时间的巨大投入才能缓解。

3. 产生与消除的复杂性

科技风险在宏观层面的显现是多因素综合作用的结果，它们之间具有内在联系，形成一个错综复杂的、不可分割的系统，一个问题的解决方案可能是另外一个问题产生的源头。为了解决温室气体引发的全球气候变暖问题，缓解其对生态造成的破坏，人类发展新能源，采用核电技术，而核电站一旦发生爆炸和泄漏又会对所有生态产生毁灭性伤害。由此可见，科技风险的复杂性，要求我们必须在宏观层面进行统筹分析，充分评估可能衍生的风险，采取综合整治措施，减轻或控制其影响，预防其发生。

4. 交互的外部性

交互的外部性是指所有当事人都有权利接近某一资源并可以给彼此施加成本。在人类社会初期，社会规模与大自然相比如同沧海一粟，自然力的调节可以直接对环境进行补偿。随着人类社会发展和科技进步，人口总数不断扩张，经济规模不断扩大，经济发展所依赖的环境资源不再能从"外部"自然中获得，而是来自"内部"自然资源，同时发展产生的污染也留在了社会"内部"环境里。从人类社会整体角度看，地球系统既不能从外界获得物质的输入，也不能向外界排放物质，是一个封闭的系统，当这个封闭的系统无法消解各类污染时，风险就会在宏观层面显现出来，这时全球的所有国家、组织、生物都成为其中的受害者。

5. 防控的政治社会性

宏观层面的科技风险几乎影响到所有国家、所有组织和所有个体，是国际社会共同关心的问题。由于科技与国家经济、政治、外交、军事等方面的复杂关系，当前科技风险已不再是单纯的科技层面的问题，而成为涉及国际政治、国内政治

---

① 查尔斯·佩罗. 高风险技术与"正常"事故 [M]. 寒窗, 译. 北京：科学技术文献出版社, 1988：43-48.

的重要问题，如各国应承担的环境义务以及污染转嫁等问题经常引起激烈的政治斗争。此外，世界上已出现了一些以环境保护为宗旨的组织，如绿色和平组织等，这些组织在国际政治舞台上已具有重要影响力，成为一股新的政治势力。

8.2　宏观尺度科技致灾机理分析

宏观尺度域上的科技风险相较于微观和中观尺度而言，主要是全球层面的大系统内的作用过程，体现为四个层面（如图8-3所示）。首先，宏观层面科技风险作用的系统基本是全球层面，系统趋近于"封闭系统"，风险的消解和防控完全依赖于系统本身，不再有来自其他系统的直接支持。其次，科技推进过程中各类主观或无意识的行为可能引发"科技风险"的瞬时暴增或者跨系统累积，导致"失控"。再次，能力约束以及滞后效应的耦合作用，导致有些风险在可控阶段没有被识别出来，当其扩大累积显现后已无能力逆转。最后，在系统层面，演变模式就可能出现连续增长、接近均衡、超越与振荡、超越与崩溃四种模式，其中发生超越与振荡、超越与崩溃会引发灾害事故。

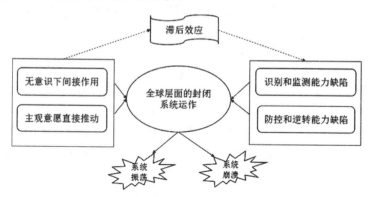

图8-3　科技风险宏观层面的致灾机理示意图

8.2.1　趋向于"封闭系统"

科技推动下人类社会经济系统的不断扩张使地球生态系统这个开放的系统演变为封闭系统。人类社会早期，世界各国经济规模较小，经济体系处于相对分散状态，每一个经济体系都属于开放系统，以周围的自然生态系统为环境，从中吸取物质和能量，在系统内加工改造为人类所需的商品或服务，生产中和消费产生的废弃物排放到环境中去。随着科技推动社会发展，社会经济系统不论是所占据的空间尺度还是所消耗的物质和能量都在不断增加，系统边界扩展到与地球生态

系统的边界几乎一致，系统不再具有可以输入物质和排放废物的外部环境，人类
社会经济系统与地球生态系统合二为一，成为一个封闭的系统（如图8-4所示）。
正如赫尔曼·戴利所说，如果把地球作为一个研究对象来看，在物质层面地球生
态系统是有限的、非增长的，在物质上是封闭的，随着社会经济子系统的增长，
必将达到100%的极限。① 这也是当前循环经济和可持续发展相关研究得到越来越
多关注的重要原因。

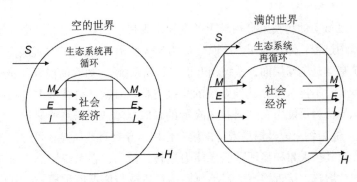

S —太阳能；H — 热；M —物质；E — 能量；I — 信息

图 8-4 从"空的世界"到"满的世界"——趋向于封闭系统的示意图

8.2.2 科技推进引发"失控"

科技风险"失控"的动因有两类：一是人的主观意愿直接推动的；二是无意
识下间接引发的。当代科技使少数人掌控了"毁灭世界"的能力，出于经济、政
治、民族宗教等不同的原因，科技风险致灾可能是"一触即发"的。恐怖袭击和
军事战争中如果大规模使用核武器、生物武器等，其后果就是需要全球、全人类
来承担的"失控"局面。无意识下引发的风险"失控"主要是由人类认识能力和
实践能力的历史局限性造成的。有些科技风险在应用当下，风险是未被识别到或
被认为是可忽略的。随着科技在复杂系统中的应用扩散、在时空范围上的累积、
在不同群体中的交互，可能会产生出原本"难以想象"的风险。

不同学科和不同领域的研究对象及其作用机理有显著差异，由于人类认识能
力的局限性，科技成果在被证明会对一个领域产生巨大收益，而没有证明其对其
他领域完全无害时，就可能大范围推广。即便最终造成的伤害并非本意，也可能

---

① ［美］赫尔曼·E. 戴利. 稳态经济：趋向生物物理平衡与道德进步的政治经济学
［A］. 赫尔曼·E·戴利，肯尼思·N. 汤森. 珍惜地球：经济学、生态学、伦理学［M］. 马杰，等
译. 北京：商务印书馆，2001：401-410.

间接导致系统整体层面的不可逆损伤。以 DDT 的应用与禁用全过程为例（图 8-5）：1939 年，瑞士化学家穆勒首次合成 DDT，经过研发和改良后在许多国家作为主要杀虫剂大量应用。自 1940 年起，DDT 的全球产量超过 180 万 t，促进了粮食产量的提高，据统计使用 DDT 以后，1954 年的世界粮食单位面积产量比 1943 年提高了约 60%。[①] 在 DDT 因其奇效而广泛应用的同时，其负面影响最早由昆虫学家发现，1944 年美国经济昆虫学家联合会曾发表声明试图改变人们对 DDT "过分乐观和歪曲的印象"。但是，直到 1962 年海洋生物学家蕾切尔·卡森《寂静的春天》正式出版后，DDT 的危害才引起社会关注。1972 年，美国环境保护局（EPA）正式宣布禁止使用 DDT。2004 年，联合国将包括 DDT 在内的 12 种会对人类、生物和环境造成严重危害的化学物质正式列入禁用黑名单。虽然 DDT 目前在全球范围内已被禁止使用，但它所造成的负面影响还将持续，DDT 在土壤中的半衰期为 2~4 年，消失 95% 需要大约 10 年时间。[②]

图 8-5　DDT 应用过程中的风险"失控"示意图

8.2.3　滞后效应叠加能力约束

风险的有效防控以风险的有效识别和分析为前提。科技风险由于其时滞性和隐蔽性特征，在其积累的过程中，受限于人类认识能力的约束，极有可能在没有被识别或正确分析时就进入快速扩散阶段，造成风险急剧增长。有些科技本身没有直接的致灾风险，但在推广应用过程中叠加外界因素后可能会衍生出新的风险。还有一些科技风险在初期可能被认为是"可忽略的"、系统可以承受的，但随着时间的积累，超出一定阈值后就会发生突变，从而在全局层面出现巨大变异。这都属于风险出现、积累与演变中的"滞后"效应。由于决策制定者没有及时识别风险而采取相应的行动，就会导致风险的不断累积和放大，直到出现明显的征兆。如果在风险扩大、累积和演变的过程中，防控和逆转能力不足，就会面临系统崩溃的后果（如图 8-6 所示）。

---

① 李光. 科技论衡 [M]. 武汉：武汉出版社, 2001：221.

② MUÑOZ-ARNANZ J, JIMÉNEZ B. New DDT inputs after 30 years of prohibition in Spain：a case study in agricultural soils from south-western Spain [J]. Environmental Pollution, 2011, 159（12）：3640-3646.

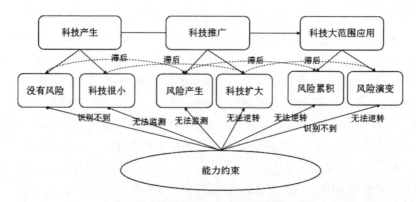

图 8-6 滞后效应叠加能力约束下的科技风险变化示意图

温室气体引发的全球气候变暖，以及气候变化导致全球自然生态、社会经济、政治外交方面的风险就是一个典型的滞后效应叠加能力约束的实例。科技进步带动的矿物燃料大量使用造成了大量温室气体的排放，超过了气候系统自身吸收、净化的循环能力，温室气体浓度的升高导致全球气温变化。地球表面温度每 10 年增长 0.2℃看上去非常微小，但温室气体的滞后效应和衍生连锁反应很强。当前各种极端天气事件、生物多样性减少等问题都与此直接相关。尽管当前全球对气候变化的认识和治理已基本达成共识，但在现有的科技条件和社会发展模式下，可选的只有适应和减缓两种方式，短期内无法进行逆转，这是能力约束所造成的风险治理的有限性。

8.2.4 超越极限引发灾害

丹尼斯·米都斯等在《增长的极限：罗马俱乐部关于人类困境的报告》中提出，一个增长的社会有四种普通的方式来运用其承载能力：连续增长、接近均衡、超越与振荡、超越与崩溃。① 科技在推动社会发展的同时，所造成的风险也有类似四种模式。一是科技风险在不断增长，但由于科技进步，控制风险的能力和公众对风险的心理承受能力也在增长，只要承受极限还很远或者比风险的增长更快，整个系统就是安全的（如图 8-7 所示），计算机病毒和防病毒技术就类似于这种模式。第二种是科技风险在受控的水平之下平滑地实现某种均衡，一般是以" S "形曲线或者" C "形曲线的增长模式来实现（如图 8-8 所示），绝大部分得到大规模应用的科技都属于这种模式。第三种是风险超越其控制能力，但没有造成大规模和持久的破坏，风险最终围绕极限振动（如图 8-9 所示）。第四种是风险超越

---

① 丹尼斯·米都斯，等. 增长的极限：罗马俱乐部关于人类困境的报告 [M]. 李宝恒，译. 长春：吉林人民出版社，1997：149.

极限，并且对系统形成严重而持久的破坏，如果这种情况发生，控制能力会被迫下降，公众的心理承受能力会受到显著影响，科技会受到约束，系统达到一个新的平衡，通常这种迅速下降会使系统处于一个更低的水平（如图 8-10 所示），如果全球范围内爆发核战争就会面临这种模式。

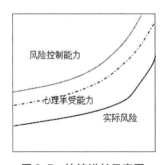

图 8-7　持续增长示意图

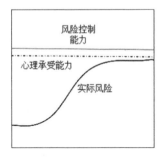

图 8-8　接近均衡示意图

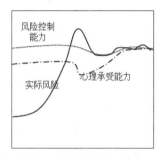

图 8-9　超越与振荡示意图

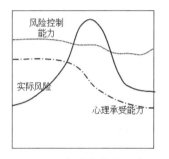

图 8-10　超越与崩溃示意图

"超越与崩溃"是最坏的一种情景，这种情况除了会对系统整体的运行水平产生显著影响外，最主要的是对公众心理的影响。1986 年切尔诺贝利核电站发生核泄漏事故后，世界各国对核电风险的担忧急剧上升，1987 年意大利举行了是否继续使用核电的公投活动，结果 80% 的投票者选择了放弃使用核电。投票的结果和当时民众对核电的负面情绪，使得意大利政府决定终止全部的核计划。2011 年日本福岛核电站事故发生后，德国的一项问卷调查显示 59% 的被调查者认为类似的核灾害事故也可能在德国发生，民众希望用再生能源取代核能，德国政府在 2023 年 4 月 15 日彻底关闭所有核电站。日本福岛核电站事故发生后瑞士的一项民意调查显示八成瑞士人支持政府放弃核电，瑞士政府表示将在 2034 年前逐步关闭境内全部核电站，全面放弃核电。从理论上来看，事故发生可以积累风险分析和事故预防的经验，未受直接影响的其他区域的风险控制水平不会降低，但灾害的发生使公众心理承受能力显著降低，从而影响一类科技的应用和发展。

8.3 宏观尺度科技致灾潜势评估：以核电站泄漏和转基因污染风险为例

宏观尺度的科技风险在技术层级方面宜选择较高层级的技术，本书基于当前宏观尺度典型科技风险的类型，选择某国核电站泄漏和转基因污染两种科技类型进行致灾潜势评估。某国核电起步于 20 世纪 80 年代，截至 2020 年 12 月底，运行核电机组共 49 台，装机总容量 51 027.16 MWe，累计发电量 3 662.43kW·h。虽然目前核电站整体安全状况处于稳定状态，但切尔诺贝利、福岛核电站证明了核电没有绝对安全。某国核电厂 4 台机组曾发生过因海生物入侵导致反应堆自动停堆的情况。核电站一旦发生泄漏事故将导致严重的后果。转基因技术是现代生物学技术中发展迅速、影响广泛的重要技术，2018 年全球种植转基因作物的面积为1.917 亿 hm^2，转基因技术在解决粮食短缺、消除贫困的同时对环境、人类和动物的健康造成了潜在威胁。[1] 转基因作物中的外源性目标基因通过"基因漂移"效应等进入其他有机体，会造成基因库的混杂和污染，"基因污染"有可能产生转基因农作物杂草化等问题，对生态产生不可预测的影响。

8.3.1 科技类型、应用领域及风险类型选择

宏观尺度的科技致灾潜势评估以核电站泄漏和转基因作物基因污染风险为例进行。两种风险都属于影响范围比较广，一旦发生事故持续时间长、可逆性低的风险，宏观尺度的科技致灾潜势评估范畴如图 8-11 所示。

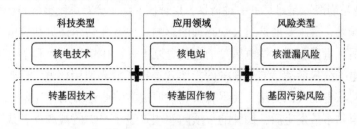

图 8-11 宏观尺度科技致灾潜势评估范畴图

8.3.2 九度分析指标计算

本书针对选定的核电站泄漏风险和转基因污染风险，分别计算其科学已知度、

---

① 马宇浩，蔡甘先，邓晓恬，等. 我国转基因生物安全评价现状及展望 [J]. 中国畜牧杂志，2021，57 (10)：1-7.

社会感应度、单元蕴能度、损伤嵌入度、时空衰减度、物种敏感度、衍生扩散度、致灾减缓度和损伤可逆度。

8.3.2.1　科学已知度

选择 TPA 方法，以专利汇（https：//www.patenthub.cn/）为数据检索平台，核电技术由于涉及放射、裂变、反应堆等多项子技术，故检索时通过 IPC 分类号选择"G21：核物理；核工程"进行检索，考虑到专利公开与申请时间的滞后性，检索时间截止日期设置为 2019 年 12 月 31 日，对发明专利公开及实用新型数据进行检索汇总，剔除无效数据后，与核电技术相关的发明专利共识别到 13 853 条、实用新型共识别到 6 499 条，转基因作物通过检索式"cets：〔（转基因 OR 基因编辑 OR 基因修改）AND（植物 OR 作物）〕"进行检索，共识别到发明专利 6 332 条、实用新型 22 条。根据对数据的初步分析，按照表 4-3 中的公式，计算技术生长率 V、技术成熟系数 α 和新技术特征系数 N，结果见附录六和附录七。根据分析结果做曲线拟合，得到三个参数随时间的变化趋势，如图 8-12 和图 8-13 所示。

可以看出，核电技术发展时间相对较长，技术生长率 V、技术成熟系数 α 和新技术特征系数 N 在 1996 年达到顶峰后开始低幅振荡，整体处于下降趋势，技术已经相对比较稳定。因为转基因作物技术主要是在实验室技术成熟后直接通过作物种植进行技术应用和扩散的，几乎不涉及"外在的产品的形状、构造的小创新"，因此，实用新型的数据不具备分析的有效性，主要通过技术生长率 V 进行分析，从图 8-13 中可以看出，其技术生长率在 2001 年达到顶峰后开始低幅振荡，

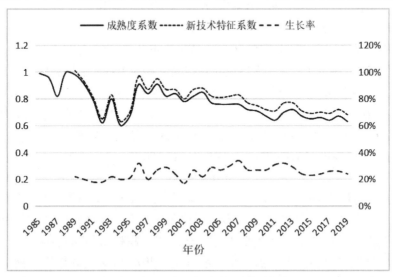

图 8-12　核电技术生命周期分析图

整体处于下降趋势，技术研究方面已经相对比较稳定，但作物的生态危害因素贯穿于生物个体、物种、生态系统等各级水平，存在损害对象不确定、损害过程不确定等特征。因此，根据两者的技术生命周期分析，将核电技术和转基因作物技术的科学已知度取值为"较高（0.8）"和"较低（0.4）"，即：$Sk_n = 0.8$，$Sk_t = 0.4$。

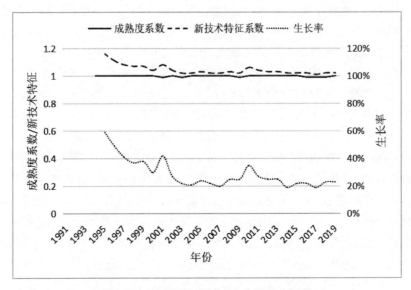

图 8-13　转基因作物技术生命周期分析图

8.3.2.2　社会感应度

2020 年某国运行的核电厂有 16 家，核电机组共 49 台，分布八个省区。本书中，简化计算，将八个省区的人口记为直接受影响的人数，根据数据统计，上述八个省区 2020 年末人口分别约为 4 255 万人、10 106 万人、8 477 万人、6 468 万人、4 161 万人、12 624 万人、5 019 万人、1 012 万人，2020 年该国总人口数约为 141 000 万。按照公式（4-1），将 β_{ij} 取为 1，则核电站的社会感应度如下。

$$Si_n = \frac{(4\ 255 + 10\ 106 + 8\ 477 + 6\ 468 + 4\ 161 + 12\ 624 + 5\ 019 + 1\ 012) \times 1}{141\ 000} = 0.367$$

目前某国获批商业化种植的转基因作物只有抗虫棉和抗病番木瓜。能查询到的最新的官方数据为 2019 年该国转基因棉花和番木瓜种植面积达 320 万 hm²，其中棉花占比超过 99%，番木瓜占比较低，此外高校及科研院所开展转基因作物田间试验时也会涉及多点、小面积种植。2019 年该国农作物总播种面积为 16 593 万 hm²。以转基因种植面积为基准值，考虑到对种植区域内部及四周的直接影响，将 β_{ij} 取为 5，转基因作物的社会感应度如下。

$$Si_t = \frac{320 \times 5}{16\,593} = 0.096$$

与表4-4"社会感应度"判断标准对照，核电技术和转基因技术的社会感应度对应于"较高"和"较低"级别，与定性分析取值对应，取值为 0.8 和 0.4。

8.3.2.3　单元蕴能度

根据单元蕴能度的定义，核电技术的能量密度是非常高的，将其单元蕴能度 Ed_n 直接取为最高级别 1。对于转基因作物，从基因污染的角度分析，存在一定的不确定性，一旦发生了则影响就是遗传信息层面的，但其对人体的伤害是非直接性的，综合考虑将其单元蕴能度定为"中"级别，Ed_t 取为 0.6。

8.3.2.4　损伤嵌入度

损伤嵌入度主要是从对人体的损伤方式角度来分析的，核电泄漏会通过辐射直接影响人体的机能，并可能引发人体基因突变，因此其损伤嵌入度属于"高"的级别，De_n 取为 1。转基因作物对人体的损伤方式为通过食物链等方式间接影响人体，损伤嵌入度属于"较低"级别，De_t 取值为 0.4。

8.3.2.5　时空衰减度

核泄漏产生的辐射衰减以及基因污染导致的遗传信息的衰减度都非常低，其时空衰减度都属于"低"的级别，取值为 0.2。

8.3.2.6　物种敏感度

根据物种敏感度的定义，核泄漏风险会直接对人的生命健康产生损伤，将其物种敏感度 Ss_n 取值为 1，转基因作物基因污染直接影响的是近似种属的各种作物，将其物种敏感度定为"较低"级别，取值为 0.4。

8.3.2.7　衍生扩散度

辐射产生的伤害可能通过基因垂直传递，属于代际间衍生扩散，级别为"中"，Dd_n 取值为 3，转基因作物的基因污染受到影响的受体既能通过垂直方式在代际间扩散，又可能通过水平转移在同代潜在受体（同种属或不同种属）中以指数函数的方式衍生扩散，属于"高"的级别，取值为 5。

8.3.2.8　致灾减缓度

核泄漏和基因污染一旦发生，在现有的技术下减缓能力都非常有限，但从预防层面，当前相关管控措施还是非常严格的。对受核泄漏影响的区域，可通过人员转移等方式进行一定程度的减缓，而作物因处于自然界的开放空间，无法进行整体的迁移，因此减缓程度更低。综合考虑，将核泄漏的致灾减缓度 Dm_n 定为"较低（0.4）"，将转基因作物污染的致灾减缓度 Dm_t 定为"低（0.2）"。

8.3.2.9　损伤可逆度

从当前的科技条件来看，人类对于辐射损伤和基因污染导致的遗传信息变异的逆向恢复能力都比较弱，相对来讲，辐射损伤可以借助一定的医疗技术对人体机能进行修复，而基因污染则是无法逆转的，因此将核泄漏的损伤逆转度 Dr_n 和转基因作物基因污染的损伤可逆度 Dr_t 分别取为"较低（0.4）"和"低（0.2）"。

8.3.3　致灾潜势评估

核电站泄漏和转基因作物基因污染风险的分析结果进行汇总如表 8-1 所示。

表 8-1　核泄漏与转基因污染风险的九度分析指标结果汇总

分析指标	核电站泄漏	转基因作物基因污染
科学已知度 Sk	0.8	0.4
社会感应度 Si	0.8	0.4
单元蕴能度 Ed	1	0.6
损伤嵌入度 De	1	0.4
时空衰减度 Tsa	0.2	0.2
物种敏感度 Ss	1	0.4
衍生扩散度 Dd	3	5
致灾减缓度 Dm	0.4	0.2
损伤可逆度 Dr	0.4	0.2

因衍生扩散度是考虑了直接影响发生后，损伤在受体间后续传播扩散的整体情况。因此我们先不考虑衍生扩散度（即将其取值为 1），进行直接致灾潜势的计算，核泄漏的直接致灾潜势 R_{stdp}^n 和转基因作物基因污染的直接致灾潜势 R_{stdp}^t 简化为如下公式计算：

$$R_{stdp}^n = \frac{Si \cdot Ed \cdot De \cdot Ss}{Sk^2 \cdot Tsa \cdot Dm \cdot Dr} = \frac{0.8 \times 1 \times 1 \times 1}{0.8^2 \times 0.2 \times 0.4 \times 0.4} = 39$$

$$R_{stdp}^t = \frac{Si \cdot Ed \cdot De \cdot Ss}{Sk^2 \cdot Tsa \cdot Dm \cdot Dr} = \frac{0.4 \times 0.6 \times 0.4 \times 0.4}{0.4^2 \times 0.2 \times 0.2 \times 0.2} = 30$$

当加入衍生扩散度，将核泄漏和基因污染的衍生扩散度分别按照 3 和 5 进行计算后，得出总的致灾潜势如下：

$$\sum R_{stdp}^n = \left(\frac{Si \cdot Ed \cdot De \cdot Ss}{Sk^2 \cdot Tsa \cdot Dm \cdot Dr} \right)^{Dd} = \left(\frac{0.8 \times 1 \times 1 \times 1}{0.8^2 \times 0.2 \times 0.4 \times 0.4} \right)^3 = 59\ 319$$

$$\sum R^{\text{t}}_{\text{stdp}} = \left(\frac{\text{Si} \cdot \text{Ed} \cdot \text{De} \cdot \text{Ss}}{\text{Sk}^2 \cdot \text{Tsa} \cdot \text{Dm} \cdot \text{Dr}} \right)^{\text{Dd}} = \left(\frac{0.4 \times 0.6 \times 0.4 \times 0.4}{0.4^2 \times 0.2 \times 0.4 \times 0.2} \right)^5 = 24\,300\,000$$

结果显示，加入衍生扩散度后，核泄漏和转基因作物基因污染风险的总体致灾潜势会急剧增加，基因污染的致灾潜势会反超核泄漏的致灾潜势，且两者的差距会越来越大。这主要是因为受体间的衍生扩散以指数形式影响总体规模，这也进一步反映出，衍生扩散度对总体致灾潜势的影响是非常大的，当一项科技引发的灾害影响会在受体间不断扩散且人们对其减缓和逆转能力又有限时，对于科技应该持有更严谨的态度，对其风险的控制应采取更严格的措施。宏观尺度的科技风险多具有上述特征，即衍生扩散度高、致灾减缓度和损伤可逆度低。

8.4　宏观尺度科技风险治理策略

宏观尺度的风险治理主要包括以技术预测为核心的选择与放弃、以监测与预警为核心的过程监管，以及以主权国家为核心的平衡和协同三方面。

8.4.1　源头防控：以技术预测为核心的选择与放弃

技术预测是对技术发展趋势、技术发明和技术应用的预计和推测，预测对象包括技术发展趋势，新产品性能、机构，新工艺特性，发现和发明的应用范围、技术推广应用范围等。技术预测是技术选择和决策的基础。在进行选择时除了考虑经济和社会利益的最大化以外，还应重点关注其可能带来的"极端"负面后果。科技创新应该是"负责任"的创新，不能一味地创新或因为经济利益而忽视其对社会造成的风险。由于科技应用后果的长远性及不确定性，需要从源头加强防控，加强"前瞻性责任"，弱化"事后问责"。科技本身应不应该被研发、应不应该存在需要综合考虑科技发展趋势、社会发展需求、社会文化与政治因素等，应利用生长曲线法、相关分析法、专家预测法等评估潜在影响，根据结果进行决策。

如果风险预测和评估结果是超出当前社会承受能力的，则应该选择"放弃"或"推迟"策略。正如约纳斯从责任伦理角度强调的，科技应用的目标并非追求最大的"善"，而是避免极端的"恶"，对科技潜在危害后果的"恐惧"不应被视为一种负面情感，而是一种"敬畏"价值，这种"敬畏"或"谨慎"体现为对科技力量使用与掌握的"克制"甚至"放弃"。① 在没有科学证据和实践实证的情况

---

① 汉斯·约纳斯. 技术、医学与伦理学：责任原理的实践［M］. 张荣，译. 上海：上海译文出版社，2008：11.

下，需要用谨慎的理念来对待合理的怀疑。联合国 1992 年发表的《里约宣言》中提出，风险预防原则要求"遇有严重或不可逆转的损害威胁时，不得以缺乏完全的科学确定性为理由推迟采取符合成本效应且能防止环境恶化的措施"。人类对科技活动的选择根本上就是对风险和利益的权衡，不同的主体、不同的阶段，这种选择可能差异很大。如德国彻底放弃核能发电、联合国将 DDT 列入禁用黑名单，都是属于基于技术风险评估而采取的选择性放弃。

8.4.2 过程监管：以监测与预警为核心的即时反馈

科技风险在宏观层面"滞后效应"的显著性，导致此类科技风险往往是在科技应用、推广和持续作用的大尺度上因累积、耦合、衍生等原因才产生、放大进而引发事故的。因此，持续性的、系统性的、跨区域的、跨领域的大范围监测和分析是确保风险可以"早发现、早预警、早干预"的前提和基础。监测和预警的实现需要扩大风险沟通，构建风险信息公开和协作交流机制。风险沟通应该让不同利益主体能充分表达各自的利益诉求，厘清彼此存在的认识差距，发挥各自的优势，实现信息的共享。

反馈是确保风险可以得到及时干预和治理的基础。如同监测和预警环节需要有多元主体的信息共享平台一样，反馈也应具有开放性、多元性与互动性的动态调整体系。科技风险的实施主体、管控主体、监督主体都应在反馈体系中并建立协作机制，在宏观的统一目标指引下，根据监测和预警结果及时进行措施和方法的调整，明确各方职责，平衡各方利益。同时，对于采取的措施和行动也应进行跟踪监测和效果评估，形成监测、预警、评估、管控的动态闭环。

8.4.3 全球治理：以主权国家为核心的平衡与协同

"全球治理"是指为了实现共同目标、增进共同利益，全球社会的多元体在多个层面的各个领域，通过正式或非正式的制度安排而采取合作行动的持续过程。"风险的全球化"决定了以民族国家为单位的治理模式的局限性，全球治理是应对宏观层面科技风险的唯一有效途径。全球治理机制不应是传统的自上而下的权威控制，而是需要调和各方相互冲突或不同的利益，以协调方式实现目标与策略的一致，确保联合行动的持续实施。具体的措施包括正式的制度和规则，也包括各方共同认可的非正式的制度安排。科技风险的全球治理需要主权国家、非政府国际组织、跨国公司、科研机构和人员以及社会公众共同构成综合治理体系。其中，主权国家的协调和合作是全球治理实现的关键和主导因素。这是因为，主权国家和政府本身就是风险活动的直接推动者和实施者，也是唯一有能力、有权利可以大范围、系统性地组织人财物和制度体系实现行政管辖范围内风险预防和监督治理的主体。

从实际情况来看，全球治理层面的障碍主要源自各方利益的分歧和冲突。当前，国际法在各国行使其主权时必须接受的基本限定原则正在由"权利行使不损害他人"向"协调平衡"原则转化。"权利行使不损害他人"是指为了应对各种复杂多样的跨国层面的问题以及各国的合法权益之间的矛盾冲突，一个国家在合法行使自己的主权尤其是领土主权时，不能损害他国的主权及其利益和国际社会的共同利益。"协调平衡"原则要求各国在风险的预防管制和风险损害的分配方面接受必要的协调与限制。在风险的预防管制和监督管理方面，主权国家在拥有活动自由的同时，必须在国际层面承担预防合作责任，包括建立事前核准、影响评估、协商谈判等治理机制。

第9章 科技风险的尺度推绎

对于一项科技的一个特定阶段，需要重点关注的科技风险可能突出表现在某一尺度域上，但科技风险会伴随科技的应用和扩散而扩大、积累和转化。因此，在进行统筹分析和评估时需要综合考虑其在微观、中观、宏观三个不同尺度域上可能会出现的特征、机理和治理策略。各尺度的科技风险产生的根本原因都是"科技"，有可能是科技本身具有直接造成灾害的破坏性能量，也有可能是科技在应用过程中产生的冲突或与其他因素耦合间接引发了灾害，这种灾害可能是直接伤害人的生命健康或者生态环境，也可能会对社会正常运行秩序产生影响。因此，围绕一项科技开展致灾风险的整体分析时，可以从科技的产生开始，沿着科技扩散和应用的全生命周期去推演风险在不同尺度上的表现，推演的核心是科技自身具备或间接引发的能量意外集聚、释放、扩散和转化，是一种自底向上、从小到大的推演、预测和分析。在管控层面，科技的错位效应决定了科技风险的防控是全人类的共同责任，防控目标首先应站在全局层面进行分析和设计，然后往下分解，实现全链条、全要素的系统防控，实现从上向下的传导、从大到小的分解、细化和落实。只有对科技风险进行全尺度域的分析评估和全链条的责任分解，才能最大化地实现科技对人类社会发展的正向推动作用，避免可能引发的各类灾害事故。

9.1 科技风险尺度推绎的基本框架

尺度推绎是利用某一尺度上所获得的信息和知识来推测其他尺度上的现象，包括3个层次的内容，分别是：尺度的放大或缩小；系统要素和结构随尺度变化的重新组合或显现；根据某一尺度上的信息，按照一定规律和方法，推测和研究其他尺度上的问题。① 按照尺度推绎的方向，可以分为尺度上推和尺度下推。尺度

---

① 邬建国. 景观生态学：格局、过程、尺度与等级 [M]. 北京：高等教育出版社，2000：62-153，181-184.

上推是指将小尺度的信息推绎到大尺度上的信息聚合过程，尺度下推是将大尺度上的信息推绎到小尺度上的信息分解过程。

　　结合本书对科技风险尺度域的划分，科技风险的尺度推绎主要包括从微观尺度向中观尺度的上推、从中观尺度到宏观尺度的上推，以及从宏观尺度到中观尺度的下推，从中观尺度到微观尺度的下推。此外，由于科技的复杂性，还涉及微观和宏观间的尺度跳跃问题。科技风险尺度推绎的核心框架如图 9-1 所示。

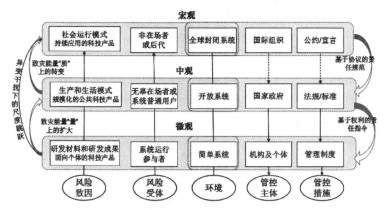

图 9-1　科技风险尺度推绎的核心框架图

　　科技风险尺度上推是科技风险在时间、空间、群体上放大的过程，核心的系统要素是风险本体子系统中的风险致因、风险受体和孕灾环境。这一过程与科技在转化和应用过程中的扩散直接相关，跟随科技扩散的是科技内含的致灾能量以及可能会触发到的其他致灾能量。也就是说，科技上推的主导作用力来自科技直接或间接产生的致灾能量，是一种能量驱动下的尺度上推。能量驱动的形式包括放大、累积、耦合、涌现等。

　　科技风险尺度下推的过程主要与风险管控子系统中的管控者、管控措施和管控环境相关，是系统宏观层面的管控目标、管控责任、管控措施的逐级分解过程。因此，尺度下推的核心要素是责任的传导，传导的方式可能是基于权利的上层对下层的指令性任务，可能是基于协议的全局对局部的要求，也可能是基于伦理道德的社会对个体的行为约束。

　　科技风险尺度跳跃是一种特殊情况，是由于自然的、技术的或者人为的强烈干扰和特殊条件的耦合，某些科技风险短时间内快速从微观层面跳转到宏观层面的现象。

9.2　致灾能量驱动下的尺度上推

科技致灾能量的驱动力主要表现为三种模式：科技扩散驱动的致灾能量扩大、多因素耦合导致的致灾能量持续累积和多点涌现引发的致灾能量系统突变。每种驱动模式的内在影响因素和表现方式有所不同，如图9-2所示。

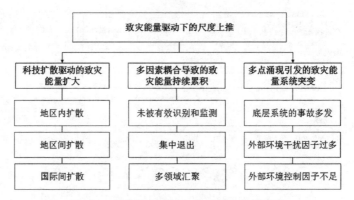

图 9-2　致灾能量驱动下的尺度上推模式图

9.2.1　科技扩散驱动的致灾能量扩大

科技风险是科技的"伴随物"，会随着科学技术在时空上的扩散而扩散。科技经过基础研究、实验、开发、生产阶段之后就会在不同潜在采用者间传播扩散。技术扩散是指技术的时空传播和各种技术之间、专门技术与其他技术领域之间发生的渗透、交叉作用的运动。在技术扩散过程中，随着时间的推移，新科技的采用者数量越来越多，对应的是科技风险的社会感应度扩大。

科技的应用领域可以分为以企业为主要对象的生产领域，以及以家庭和个人等为对象的消费领域。对于直接以新原料、新工艺、新设备等形式体现在生产领域的科技而言，其应用和扩散过程导致了科技内含的致灾能量从"实验量级"升级为生产过程中的"生产量级"，这种量级上的变化会直接导致科技风险致灾后产生的破坏性能量剧增。印度博帕尔事件造成8 000多人死亡[①]的根本原因是"联合碳化杀虫剂厂"存贮的异氰酸甲酯多达45t。进入生产领域的科技，其生产和存储规模在客观上决定了致灾能量会发生巨大变化。同时，面向公众服务的基础设施

---

① 周永平. 博帕尔事故及其生产安全中的法律问题 [J]. 中共中央学校学报，2006（4）：98-103.

类科技也会随着普及范围的推广和用户规模的扩大，拥有越来越大的激发致灾潜势。

整体上，随着科技创新从实验室走向市场，新科技在地区内、地区间和国际间扩散，新科技相关的产品数量、用户数量在不断扩大，能量也从微观到中观和宏观不断增加，相应的致灾潜势也就不断增加（如图 9-3 所示）。

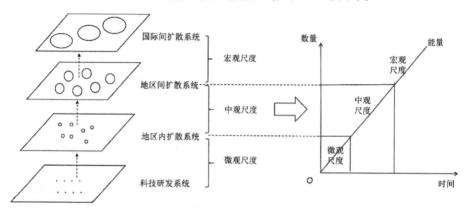

图 9-3　科技扩散驱动的致灾能量扩大示意图

9.2.2　多因素耦合导致的致灾能量持续累积

科技研发和应用以服务于经济发展、社会运行和公众的实际需求为目标，在特定的时期，公众、企业、政府选择推进或使用一项科技成果，说明在当时科技的正效应要大于负效应。然而，由于人类认知的局限性、科技风险的隐蔽性，很多负效应在长期累积后才会显现，主要的原因是能量的不断累积超过了系统

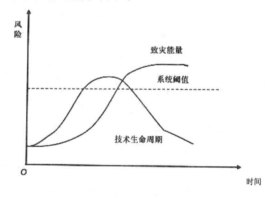

图 9-4　致灾能量持续累积后的突变示意图

的承受阈值，"量变"积累引发了"质变"，从而导致系统整体的突变（如图 9-4 所示）。

致灾能量持续累积后突变导致的灾害事故从全局来看主要是渐发的灾害，灾害的形成周期较长，一旦形成后消除也会比较困难，时空衰减度比较低，社会感应度比较高，整体致灾潜势比较大。具体的表现形式主要有以下几类：

9.2.2.1 致灾能量未被有效识别和监测导致的能量累积

这种能量累积方式是科技风险中最主要、最复杂的一种情形，主要原因是科技自身的局限性。从实际案例来看，使用矿物燃料引发的全球气候变暖就是最为典型的一种。20世纪初，当矿物燃料开始大量应用时，大家重视的是其对工业生产、交通等领域的推动作用，关注的风险主要是在挖掘、冶炼、使用过程中的各类火灾、爆炸等风险。人们并没有意识到化石燃料燃烧所产生的空气污染会对人类社会造成风险。直到1979年在日内瓦召开的第一次世界气候大会上才正式提出气候变暖的相关问题。这一方面是因为温室气体引发全球气候变暖需要一定的时间积累，另一方面也是因为当时的科技对于矿石燃料燃烧所产生的气体可能带来的风险并没有明确的认知，也就没有进行相应的评估和控制。实际上，当前各类新兴科技，如基因编辑、人工智能、纳米材料等，是否存在类似的受当前人类认知能力和科技手段限制未被识别和监测的风险是需要我们认真研究的问题。

9.2.2.2 科技生命周期中的"退出"导致的致灾能量累积

每项科技、每个科技产品都有其生命周期，当其达到使用寿命或被新技术、新产品替代时，就会面临"退出"的阶段。在退出阶段，涉及科技所对应的物质、产品等本体的处置，如果本体具有很强的破坏性能量，科技集中退出时就会引发致灾能量累积。以核电站为例：一般核电站设计寿命是40年，达到使用寿命后，由于核反应堆无法彻底拆除，只能"进入永久关闭状态"。目前，美国的处理方案是建一层混凝土墓棺阻止核废料扩散，但混凝土的使用寿命只有100年，100年后如果仍想不出有效的办法，只能继续加盖。当前世界上在运行的400多座核电厂，一半以上是20世纪七八十年代建造的，都面临退役的问题，退役后留下的核废料的污染周期长达20万年，会给环境和人类造成巨大威胁。[1] 当前新能源领域的锂电池也存在同样的问题，随着近几年新能源汽车的大量涌现，巨大的锂电市场必然会产生大量的废旧锂电池，2020年仅中国市场退役的锂电池就已达20万t[2]，锂电池含易燃易爆的含氟电解质和镍、钴、锰等致癌性重金属物质，不当的电池处理将导致有害物质进入水循环和食物链中，会对自然生态产生不可逆的损害，也因此，锂电池的梯次利用和拆解回收再利用已成为当前社会迫切需要解决的问题。

---

① 余少祥. 我国核电发展的现状、问题与对策建议 [J]. 华北电力大学学报（社会科学版），2020（05）：1-9.

② 新华社. 20万吨退役电池，大量流入"黑市"：新能源汽车电池回收乱象调查 [EB/OL]. (2021-04-12) [2022-02-26]. https：//baijiahao. baidu. com/s? id=1696826484968132208&wfr=spider &for=pc.

9.2.2.3 多领域汇聚导致的致灾能量累积

汇聚主要有两种渠道：一是同一科技在不同领域应用后的能量汇聚；二是不同科技在同一领域应用后的能量汇聚。对于第一种，如锂电池技术在3C（计算机、通信、消费电子产品三类产品的简称）产品领域、电动汽车领域、新能源汽车领域、储能电站领域都有应用，相应的各类风险也会在各个领域存在，在应用阶段可以分别进行控制，但环境污染风险会在退役报废处理环节汇聚，体现为整体的对环境的破坏性能量。对于第二种，如移动通信、电子支付、电商平台、大数据等技术在金融领域集中应用发展形成互联网金融，衍生出众筹、P2P网贷、数字货币等新模式，在我国信用体系不完善、配套法规体系不健全等因素综合作用下，使金融系统面临的风险不断放大。

9.2.3 多点涌现引发的致灾能量系统突变

正如科林格里奇困境描述的一样，由于科技发展的阶段性和人类认知的有限性，有些科技产品在投入市场运行一段时间后，才会显现出其中存在的弊端和不足，但此时这些科技产品已变成人们日常生活的一部分，数量庞大，对其进行控制就变得很困难、很耗时。科技广泛扩散成为复杂的社会系统的重要组成部分，复杂系统是由具有独立结构与层次的子系统相互作用所构成的结构与层次更加复杂的整体系统。涌现现象是复杂系统的本质属性，"整体大于部分之和"是涌现的本质特征。复杂系统涌现现象是指系统由各个部分组成后具有了单个部分所不具有的性质，这种性质不存在于任何独立的部分之中，有着"整体具有，部分不具有"的特点，并且只能在系统处于高层次时才能够显现出来，这种现象表述为"涌现"。科技风险的多点涌现致灾主要表现为在科技产品生产、应用过程中，因科技本身的缺陷、不足或与其他系统中的因素冲突，采用同类科技的科技产品在邻近的时间内近乎同步地发生故障，引发事故，由下而上地产生了具有全局性、不可预测性的影响整体系统的事故灾害。

涌现现象主要体现在微观的状态集合促成了宏观涌现。初始扰动下系统中的某一风险致因节点发生偏离出现事故，如果偏离原因在其他同质节点中也存在时，其他节点也会在近似的时间不断出现状态偏离，发生事故，随着时间演进，当足够多的节点发生事故时，因节点间的非线性耦合作用，以及对资源的竞争和协同，会导致整个系统出现状态偏离，也即在上层相对宏观的系统发生事故。Glyun指出系统的更新产生了涌现现象，涌现过程中消耗的能量由更高层次单元提供。[①] 这说

① GLYUN M. A. The emergent organization：communicate as its site and surface ［J］. Administrative science quarterly, 2002, 47（1）：69-172.

明，涌现在从低层次向高层次引发变化时，有来自其他外部环境的影响因素引发的熵增和熵减的过程，也正是这种熵的变化导致了高层次系统上风险熵的变化，进而引发新的风险事件出现（如图 9-5 所示）。

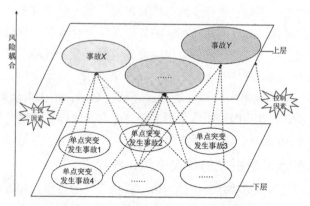

图 9-5　多点涌现致灾层次模型示意图

在这种模式下，下层系统中的事故与上层系统中可能引发的事故有直接关系，但并不是直接的叠加，而是复杂的非线性作用，甚至事故的类型会发生转变，或同时引发多种类型的事故。风险涌现致灾的主要影响因素包括以下几类。

（1）科技产品的数量：每个科技产品都是涌现过程中的一个节点，科技产品的数量即为涌现的参与节点数量。风险事件的形成与节点的数量有重要关系，数量越多代表着该风险造成的影响范围越大。同时，科技产品越多代表与科技产品相关的人也越多，不同的个体因自身的风险认知、风险态度、风险的接受度、容忍度和减缓能力不同，可能采取的行动有很多不确定性，数量的增加会引发涌现过程和结果的不确定性。

（2）科技产品的网络密度：风险是在以节点为基础的网络中涌现的，节点间的联系是风险交互作用的通道，网络密度越大，节点间的交流路径越短，节点间的信息传递渠道越多，交互作用速率越快。

（3）科技产品的影响力：不同科技产品发挥的作用不同，对整个系统的影响也不一样，影响越大，对系统整体产生的作用越大。如对食品、药品等对人体机能直接产生影响的产品，相较于娱乐、通信等产品对人类社会的影响力就更大。

（4）科技产品相关者的利益一致性：科技产品对不同的使用者发挥的功能和影响不同，不同使用者之间的利益一致性越强，风险的交互作用越强，为了维护共同的利益，更可能衍生出新的社会风险。

（5）风险控制水平：管控主体对节点风险的处理能力越强，干预节点风险的时机越早，对风险蔓延切断得越及时，风险涌现致灾的可能性和严重性会越低。

在科技风险多点涌现导致上层系统发生突变，引发事故的过程中，上层系统的控制变量主要有三类，一是底层系统的事故情况，二是外部环境的干扰因素，三是外部系统的控制因子。在科技风险的"涌现"现象中，底层发生多个单点事故作为最主要的熵增因子对上层系统产生破坏。同时，因为系统的复杂性，外部环境中各类资源、人员、经济、文化等因素会以控制变量或干扰变量的形式输入系统中，导致系统的风险熵出现波动，风险熵持续累积，当熵增因子远大于熵减因子时，系统达到崩溃临界点，遇干扰发生突变，事故发生。这一过程也是下层熵的传递、上层熵的波动、累积和突变过程。这种同质节点风险事故"涌现"引发新的风险事故的案例近年来经常发生。如当多个 P2P 网贷平台暴雷后，会引发上层系统层面的整个互联网金融行业的风险，或者跨区域的大规模群体性聚集事件。

9.3　防控责任传导下的尺度下推

当前科技应用产生的环境污染、气候变化、生态危机、核扩散等问题单靠一国政府是无法解决的，需要全球各个国家政府、各种国际机构、各类社会团体和所有公众形成统一的协作机制，确立一种全球共同接受和信守的价值观念，建立全球性规则体系进行综合治理，相互合作、共同努力才能解决。

参与全球科技风险治理的主体主要包括：政府间国际组织；国家政府，包括中央政府及地方政府；非政府组织，包括全球性及地方性非政府组织和非政府组织间联盟；私人部门，如公司、企业等；公众。不同的主体在科技风险防控方面的覆盖性及约束力有明显的差异。其中，覆盖面最高的是联合国体系、政府间国际组织及国际非政府组织，而强制力最高的是国家政府（如图 9-6 所示）。

图 9-6　风险治理体系中相关主体的覆盖性和约束力示意图

当前科技风险治理体系中包含着丰富多元的规则。首先，在国际层面，存在着对其成员约束力不尽相同的规则体系。

政府间国际组织及非政府组织建立在其成员的契约基础之上，它的权力来自其成员的让予。从强制力上来看，这些规则并不能与国内法相比，但同样具有约束力与影响力。在国家政府层面，由国家通过法定程序而制定的法律，构成这一规则体系中关键一环，其最主要特点就是由国家强制力来保证其实施。此外，在全球社会中还存在着其他的规则，如关于公平、环保、和平、安全等共同的价值观念等。这些规则形成于社会交往的实践，没有书面约定，也不具有强制性，主要依赖于人们的共识。在各主体追求的目标及运作方式层面，政府间国际组织是通过各国政府的权力让渡，以权威和共同利益为基础，实现全球可持续发展和秩序稳定。国家政府是通过运用权威的方式去实现区域发展和安全。公司等私人部门是通过自愿交易的方式去提供私人物品与服务，获取利益。非政府组织是通过以共同价值观为基础的独立的活动，对政府与市场施加影响追求社会整体的利益。不同主体间的责任传递主要有三种方式：一是通过全球规制，从全球层面向国家政府层面的传递；二是通过行政法令在国家政府行政管辖范围内的强制性要求；三是基于行业规范或共同价值观在不同主体间的全过程嵌入。防控责任传导下的尺度下推框架如图9-7所示，图中主体间的虚线箭头代表非强制性约束，实线箭头代表强制性约束。

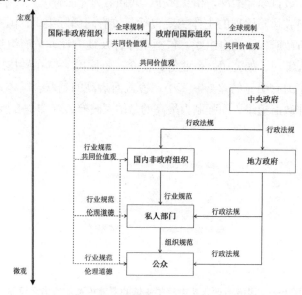

图9-7　防控责任传导下的尺度下推框架图

9.3.1 全球规制到国家责任的传导

全球规制在全球治理中处于核心地位，没有一套能够为全人类共同遵循、对全球公民都有约束力的普遍规范，全球治理便无从说起。由于国际社会的无政府特性，建立统一的全球规范是困难的，但国际规范的建立又是各国在面对全球性问题时最理性的选择。

当前在全球层面，科技风险防控的规制主要包括公约、宣言、行动计划、国际标准、指导建议等，其中大多数属于"软法"的范畴。软法是原则上没有法律约束力但有实际效力的行为规则，是一定人类命运共同体通过其成员参与协商方式制定或认可的，从而其内容具有相应的民主性、公开性、普遍性和规范性的行为规则。[①] 全球规制并不直接在各个国家内适用，当前国际公约的国内法化存在一元论、二元论和混合三种方式（如表 9-1 所示）。[②] 一元论认为，国际条约可以直接通过纳入的方式在国内得到适用，因其认为国际条约和国内法同属一个法律体系。相反地，二元论认为，国际法和国内法分属不同的法律体系，两者相互独立存，因此在二元论下国际条约需要被转化为国内法后才适用。混合论认为，应该根据国际公约的具体内容和事项决定是否直接适用。不论是哪种方式，各国在缔结国际条约或批准国际法时都是以本国主权不受到限制为基础的，这也说明传统法理是以维护民族国家的主权为核心的。

表 9-1　国际条约的国内法化方式

方式	含义	采用的国家
一元论	国际条约可以直接通过纳入（adoption）的方式在国内得到适用。根据国际法实践，主要有下三种效力位阶确定方式：国际条约与宪法具有同等效力；国际条约的效力高于普通法律但低于宪法；国际条约和普通法律具有同等效力	西班牙、葡萄牙、法国、俄罗斯、美国、南非、韩国等
二元论	条约需要被转化（trasformation）成为国内法后才具有适用性。如意大利宪法八十条：条约在意大利国内的效力必须将条约纳入意大利法律的立法或行政行为	英国、挪威、意大利等
混合	以国家利益最大化为指导性原则决定是直接适用还是转化	中国等

在全球性科技风险治理过程中，虽然目标是以全球的共同利益为基础，但由于不同国家的发展阶段不同、国家体制及文化不同，同样的规范对不同国家的影

---

① 石佑启，韩永红. 论内地与香港食品安全合作法律机制的构建：一种跨行政区域软法治理的思路［J］. 国际经贸探索，2011，27（05）：38-43.

② 孙劼. 人权公约国内法律效力位阶问题研究［D］. 上海：华东政法大学，2013.

响可能差异很大，强制性的规范对各国的约束较大，极可能得不到普遍的认同，从而导致失效。

以全球气候变化治理的三个主要阶段为例（如表9-2所示）。第一阶段以1992年《气候变化框架公约》为标志，为了尽快获得普遍认同，其核心内容主要是宣示性、原则性的规定，在减排方面基本采取自愿行动的模式，对缔约方退出保持宽容的态度，倾向于建构全球气候治理的基础性框架。第二阶段以1997年《京都议定书》为标志，虽然明确设置附期限的量化减排指标，还形成了以惩罚性遵约机制为代表的保障机制，但结果未能达到预期治理效果，第一承诺期减排目标的兑现情况并不理想，第二承诺期亦丧失了实际意义，这也说明仅凭硬法之力无法实现全球气候有效治理的目的。第三阶段以2015年的《巴黎协定》为标志，提出以国家自主贡献目标为基础的减排机制，在2°C温升目标的整体目标下，各国可根据本国国情与发展状况自行调整自主贡献目标。《巴黎协定》依托软硬法共治最大限度地发挥了凝聚全球共识的作用，形成了更加广泛和彻底的气候治理模式，截至2021年4月，已有192个国家递交了165份国家自主贡献计划。① 气候变化问题的全球治理在实践层面证明了软硬法共治的必要性与可行性。

表9-2　气候变化问题的全球规制变迁

全球规制	核心内容	约束性	效果
1992年《气候变化框架公约》	仅以提供排放源和吸收汇的国家清单、制订并公布国家计划等宽松的程序性义务为主	宣示性、原则性、自愿行动	框架性规定，各国达成一致
1997年《京都议定书》	确立了以强制性减排机制为代表的义务机制，明确设置附期限的量化减排指标；还形成了以惩罚性遵约机制为代表的保障机制	强制性、量化性、惩罚性	未达到预期治理效果，发达国家与发展中国家就共同责任和区别责任产生了争议，美国、加拿大等大国缺席
2015年《巴黎协定》	以国家自主贡献目标为基础的减排机制，缔约方从被动遵守减排义务演化为主动做出减排贡献。为缔约方设置了硬性的评估、信息通报、报告等程序性义务	行为上较硬而结果上较软，程序上较硬而实体上较软	截至2021年4月，已有192个国家递交了165份国家自主贡献计划

————————
① 张金晓.试论国际环境法中的软硬法共治：以气候变化法为例证［J］.环境保护，2021，49（15）：67-71.

148

当前，以联合国为主的国际组织在各个领域都联合形成了一些宣言或公约，如《控制危险废物越境转移及其处置巴塞尔公约》《生物多样性公约》《核安全公约》《国际人类基因数据宣言》《斯德哥尔摩公约》《关于汞的水俣公约》等，每个公约的缔约国数量和当前各国的实际履行情况各有差异。这些全球层面的规制为解决国际社会面临的共同问题提供了有效的机制和依据，一定程度上约束了各个国家科技发展政策制定和科技风险管控措施实施，通过缔约国机制等实现了全球规制到国家责任的传导。

9.3.2　国家责任到法规体系的转化

在全球化时代，尽管构成国际政治主体的主权国家的功能在弱化，但仍是当前最大和占有最重要地位的主体。国家是全球治理中最重要的参与者，是全球治理权力结构中最主要的基础，承担了全球治理的主要责任。在多元主体共同责任的界定中，国家主体的责任需要得到优先强调，这是因为在新兴科技发展过程中国家政策具有主导性地位，而且只有国家主体才能代表科技发展过程中的多元利益与价值诉求，同时也只有国家主体才有能力超然于特殊利益之外，在整体层面上权衡科技发展的收益与风险。

科技风险监管中相关责任主体的确责、履责、问责、追责需要依据在本国具有效力和约束力的法律法规体系和技术标准体系。无论是对全球规制进行内化，还是基于自身实际需求制定相关法规制度，首先必须明确价值导向，确定有关科技发展的核心理念。核心理念应确保科技发展以人为本，科学技术的发展必须服从于人类整体利益的价值导向与法律伦理设计。相关法规制度从性质上可以分为法律法规和标准两部分。我国的法规体系分为国家法律、法规、部门规章、地方法规等多个层次，标准体系分为国家标准、行业标准、地方标准和企业标准等。

以核安全为例。鉴于核事故的损害没有国界的限制，国际社会普遍希望通过制定国际公约的形式强化各国对核安全问题的重视，使通用的国际核安全原则成为法定义务，以平衡各国利用核能的安全状况，从而在全球范围内实现较高的核安全水平。1986 年以来，全球发展了较为完整的国际核安全法律文书体系，其核心是在国际原子能机构（IAEA）组织下签订的有关核安全的国际公约，包括《核安全公约》《核事故或辐射紧急情况援助公约》等。此外，非 IAEA 主导的《关于核损害的民事责任的维也纳公约》《控制危险废物越境转移及其处置巴塞尔公约》等也在一些特殊领域发挥了重要作用。拥有法律效力的国际核安全法律文书在改善核设施安全、辐射防护以及安全管理废物方面起到了至关重要的作用，是全球核安全制度框架中极为重要的组成部分。我国核安全法律法规体系主要是在借鉴先进国家核安全法治化做法和经验的基础上，参照 IAEA 安全标准建立的。截至 2021 年 12 月，我国核安全领域的法律共有 2 部，分别是《放射性污染防治法》和《核安全法》，行政法规共有 7 部，部门规章分为 10 个系列，颁布文件 30 部。① 核安全导则由国家核安全局制定并发布，属于推荐性文件。核安全风险的防控责任体系从全球规制到国内法规体系的转化如图 9-8 所示。

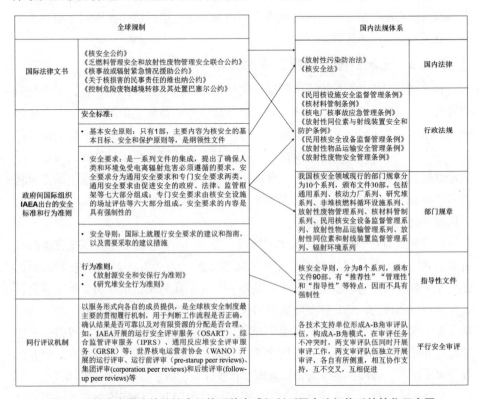

全球规制		国内法规体系	
国际法律文书	《核安全公约》 《乏燃料管理安全和放射性废物管理安全联合公约》 《核事故或辐射紧急情况援助公约》 《关于核损害的民事责任的维也纳公约》 《控制危险废物越境转移及其处置巴塞尔公约》	《放射性污染防治法》 《核安全法》	国内法律
政府间国际组织 IAEA 出台的安全标准和行为准则	安全标准： • 基本安全原则：只有 1 部，主要内容为核安全的基本目标、安全和保护原则等，是纲领性文件 • 安全要求：是一系列文件的集成，提出了确保人类和环境免受电离辐射危害必须遵循的要求。安全要求分为通用安全要求和专门安全要求两类。通用安全要求由促进安全的政府、法律、监管框架等七大部分组成；专门安全要求由核安全设施的场址评估等六大部分组成。安全要求的内容是具有强制性的	《民用核设施安全监督管理条例》 《核材料管制条例》 《核电厂核事故应急管理条例》 《放射性同位素与射线装置安全和防护条例》 《民用核安全设备监督管理条例》 《放射性物品运输安全管理条例》 《放射性废物安全管理条例》	行政法规
	• 安全导则：国际上就履行安全要求的建议和指南，以及需要采取的建议措施	我国核安全领域现行的部门规章分为 10 个系列，颁布文件 30 部。包括通用系列、核动力厂系列、研究堆系列、非堆核燃料循环系列、放射性废物管理系列、核材料管制系列、民用核安全设备监督管理系列、放射性物品运输管理系列、放射性同位素和射线装置监督管理系列、辐射环境系列	部门规章
	行为准则： • 《放射源安全和安保行为准则》 • 《研究堆安全行为准则》	核安全导则，分为 8 个系列，颁布文件 90 部。有"推荐性""管理性"和"指导性"等特点，因而不具有强制性	指导性文件
同行评议机制	以服务形式向各自的成员提供，是全球核安全制度最主要的贯彻履行机制，用于判断工作流程是否正确，确认结果是否可靠以及对有限资源的分配是否合理。如，IAEA 开展的运行安全评审服务（OSART）、综合监管评审服务（IPRS）、通用反应堆安全评审服务（GRSR）；世界核电运营者协会（WANO）开展的运行评审、运行前评审（pre-starup peer reviews）、集团评审(corporation peer reviews)和后续评审（follow-up peer reviews)等	各技术支持单位形成 A-B 角审评队伍，构成 A-B 角模式。在审评任务不冲突时，两支审评队伍同时开展审评工作，两支审评队伍独立开展审评，各有所侧重，相互协作支持，互不交叉，互相促进	平行安全审评

图 9-8 核安全风险的防控责任体系从全球规制到国内法规体系的转化示意图

9.3.3 伦理道德体系的全过程嵌入

科技研发及应用过程中的固有不确定决定了基于知识与经验分析结果而提前制定规范化、制度化的规则体系，以约束相关行为主体实现风险全面防控的最终效果是有局限性的。这种局限性主要源于两大方面的相互作用：一是在科学层面上，不确定性问题的存在表明了科学自身的"无知"，也表明了风险监管中"科学监管"模式的不足。科学自身无法提供有效监管所需的充分知识，因此无论是科

---

① 国家核安全局. 核与辐射安全法规状态报告［R］. 2021.

学共同体内部的自我监管，还是基于科学咨询制度的政府监管均会遭遇某种程度的"理性不及"问题，这一问题仅靠科学自身无法得到有效解决。二是在国家或政府层面上，尽管科学本身存在缺陷或不足的观念已被广泛接受，然而风险监管机构仍然诉诸科学专家的咨询意见来为自己的决策进行论证，由此形成了一种"不确定性悖论"。这一悖论表明既有的监管制度设计中对科学不确定性问题的忽视或回避。很多情况下对于那些在技术层面尚不具备管理可行性的风险将被认为是不存在的，而且在产业发展的逻辑下高科技应用所带来的潜在危害或风险往往被漠视。

因此，基于规则制度的科技风险防控，极有可能造成科技风险被忽视甚至被"隐藏"，最终形成"迟滞型高科技风险社会"，导致只有当风险转化为真实的危害后，监管机构才真正介入，进行事后补救，然而这对于风险监管而言已经十分滞后。如果说从规制和法律的角度控制科技风险是科技创新的一条安全底线，规范着相关主体的行为并明确其职责并使其遵守，那么前瞻性的普适性的伦理道德责任则是人类追求卓越、不断升华的目标，它标志着相关主体在恪守本职的基础上应尽可能多地关怀他人幸福和人类福祉，促使科技实现更善的目的。道德伦理体系呼吁并要求创新行动者和利益相关者树立并拥有一种积极的责任观以应对当代科技可能引发的各类风险。创新本身所存在的不确定性和风险性交织于先进科技的颠覆性和广泛的影响性，与人类社会和人类福祉密切相关。因此，我们应该以积极的态度去面对和承担创新责任，并尽可能地从道德和伦理价值层面去分析和评估科技风险，以实现科技更好地推动人类发展和社会进步。

伦理道德体系是人类社会发展过程中形成的基本行为规范，体现了人类对于个人行为的普遍性要求，是构建社会秩序的重要工具。科学技术伦理是人类发展科学技术活动的基本社会规范，构成了科学技术的基本秩序。中共中央办公厅、国务院办公厅印发的《关于加强科技伦理治理的意见》中明确要求"加强源头治理，注重预防，将科技伦理要求贯穿科学研究、技术开发等科技活动全过程"。[①] 伦理道德体系的嵌入需要从科技研发决策、科技研究实验、科技投入生产应用、科技投入消费应用的全过程嵌入。每一个阶段的主体及其利益和目的是不同的，相互间存在依赖，但最关键的是要形成多主体的嵌入机制，使政府、科研人员、企业、终端用户、社会公众都能进行自我约束、相互监督，确保科技可以

---

① 中国政府网. 中共中央办公厅、国务院办公厅印发《关于加强科技伦理治理的意见》[EB/OL]. (2022-03-20) [2022-03-25]. http：//www.gov.cn/zhengce/2022/03/20/content_ 5680 105. htm.

避免最大的"恶",如图9-9所示。

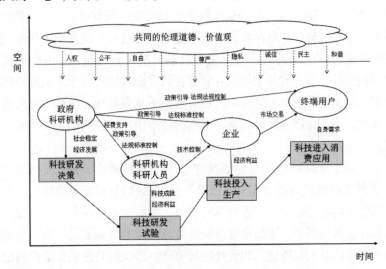

图9-9 伦理道德体系的全过程嵌入框架图

9.4 异变干扰下的尺度跳跃:以卡林顿事件为例

尺度跳跃在尺度政治学中是指"通过将某一尺度上破碎的空间组织成一个一致的、联系的地方,将斗争提升到层级中的上一层尺度"。① 本书中将科技风险的尺度跳跃定义为,由于自然的或人为的强烈干扰和特殊条件的耦合,科技风险短时间内从微观层面直接跳转到宏观层面的现象。引发尺度跳跃的异变干扰因素一般是能量足够大、能够短时间内引发系统巨大熵增的因素,可以从自然因素和社会因素两个方面进行分析。其中,社会因素主要包括经济、政治、军事、文化、伦理等方面,这些因素引发的事件一般是一个持续、渐进的过程,它们对科技风险的影响以及产生灾害的过程一般也是人类可以干预的过程,可用前文多尺度分析和尺度推绎的方法进行分析。本节将重点分析自然因素在短时间内引发的科技风险尺度跳跃现象。

如果把地球看作一个整体,当前在地球系统内的各类自然因素在短时间内可触发科技系统连锁反应产生灾害事故的能量是相对有限的,一般是在微观和中观

---

① SMITH N. Uneven development: nature, capital, and the production of space [M]. Oxford: Basil lackwell, 1990: 169-175.

尺度下，如地震和海啸等自然灾害发生后，往往会导致一个国家的某一地区或某几个地区的科技系统产生故障，进而引发其他灾害事故发生。在这种类型的因素干扰下，科技引发灾害产生的损失并不是最直接和突出的，自然因素直接引发的人员伤亡、建筑倒塌、财产损失才是最显著的，科技只是受到影响的子系统之一，本书不单独对这类自然因素进行分析。

当前已经对科技系统产生直接的、大尺度的自然扰动的因素实际上是来自地球之外的太阳。剧烈的太阳活动事件，如耀斑、日珥爆发、日冕物质抛射等，常引发 X 射线暴、粒子暴和等离子体物质的快速抛出，常称之为太阳风暴。它们在地球空间引起各种效应，如地磁暴、电离层暴、热层暴和高能粒子暴等。美国《国家地理》杂志的一个科教短片曾将太阳风暴比喻为"外太空中的武器"，指出其威力比原子弹强 1 亿倍，一次攻击就能让地球上的一块大陆陷入黑暗，瞬间从太空时代退回到石器时代。① 太阳风暴的直接作用对象就是当前我们高度依赖的各类科技系统，其对科技系统产生的影响程度与太阳活动事件等级直接相关。以地磁暴为例，从"G1 微弱"到"G5 极端剧烈"五个等级的地磁暴出现频率以及对电力系统、航天器和其他系统的影响如表 9-3 所示。

表 9-3　地磁暴分级及其对电力系统、航天器和其他系统的影响②

类别		效应
等级	描述符号	持续期间产生的空间效应
G5	极端剧烈	电力系统：大范围的电压控制和电力保护系统将出现故障；部分电网可能崩溃或者中断；变压器损坏 航天器控制：表面充电现象强烈；姿态控制故障；卫星上行/下行线路故障；卫星跟踪故障 其他系统：管道电流可达上百安培；部分地区高频通信出现 1~2d 的中断；卫星导航精度持续数天降低；低频导航出现数小时的中断
G4	剧烈	电力系统：可能出现大范围的电压控制故障；电力保护系统和电网可能出现故障 航天器控制：飞行器表面充电现象和跟踪故障可能出现；姿态控制可能出现问题并需要校正 其他系统：管道电流出现并影响预防措施；高频通信出现突发性中断；卫星导航精度持续数小时降低；低频导航干扰严重

① 刘仁宇 . 浅谈太阳风暴对人类生活的影响 [J]. 科技创业月刊, 2015, 28（03）：93-95.

② 美国国家研究理事会. 恶劣空间天气事件 [M]. 王劲松，张效信，等译. 北京：气象出版社，2011：36.

续表

类别		效应
等级	描述符号	持续期间产生的空间效应
G3	强烈	电力系统：需要电压校正，保护装置可能出现错误的警报 航天器控制：卫星部件上可能出现表面充电；低轨道卫星阻力增加；姿态控制需要校正 其他系统：卫星导航和低频电波导航可 能间断地出现问题；高频电波通信出现间断性中断
G2	中等	电力系统：高纬度地区电力系统出现电压警报，长时间的磁暴导致变压器损坏 航天器控制：飞行器姿态需要修正，低轨道卫星阻力可能改变 其他系统：高频通信在高纬度地区可能消失
G1	微弱	电力系统：出现轻微的电压波动 航天器控制：飞行器姿态可能出现轻微的问题 其他系统：此级别以上的磁暴会影响到迁徙动物

1859 年发生了有记录以来最大的一次太阳风暴，也叫卡林顿事件。1859 年 9 月 1 日，卡林顿观测太阳黑子时，发现太阳北侧的一个大黑子群内突然出现了两道极其明亮的白光。据资料记载，当时一股庞大的太阳日冕物质被喷射到地球的磁场中，形成了史诗般的电磁风暴，引发了横扫全球的强大电流。就在卡林顿第一次观测到太阳耀斑爆发后的几分钟内，英国格林尼治天文台和基乌天文台都测量到了地磁场强度的剧烈变动。17h 以后，地磁仪的指针因超强的地磁强度而跳出了刻度范围。差不多同时，各地电报局电报机的操作员报告说他们的机器在闪火花，甚至电线也被熔化了。剧烈的地磁扰动严重破坏了当时人类社会的最高技术系统——全球电报网络。

美国喷气推进实验室的科学家楚罗塔尼的理论计算模型显示 1859 年卡林顿事件的磁暴不仅仅是有历史记录以来最强的磁暴，而且是 1989 年 3 月的磁暴强度的 3 倍，而 1989 年 3 月的太阳风暴造成加拿大魁北克和美国新泽西州电网不到 90s 就完全瘫痪，超过 600 万人陷入黑暗和寒冷，时间长达 9h，社会陷入混乱的边缘。除此以外，1998 年 5 月，太阳风暴的影响造成的卫星信号中断使北美 4 500 万人的寻呼机失灵，金融业务陷入脱机状态，信用卡交易被迫中断。2003 年 4 月发生的太阳 X 射线暴，对全球的卫星和短波通信构成了灾害性影响，海事紧急呼叫系统瘫痪，全球定位系统精度降低，我国境内的短波通信中断了近 2h。

卡林顿事件之所以在强度上远远超过了 1989 年和 2003 年的两次强太阳风暴，但造成的危害并没有后几次严重，是因为在那个时候还没有人造卫星、无线通信和现代的电力传输网络。当前社会严重依赖技术系统，类似的超级风暴将会给生活在地球上的人类带来毁灭性的打击，引发全球范围内电力大面积中断、卫星遭受严重辐射效应、低轨卫星轨道下降严重、通信和导航中断、互联网大规模瘫痪（如图9-10所示）。2021年美国计算机协会数据通信专业组会议上发表的报告指出太阳超级风暴可能会带来的"互联网末日"。太阳活动很可能破坏国家之间的海底电缆，致使全球互联网的中断。同时，特别剧烈的太阳风暴除了可能造成卫星和GPS定位系统完全瘫痪外，也会导致输电网变得非常脆弱和不稳定，甚至完全关闭，进而衍生影响与供电系统相关的其他系统，如供水系统中断、交通瘫痪、金融业崩溃。美国国家科学院2009年1月发表了题为《灾害性空间天气事件对社会和经济的影响》的科学报告，预估超级太阳风暴将会给地球带来巨大灾难，给美国造成的经济损失可能高达2万亿美元（灾难发生第一年的经济损失），灾后恢复重建时间可能需要4~10年，而美国卡特里娜飓风产生的损失为810亿~1 250亿美元，不到太阳风暴损失的1/10。①

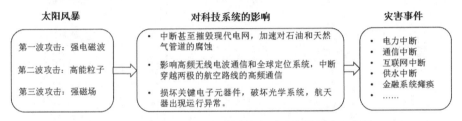

图 9-10 太阳风暴对科技系统产生的灾害性影响示意图

当前人类生活早已离不开电力、通信、卫星等现代科技，而以太阳风暴事件为代表的已知和未知的自然因素干扰是科技发展的巨大挑战。随着科技与社会不断融合交织、互相依赖，人们更需要关注整个社会系统的韧性建设，为当前"未知"的不可预测的异变干扰进行提前预控，绕过"越发达越脆弱"的陷阱，避免尺度跳跃带来的措手不及。

9.5 尺度推绎方法应用：以新能源领域锂电池科技为例

要实现对科技风险的全方位认知，需要从科技研发和应用的全过程进行分析，

---

① National Research Council of National Academies. Severe space weather events: understanding societal and economic impacts workshop report [R/OL]. The National Academy Press, Washington D C. (2009-01-27) [2022-03-06]. http://www.nap.edu/eatalog/12507.html.

通过分析科技蕴含的致灾能量、涉及的受体与管控主体等，进一步推演、预测和分析其可能引发的灾害类型和致灾潜势，进一步从管控角度，站在全局层面进行总体目标设计，然后往下分解，实现全链条、全要素的系统防控和措施的细化、落实。只有对科技风险进行全生命周期的分析，才能最大化地实现科技对人类社会发展的正向推动作用，避免可能引发的各类灾害事故。本部分以新能源领域的锂电池科技为例，通过尺度上推、尺度下推以及尺度跳跃进行尺度推绎方法应用。

在环境保护、资源匮乏和经济发展的背景下，新能源科技需求旺盛，新能源产业在全球快速发展。目前来看，锂电池是当前应用最广泛的可充电电池。虽然锂电池在1991年就由索尼公司首次完成了商业化，但当前有关锂电池的正负极材料、电解液优化、电池结构优化等仍是研究和应用领域在不断完善的技术方向。在市场上规模方面，目前也处于快速增加阶段，尤其是在新能源汽车、储能系统等领域正位于高速发展时期。锂离子研发及应用整体产业链现状如图9-11所示。

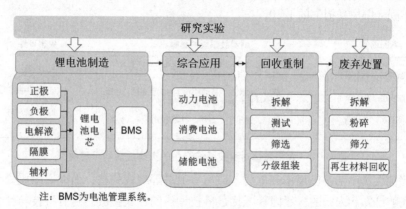

注：BMS为电池管理系统。

图9-11 锂电池研发及应用产业链示意图

9.5.1 致灾能量驱动下的尺度上推

锂电池本身是一个电化学体系，通过锂离子在正负极之间的运动实现电能和化学能之间的转化。从物质的角度来讲，主要包含贵金属材料和化学溶剂，从能量的角度来看存在电能、化学能。因此，其本身可能导致的灾害类型主要包括电能和化学能引发的火灾爆炸以及化学能引发的环境污染两大类，可能衍生引发社会舆论、群体性事件等风险（如图9-12所示）。

从当前锂电池产业链角度来看，研发阶段因单元蕴能度、社会感应度都不高，影响的受体主要是研发活动相关的人员，整体上属于微观尺度的分析范畴。但从研发环节走向制造应用环节后，能量开始扩大。

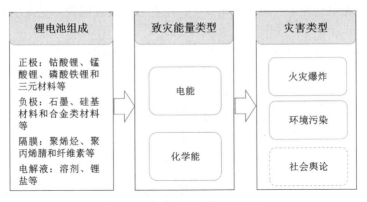

图 9-12　锂电池致灾风险分析图

　　科技扩散驱动的致灾能量扩大主要出现在锂电池制造、回收和废弃处理环节，运作过程属于企业生产层面，各类相关的材料、物质和成品规模都增加了，单元蕴能度比较高。同时，随着科技扩散，相关领域的企业数量也会不断增加，社会感应度提高。整体上，单元蕴能度和社会感应度的提高会使致灾潜势升高，此时一旦发生事故，受影响的可能是企业周边的无辜在场者，分析尺度上升为中观尺度，表现最为突出的是火灾爆炸风险。科技扩散在应用领域的风险根据应用模式的不同有所区别。消费电池和动力电池面对的主要是公众日常使用的产品，如手机、汽车等，这类产品单体蕴能度不是很高，发生事故影响的受体类型主要是系统操作者和参与者，属于微观尺度分析范畴。然而，对于储能电池而言，其主要应用为面向公众的公共服务设施或面向企业的储能设备，单元蕴能度和社会感应度比消费电池和动力电池都要高，属于中观尺度分析范畴。

　　多因素耦合导致的能量持续累积主要为环境污染类风险。一方面，在锂电池制造环节，各类物质的使用和废弃物的持续排放，会使环境污染的影响持续增加。同时，随着锂电池规模的不断增加和使用寿命的临近，如果没有对回收重置和废弃处置环节进行及时的规范、引导和产业配套，就极有可能产生严重的环境污染事件，这类风险实际上是跨区域的全球层面的风险，应从宏观尺度进行分析。

　　多点涌现引发的致灾能量系统突变主要表现为锂电池技术本身可能存在的缺陷在外部条件触发下集中爆发。以电动自行车领域为例，当前锂电池在电动自行车领域的渗透率越来越高，但同时由于监管和用户使用不当等原因，导致电动自行车火灾爆炸事故频发，如果此类现象持续恶化，极有可能在社会层面引发更大规模的其他事件，如大规模舆情事件、群体性事件等。此外，随着自动驾驶等技术的应用，如果汽车动力电池与自动驾驶技术的故障叠加出现，产生的伤害会放大，类似事故如若在某一时期频繁发生，也有可能聚合涌现出更高层面的社会问题。

整体来看，锂电池科技致灾能量驱动的尺度上推如图9-13所示。

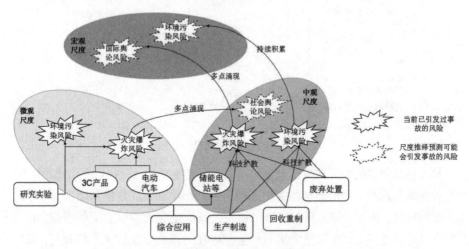

图9-13　锂电池科技致灾能量驱动的尺度上推示意图

9.5.2　防控责任传导下的尺度下推

锂电池的危险性主要体现在火灾爆炸和环境污染两方面，相应地，在防控层面目前主要围绕安全和环保两大目标进行管理。

在全球规制层面，当前国际组织没有单独针对锂电池的公约、宣言，但因锂电池属于化学品的范畴，所以国际化学品三公约（《巴塞尔公约》《鹿特丹公约》《斯德哥尔摩公约》）和《水俣公约》中有关危险废物越境转移及其处置、持久性有机污染物管理和汞排放等方面的约定是适用于锂电池管理的，主要针对的是环境污染防控和治理相关的环保问题。在国际标准层面，目前锂电池相关国际标准化机构主要有国际电工委员会（IEC）、国际标准化组织（ISO），以及运输领域的联合国危险货物专家运输专家委员会（TDG）。IEC是国际上锂电池标准制定最主要的机构，制定了绝大部分的锂电池国际标准。ISO制定了电动道路车辆、电动摩托车以及小艇用锂电池组国际标准。联合国危险货物运输专家委员会（TDG）主要负责制定了锂电池和电池组的运输专家安全标准UN38.3，部分标准如表9-4所示。① 整体来看，当前国际标准已覆盖基础标准和部分常见的产品标准，尚缺乏

---

① 刘冉冉，何鹏林，王晓冬．锂离子电池国际标准化工作现状分析［J］．中国标准化，2022（002）：19-24.

电极材料、制造设备、检测设备等有关电池材料与关键部件、制造工艺与设备、新兴产品类的标准。

表 9-4　锂电池国际标准（部分）

序号	标准号	名称	目标
1	IEC 62133-2：2017	《含碱性或其他非酸性电解液的蓄电池和电池组 便携设备用密封蓄电池和蓄电池组的安全要求 第2部分 锂系》	安全
2	IEC 62281：2019	《运输途中原电池和锂蓄电池及电池组的安全要求》	安全
3	IEC 62619：2022	《含碱性或其他非酸性电解液的蓄电池和电池组 工业设备用锂蓄电池和电池组的安全要求》	安全
4	IEC 63056：2020	《含碱性或其他非酸性电解液的蓄电池和电池组 电能存储系统用锂蓄电池和电池组的安全要求》	安全
5	IEC 63057：2020	《含碱性或其他非酸性电解液的蓄电池和电池组 电动道路车辆非动力用锂蓄电池组的安全要求》	安全
6	IEC 62660-3：2016	《电动道路车辆推动用锂电池 第3部分：安全要求》	安全
7	IEC 63218：2021	《含碱性或其他非酸性电解液的蓄电池和电池组 便携式设备的锂蓄、镍镉和镍金属氢化物电池和电池组 环境方面指南》	环保
8	IEC 63369	《适用于锂电池的碳足迹计算方法》	环保
9	ISO 6469-1：2019	《电动道路车辆 安全规范第1部分：可充电储能系统（RESS）》	安全
10	ISO 18243：2017	《电动轻便摩托车和摩托车 锂电池组系统的试验规范和安全要求》	安全
11	UN 38.3	《关于危险货物运输的建议书 试验和标准手册 第38.3节 金属锂电池和锂电池组》	安全

我国是国际化学品三公约（《巴塞尔公约》《鹿特丹公约》《斯德哥尔摩公约》）和《水俣公约》的缔约国，对公约的相关内容在国内的法规条例和制度体系中进行了责任传导和落实。在标准层面，我国是 IEC、ISO、TDG 的成员，在 IEC 62133、IEC 62619、IEC 62368、IEC 63056 等标准的制定过程中，是主要的参与者并将我国多项标准中的技术要求成功引入国际标准中，如 IEC 62133-2：2017 采纳了依据 GB 31241 等提交的热滥用测试、短路测试、挤压测试、反向充电测试、过充测试等多项修订提案。部分全球规制和国家法规与标准体系间的传导对应关系如表 9-5 所示。

表 9-5　部分锂电池全球规制与国家法规及标准体系间的传导对应关系表

序号	全球规制	国家法规与标准体系	目标
1	《巴塞尔公约》《鹿特丹公约》《斯德哥尔摩公约》《水俣公约》	《中华人民共和国环境保护法》《中华人民共和国水污染防治法》《中华人民共和国大气污染防治法》《中华人民共和国固体废物污染环境防治法》《中华人民共和国海洋环境保护法》《中华人民共和国清洁生产促进法》《中华人民共和国循环经济促进法》《危险化学品安全管理条例》《中国严格限制的有毒化学品名录》（2023 年）	环保
2	IEC 62660-3：2016 IEC 62133-2：2017 IEC 63056：2020 ISO 18243：2017 ISO 6469-1：2019	GB/T 31485—2015《电动汽车用动力蓄电池安全要求及试验方法》 GB 38031—2020《电动汽车用动力蓄电池安全要求》 GB 31241—2022《便携式电子产品用锂离子电池和电池组 安全要求》 GB/T 36276—2018《电力储能用锂离子电池》 GB 17761—2018《电动自行车安全技术规范》	安全
3	IEC 62281：2019 UN 38.3	MH/T 1020—2018《锂电池航空运输规范》 GB 21966—2008《锂原电池和蓄电池在运输中的安全要求》	安全
4	IEC 63218：2021 IEC 63369	《新能源汽车动力蓄电池回收利用管理暂行办法》（工信部联节〔2018〕43 号）《新能源汽车动力蓄电池梯次利用管理办法》（工信部联节〔2021〕114 号）GB 30484—2013《电池工业污染物排放标准》 GB/T 39224—2020《废旧电池回收技术规范》	环保

从国家法规体系到企业及个体层面，一方面通过法律标准的实施和监督实现具体执行和操作层面的管理，另一方面各行业管理部门、各地市进一步制定细化、具体的方案。如：针对企业，中国化学与物理电源行业协会制定了行业标准《锂离子电池企业安全生产规范》（T/CIAPS 0002—2017），规定了锂电池安全生产的基础要求，对建筑安全设计、生产过程安全、电池测试提出了安全规范，对主要物料和工艺的物质火灾特征进行了科学分类，采取措施降低风险等级；针对公众，北京市住房和城乡建设委员会于 2021 年发布了《关于进一步加强物业管理区域电动自行车充电管理的紧急通知》，要求各物业服务企业组织开展物业管理区域内公共区域电动自行车违规充电检查。

在社会公众意识和行动方面，目前国家及各级政府也进一步通过开展宣传教育，让公众知悉电池污染的危害，并了解相关的电池回收规定，知道如何在生活中有意识地采取措施处理废旧电池，培养起较好的环保意识，共同保护生活环境。

9.5.3　异变干扰下的尺度跳跃

对于锂电池科技，异变干扰的主要来源是运行环境的变化干扰。如图 9-14 所示，目前锂电池火灾爆炸事故的原因之一就是运行环境异常导致的过充、过流、内短路等引发的电池热量集聚，进一步因电池热失控而引发火灾爆炸。

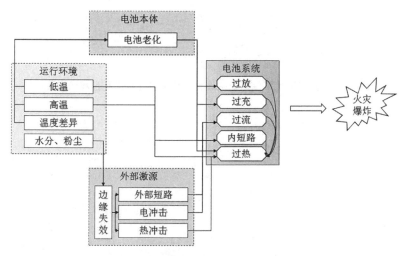

图 9-14　运行环境引发锂电池火灾爆炸示意图

在这一演化机理中，如果运行环境短时间内发生大的变化，如持续大面积高温，则极易触发系统的异变。按照当前的技术发展路线，新能源汽车会逐渐替代燃油车，锂电池储能换电系统将逐步替代当前的加油站系统，在社会中广泛布设。不妨设想一下，未来某一天可能发生的极端情况：在全球气候变化的大背景下，全球大范围遭遇极端高温天气，恰好爆发了特别剧烈的太阳风暴，电网系统崩溃，星罗棋布的锂电池储能电站失去了有效的降温等控制系统，此时，储能电站无疑变成了一个个破坏能量极强的炸弹，由于其属于公共服务设施，人员越密集、经济越发达的地区其数量越多，极端高温和剧烈的太阳风暴叠加耦合导致储能电站不断发生火灾爆炸事件，同时通信系统因太阳风暴也发生故障，导致报警和救援过程受阻，社会整体会陷入混乱状态，造成巨大的人员伤亡和环境影响（如图 9-15 所示）。当然，这是一种假设的极端情形，发生的概率极低，但理论上是存在这种可能性的，因为异变干扰需要我们对"未知的未知"进行充分的、有一定依据的猜想和推测，并对可能出现的最坏情形做好准备。上述假想情形就是锂电池科技可能会遭遇的极端情景之一，这也对锂电池科技推进过程中配套的安全设施和防护体系建设提出了更高要求。

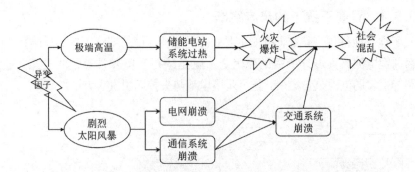

图 9-15　异变干扰下储能电站火灾爆炸引发社会混乱过程示意图

第 10 章 当代科技重大风险感知分析

10.1 科技风险感知研究的相关理论与方法

公共部门或决策机构的决策中不可以忽视公众的态度，将公众纳入治理体系也是公共治理的关键环节。通过争取公众的支持与同意，有助于增强决策的合法性与可执行程度。在现实生活中，存在风险的问题往往是大众的敏感话题，因此，公众的"风险感知"是决策者不能够忽视的，探讨科技风险治理也需要从"风险感知—科技风险感知—科技风险治理"的思路入手，保障科技风险治理与公众的有效衔接，这也是提高党和国家治理能力与治理效能的内在要求。

10.1.1 风险的感知

对于公众风险感知的研究最早可以追溯到 20 世纪 60 年代，早先学者们对"人们对自然灾害的非理性判断"和"公众对现代技术与风险可接受的争论"进行了研究与讨论，其背后的本质即在探寻人们非理性的对待风险的方式。此后该研究领域在斯洛维奇和舍贝里等著名心理学家的引领下得到了快速发展。一般认为，风险感知属于心理学范畴，强调个体对外在风险的感受与认知，并强调这种认知同时受到个体的直观感受和个人经验等内部因素的影响，同时，这种感受与认知也将进一步影响人们对于相关事物的判断及采取的具体行为。[①] 由感知转化为行为这一过程也受到学者们的关注，强调一个基本的认知过程大致可概括为感知觉、认知加工、思维与应用三个部分，即个体根据直观判断和主观感受所获得的经验，根据环境刺激、信息进行纪录、筛选、凝聚成知识与记忆，来做出主观风

---

① STARR C. Social benefit versus technological risk [J]. Science, 1969, 165 (3899) : 1232-1238.

险的判定，并以此作为逃避、改变、接受风险的态度及行为决策的判断依据。① 国内学者孟博等在 2010 年比较了国内外多位学者的相关研究，他们提出感知是个体对于外界事物感知的最后衔接，这种衔接是关键性的，影响着人们对于外部环境与事物产生情绪、认知等心理过程的一系列变化，并最终影响人们的决策与行为。② 这也反映了风险感知交叉的复杂性，从人的心理出发，到对外界风险世界的一系列的认识过程构成的并且最终指导人们的决策行为，具体过程如图 10-1 所示。

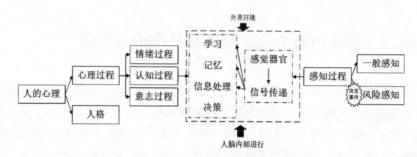

图 10-1 心理、认知与风险感知之间的关系

公众所处的内外部环境深刻影响着公众不同的风险感知程度，但同时也与风险自身的特征紧密相关。1987 年，Slovic 强调人们对于风险概率的评估与实际风险发生的概率相关程度为中等水平；同时，不同公众群体中的对于风险的估计却呈现高度的一致性。他通过因素分析，得出影响风险感知的两个基本因素：风险的可控性与风险的可执行。风险的可控性又称忧虑风险（dread risk），强调风险的严重程度与风险的不可控程度密切相关；风险的未知性也称未知风险（unknown risk），代表人们对于风险的了解程度，即可知性。③ 在此基础上，国内多位学者依据风险的已知性与风险的可控性两个维度，绘制出了风险感知维度与风险感知地图（如图 10-2 所示），并列举出不同风险的举例。

风险感知受到个体特征、期望水平、风险沟通、风险的可控程度、风险的性质、知识结构、成就动机、时间风险程度等多种因素影响，在此笔者主要强调个

---

① 苏筠，尹衍雨，高立龙，等. 影响公众震灾风险认知的因素分析：以新疆喀什、乌鲁木齐地区为例 [J]. 西北地震学报，2009，31（1）：51-56.

② 孟博，刘茂，李清水，等. 风险感知理论模型及影响因子分析 [J]. 中国安全科学学报，2010，20（10）：59-66.

③ SLOVIC P. Perception of risk [J]. Science，1987，236（277）：280-285.

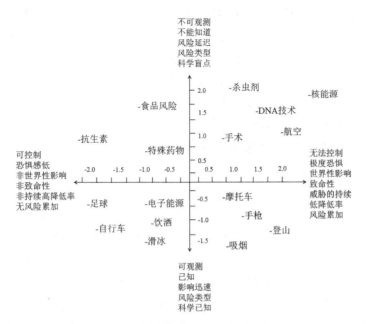

图 10-2　基于心理测量范式的风险感知认知地图①

体因素、风险事件自身性质与风险沟通三个方面②。在个体因素方面，由于个体的个人经历、教育水平、年龄、性别、职业等的不同，导致不同个体间的感知水平存在差异，其中尤其强调个体的教育水平与知识结构。学者们强调公众对相关特定风险事件了解的全面性、认知的客观性及了解渠道的多样性可以帮助个体更理性地对待风险事件。在风险事件性质的层面，研究表明，个体的感知水平与风险事件的死亡率与发生概率密切相关，其中人们对概率小而死亡率大的事件风险估计较高，对长期的、潜伏性的风险估计过低。在风险沟通方面，强调公众与风险事件间的信息传播与对称情况，Slovic 提出的涟漪效应就较好地阐述了这一情况，他提出公共风险事件及其扩散如同在一个平静的湖面上投下一块石头后，环形水波会一层一层地由中心扩散开来。而在风险治理过程中，除了事件本身情况对其治理效果的影响，同时也在涟漪波及的过程中，与公众获取、感知和解释相关信

①　孟博，刘茂，李清水，等．风险感知理论模型及影响因子分析［J］．中国安全科学学报，2010，20（10）：59-66.

②　刘金平，周广亚，黄宏强．风险认知的结构、因素及其研究方法［J］．心理科学，2006，29（2）：370-372.

息的方式有关。① 信息不对称与风险沟通的缺位可能导致公众风险感知的误差，进而造成政府公信力下降甚至引发社会治安等问题。

对风险感知的了解将帮助我们进一步认识当下科技风险感知的内涵及其重要性。基因编辑婴儿、无人驾驶与无人机技术、区块链等新兴技术的出现与发展也将为社会治理带来新的议题与挑战，需要从个体基本的感知情况入手，为科技风险治理体系提供更为基本的构建思路。

10.1.2 科技风险与科技风险感知

了解科技风险感知，首先需要从科技风险出发。简单来看，科技风险感知为科技风险与风险感知的交集，具有风险感知与科技风险的双重特殊性。

在这里我们对第1章的内容进行简要回顾。科技风险即科学技术风险，风险与安全是相互对应的概念，风险意味着危险，意味着影响安全的不确定性事件和因素的集合。"科学技术是第一生产力"，科学技术的出现让人类的生产力得到长足的提升，并帮助人们更为积极、能动地改造世界。但是由于对于科技的盲目崇拜、人们对于科学认知水平的滞后性，科技的负外部效应也逐渐显现。科技的滥用与误用对生态环境与社会环境造成了极为严重的破坏，全球变暖、环境污染、生物多样性减少等诸多因为科学技术引发的问题出现在人类面前。因此，越来越多的学者和公众将目光聚焦在科技风险上，目前学者们对科技风险尚无统一的定义，许志晋等学者提出，"科技风险"是一种"被制造出来的风险"，它源于人们的重大决策，并且是由现代社会整个专家组织、经济集团或政治派别权衡利弊得失后所做出的决策②。本书结合风险、科学、技术的含义，综合学者们的观点，认为科技风险是指在科学与工程领域的新发现、新发明在使用过程中，受部环境的不确定性、项目本身的复杂性以及科研开发者能力的有限性等因素影响，对人与社会造成负面影响的可能性。

现代科技的风险既来自高科技、新技术发展带来的不确定性，也来自现代社会人们对科技的高度依赖带来的风险。这种对科技的高度依赖使任何科技失效和对科技的不当利用都会产生严重的后果，在前文中笔者也进行过详细的阐述。与个体风险感知息息相关的特征主要体现在以下两个方面：与传统风险相比，科技

---

① 李华强，范春梅，贾建民，等. 突发性灾害中的公众风险感知与应急管理：以5·12汶川地震为例 [J]. 管理世界，2009 (6)：52-60，187-188.

② 乌尔里希·贝克，王武龙. 从工业社会到风险社会（上篇）[J]. 马克思主义与现实，2003 (3)：26-45.

风险具有更大的不确定性。① 其中，科技风险带来的不确定性更多地来自人类自己的决策以及科研过程中的伦理失范，即"人造风险"。② 波普尔强调，"一切理论都是假说且始终是假说"，人类并没有先天的知识和框架，科学理论具有很强的不确定性。③ 科技风险是人类研究与应用科技产品的伴随性结果，一项科技产品的产生与应用，人们往往只关注是否满足需要，而对其可能诱发的副作用却难以预料。④ 即使一项技术在应用与发展过程中要经过科学家、研究者反复地推理、实验、假设与检验，最后再投入使用，但仍无法避免在研究过程中，由于人对于科学知识了解的滞后性、决策失误或伦理失范，导致技术负效应显现。如一些生物技术和信息技术发展至今已经向相关领域或整个人类提出了挑战，打开了"潘多拉魔盒"，会给人类带来怎样的后果也是目前科学水平无法预料的。与传统风险相比，科技风险的影响范围更大、更不可挽回。由于对于科技了解的滞后性导致科技风险往往较为隐蔽较难被发现，导致科技风险在一定时期内积累，到达边界后形成更大的破坏力，造成的后果更加无法被挽回，主要体现在科技风险的危害空间范围广、时间跨度长且后果极端三个方面。伴随着信息革命的出现与发展，大规模的工业生产与信息技术使生产要素、生产原料在世界范围内流动起来，信息技术使得联系变得更加便捷且紧密。当下，许多科学技术也具有一定的商品属性被输出到其他国家，在科学技术流动的背后也是科技风险的扩散。一旦风险出现并演化为突发事件，影响并不是一个单独的点，这种影响也将在由科技研发体系、应用市场、技术面向的用户等主体组成的"面"上扩散。且由于公众对科技自身的未知程度较高，进而导致科技风险演化出社会治安、舆论爆炸等衍生事件。在此基础上，由于个体自身认知的局限性以及科学知识掌握不足，使得普通公众很难从科学本身的角度来评估风险，导致了风险感知的扩大，往往造成公众对科技工作者与政府等主体的误解。

风险感知是个体对存在于外界各种客观风险的主观感受与认知，在本书中，认为科技风险感知是个体对科学技术及其可能带来风险的主观感受与认知。而由于科技本身的复杂性，导致公众与科技工作者间的感知水平存在较大差异。岳改

---

① 马缨. 科技发展与科技风险管理 [J]. 中国科技论坛，2005（01）：33-36.

② 米丹. 科技风险的历史演变及其当代特征 [J]. 东北大学学报（社会科学版），2011，13（01）：7-11.

③ 魏淑艳，娄成武. 我国区域科技基础条件平台建设研究 [J]. 科学学与科学技术管理，2006，27（9）：42-47.

④ 宋伟，孙壮珍. 科技风险规制的政策优化：多方利益相关者沟通、交流与合作 [J]. 中国科技论坛，2014（03）：42-47.

龄等学者提出，对科技风险而言，公众并不处于纯粹无知的状态，公众对于科技的风险感知是非常复杂的，无法通过单一的技术上的风险解释影响其判断，通过启蒙和教育，也无法帮助公众对科技风险产生"正确"的认知。同时，将科技工作者与公众对科技风险的感知对立起来，其是生硬地将科学事实和社会价值选择分开，无视科学事实、科学解释和社会价值选择之间的关联性。总体而言，科技风险感知这一议题涉及对科技风险问题的界定及不同理性（科学、社会、环境、伦理）间的竞争。①

10.1.3　科技风险感知相关理论与方法

针对风险感知相关议题的研究由来已久，但"科技风险感知"的研究目前未形成较为系统的研究范式，其定义与相关特征亟待明确，以更好地为学者们研究提供理论基础，在本书中主要介绍基于心理测量范式模型的风险感知研究、基于社会心理学的风险感知概念模型研究与科技风险感知的社会放大效应模型研究三种研究框架。

10.1.3.1　基于心理测量方式模型的科技风险感知研究

通过构建风险事件分类体系，可以更为了解与评估人们面对风险事件时的反应，这也是风险感知研究的策略。这样的分类可以较为显著地区分公众面对不同风险的差异性，即为何公众对一些风险事件表现出高度的敏感与厌恶，对于另一些风险则表现得较为冷漠。同时，根据人群的横向比较，可以反映出专家的观点与普通公众反应之间的差异。构建这样的评估研究时，常用到的研究方法就是心理测量范式，该方法使用心理缩放和多元分析技术来完成人对待风险的态度和感知的定量化。② 利用心理范式，人们能够定量地判断多种不同灾害的当前风险和期望风险与风险的调节期望水平。这些判断与风险的其他属性相关联，如用于假设风险感知与态度的风险特点情况（如自愿、恐惧、了解、可控性等）；每种灾害带给社会的收益；每一年由于灾害造成的死亡人数；灾害年由灾害造成的死亡人数。③ 如在 2017 年，陈璇等以重庆、湖北、浙江三省市城镇居民的入户抽样调查数据为例，借助问卷等方式进行心理测量，通过这种方式研究我国不同地区公众对于转基因水稻的接受程度及差异。研究发现，转基因水稻的接受态度在不同地

---

① 岳改龄 . 新媒介语境下争议性科技的风险沟通研究 ［M］. 北京：科学出版社，2021.7：146-147.

② SOWBY F D. Radiation and other risks ［J］. Health Physics，1965，11（9），879-887.

③ 孟博，刘茂，李清水，等 . 风险感知理论模型及影响因子分析 ［J］. 中国安全科学学报，2010，20（10）：59-66.

区呈现出不同特点，存在一定的区域差异，湖北、重庆分样本的接受度明显高于浙江；粮食安全收益感知、对科技系统的信任程度、健康与环境风险感知等因素影响着公众对转基因水稻的接受程度，这一研究在基于心理测量范式对风险感知进行分析上具有一定代表性。①

10.1.3.2　基于社会心理学的科技风险感知概念模型研究

风险感知概念模型是依据社会认知心理学中对个体面对突发事件的风险认知过程的研究而提出的概念性社会认知模型，常见方式为通过数学建模对风险感知路径和风险感知的影响路径进行评估与刻画②。该理论模型是一个有关深层认知结构与表层产物之间的路径链接，是结合行为规划理论、社会学习理论及认知产物理论等理论概述的概念性表述，通过基于以上内容构建出的数学模型，针对世界观、认知产物、事件知识背景以及自我效能等关键问题，进行风险感知的定性和定量测量。如王明贤等先利用典型事件案例分析、对有事件经验的个体进行问卷调查和理论分析的方法，从事件特征因子、与个体关系因子、社会影响因子、个体自身因子四个方面初步得出突发性水污染事件个体风险感知的影响因素，并应用二分类 logistic 回归方法，得到了突发性水污染事件个体风险感知的主要影响因素。最后，以某市突发性苯酚水污染事件为例，对构建的突发性水污染事件个体风险感知模型进行了实证研究，结果表明模型应用效果较理想，可对突发性水污染事件个体风险感知高低进行准确的预测。该研究将有助于了解个体在突发事件下的各种行为，进而为突发事件下个体行为的优化引导提供参考。③

10.1.3.3　科技风险感知的社会放大效应模型

风险感知的社会放大效应主要是强调风险感知的社会放大效应常常会引发次生事件或衍生事件，它可以放大或缩小一个事故、一次污染、一次爆发的疫情而形成未知风险，忽视风险和一系列潜在的威胁。受各种风险因素与风险机制的影响，风险感知的放大效应有时会导致人们的恐慌远远超过风险事件自身的影响。这些机制产生于人们将不幸事件或灾难视作一个线索或信号，一个事件就是一个信号，一个灾难信号是否能够转化为更大的危机，一方面取决于灾难事件的本身

①　陈璇，孙涛，田烨．系统信任、风险感知与转基因水稻公众接受：基于三省市调查数据的分析［J］．华中农业大学学报（社会科学版），2017（05）：125-131，149.

②　LANGFORD I H，MARRIS C，MC DONALD A L，et al. Simultaneous analysis of individual and aggregate responses in psychometric data using multilevel modeling.［J］. Risk Analysis，1999，19（4）：675-683.

③　王明贤，邓秀梅，罗贤运．突发性水污染事件个体风险感知模型的构建［J］．安全与环境工程，2014，21（06）：112-117.

特征，另一方面取决于社会的多种放大机制，例如：政府的态度、反应、沟通、信任、媒体、态度、导向，以及社会其他群体和机构的反应等。事故信号化的方法有助于解释人们对一些突发事件的强烈反应（如恐怖主义事件），因为人们对这样的突发性事件了解很少，对这样事件发生的机制、发生地点等都无法做出判断。因此，会造成重大的心理、社会经济及政治上的影响。根据危机的放大机制和原理以及 Slovic 的研究成果，可以建立相应的风险感知危机事件影响的理论模型，如图 10-3 所示。①

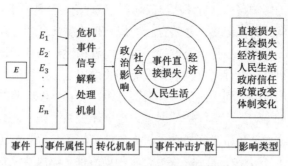

图 10-3 风险感知危机事件影响的理论模型

10.2 重大科技风险感知中的科技风险效应体系

从认识风险到采取行动，风险感知是这一过程中的关键环节。科技风险感知的过程也是如此：个体接收到科技本身及其外部环境发出的信号，并通过自身的判断和认知，将其最终转化为具体行为。科技风险感知的风险效应体系也遵循此逻辑，从科学技术创新的延迟效应，到个体心理的感知效应，最后发展为科技风险事件的放大效应。本节内容将对此过程中较为成熟的风险效应进行阐述，通过研究发现，不同范畴下的风险效应往往相互关联，某个因子被触发后带来的影响也相互关联。

10.2.1 科技自身及其应用的延迟效应

所谓延迟效应，就是指当前所看到的"结果"，并不是当前的"行为"导致的，而更多的是"之前的行为"所导致的，因此不能简单地以当前看到的结果来判断当下的行为是否有效。在科技创新中，这种滞后与延迟体现在以下几个方面：

---

① SLOVIC P. Perception of risk [J]. Science, 1987, 236 (4799)：280-285.

人们对科学知识与科学技术认识的延迟性；科技作用负效应显现的延迟性；科技政策与科技投入的延迟性。政策制定者和受益者往往希望政策能及时、有效地出台，但政策滞后却是公共政策制定与执行过程中的客观规律。① 塞特菲尔德的研究显示，政策滞后永远不能消除。这就造成出台的政策无法及时地发挥最大效能，甚至由于环境快速变化、政策时滞严重等造成政策效果与制定者最初愿望相左。② 科技成果在使用后有直接的后果和间接的后果。对于具有前瞻性的科技研究来说，其直接的不良后果能减低到最小，但是对于间接后果，由于时空的转移、条件的变化、认识的提高、社会的变迁等多种因素复杂作用使得人们对许多不良影响通过延缓效应滞后发作的后果难以预见。这种间接后果或者说这种科技应用的延缓效应为社会带来了潜在的、较难预见的风险。如塑料袋的使用，一开始，的确为人们提供了不少方便，可现在白色垃圾成为人类的一大苦恼。在科技高度发达、实践紧密相连的现代性社会中，各种技术交叠使用、各个学科交叉衍生，即使是处于专家系统中的科学家也不可能获得关于各个学科的完备知识，不可能对科技成果应用时由延缓效应所造成的负向作用有充分的预见。③

10.2.2　个体心理

10.2.2.1　心理台风眼效应

心理学家借"台风眼"现象描述人们对灾难所引起的心理反应进而提出了"心理台风眼效应"（psychological typhoon eye effect）。台风外围空气旋转剧烈，而处于中心的风力流动反而相对微弱。与之类似，与灾难事件的时间距离越近，民众的焦虑情绪水平反而更低；与灾难事件地点距离越近，民众心理也越平静。④ 1973 年，Guedency 与 Mendel 实现了针对风险感知的里程碑式研究。他们针对法国某核电站周边社区的公众态度进行研究，发现居住于核电站近邻区域的民众对核电站的担忧程度远低于其他地区居民。研究团队采用多维度视角，系统考察了包括核反应堆在内的一系列高风险设施，如炼油厂、国际机场、加油站、监狱、区域供热中心及精神病院等特殊地区的公众感知风险。关于核反应堆的风险感知分析显示，居住于距反应堆 1.4 km 范围内的居民，其风险感知显著高于距离分别为 0.5 km 及 10 km 区域的居民。这一发现深刻挑战了传统风险感知理论的直

---

① 钟裕民. 公共政策滞后：概念综述与反思 [J]. 理论导刊，2009（11）：104-106.

② 周冰，靳涛. 制度滞后与变革时机 [J]. 财经科学，2005（03）：38-44.

③ 姚正宽. 科技风险初探 [J]. 延安大学学报（社会科学版），2008（05）：72-75.

④ LINDELL M K，EARLE T C. How close is close enough：public perceptions of the risks of industrial facilities [J]. Risk Analysis，1983，3（4），245-253

观预期。这一发现揭示了风险感知中的"距离悖论"，即中等距离居住者可能因缺乏直接的安全信息或"旁观者效应"而表现出更高的风险敏感度。此外，研究还触及了垃圾填埋场建设前后的公众情绪变迁，揭示了"心理适应"机制的作用：在填埋场建设初期，周边居民普遍表现出强烈的担忧与排斥情绪；然而，随着项目的推进与实施，居民的担忧情绪逐渐缓解，这一转变不仅体现了人类心理的动态调节能力，也暗示了风险沟通与公众教育在缓解风险感知方面的重要性。① 上述发现，进一步巩固了"心理台风眼"理论的科学基础，即风险事件的核心区域（如同台风眼）内，人们的恐惧与担忧反而可能低于外围区域，这一现象深刻反映了风险感知的复杂性与多元性，且高度依赖于具体风险事件的性质与背景。从科技风险管理的宏观视角来看，本书强调了公众参与及广泛讨论在风险认知形成过程中的关键作用。尽管当前公众对于远离其日常生活的科技风险事件保持着较高的普遍感知水平，但提升公众参与的深度与广度，促进基于事实的风险沟通与讨论，依然是降低不必要恐慌、增强社会韧性的必由之路。

有四个主要的理论观点被研究人员用来解释灾难中的"心理台风眼效应"。第一，认知失调理论，他们一方面被"居住的地方不安全"的强烈风险认知所困扰，另一方面，他们却难以改变身处重灾区的客观事实。在这种情境下，居民们往往通过减少风险认知的方式来平衡内心的冲突，即逐渐适应并接受高风险环境，形成了一种类似"心理台风眼"的效应——在风险最为集中的地区，居民的心理反而可能趋于平静，因为他们已经习惯了这种环境，对风险的感知和评判逐渐降低。第二，简单暴露效应（mere exposure effect）。这种理论是指重灾区居民由于长期暴露在高风险环境中，逐渐适应和习惯了高风险环境，从而影响了他们对风险程度的判断。第三，个体知识经验说。重灾区居民具有亲身经历或目睹风险事件的经验，促使他们形成了相对更为客观、全面的风险认知框架。相比之下，轻度或未受影响地区的居民则可能更多地依赖于间接信息，如媒体报道、专家解读等，来构建自己的风险认知。这种信息来源的差异性，往往导致后者在风险认知上存在一定的模糊性和不确定性。即"风险中心缓冲效应"，它可以纠正模糊信息造成的心理恐慌。第四，"涟漪效应"的社会放大框架理论，该理论认为通过媒体或其他非正式渠道传播的风险事件会产生"放大"效应，而受影响最严重地区的人们由于有直接经验，可以自动纠正这种"放大"信息。②

---

① OKEKE C U, ARMOUR A. Post-landfill sitting perceptions of nearby residents: A case study of Halton landfill [J]. Applied Geography, 2000, 20 (2): 137-154.

② 谢晓非，林靖. 心理台风眼效应研究综述 [J]. 中国应急管理，2012，(01): 21-25.

10. 2. 2. 2 邻避效应

邻避效应，是指具有负外部性效应的公共设施产生的效用为大众所共享，而带来的风险和成本却由设施附近居民承受，造成社会生态的不和谐，体现出空间利益分配结构的失衡，导致公众心理上的隔阂，因此极易引发居民抵制，不但极大阻碍了公共设施的建设，而且影响社会稳定秩序的现象。① 20 世纪 70 年代末，欧海尔（O'Hare）首次进行了邻避效应的研究，掀起了对邻避效应影响的研究热潮，20 世纪 80 年代和 90 年代，学者们开始探讨邻避效应的负面外部性，如垃圾处理场和核电站、位置冲突及其治理等相关议题，后期相关研究衍生到从民主政治的角度研究邻避效应现象。② 在 21 世纪，随着社会和政治环境的变化，研究邻避效应的课题也发生了变化。首先，互联网的普及使信息的传播速度更快、范围更广，加剧了邻避效应的影响，学者们更多地结合社会网络、媒体等传播渠道来研究邻避现象；其次，在世界能源短缺的背景下，各国开始支持大力发展核能、风能等清洁能源。随着以上新能源发电技术的进一步引入，由于不熟悉核能、风能等装置的有关原理，公众产生的恐惧心理同样也引发了邻避效应。与此同时，关于提升核电站等邻避设施可接受性的研究已成为焦点，旨在通过增强公众对这些设施的接纳度来有效缓解邻避效应，进而帮助这些技术在能源生产领域中得到进一步应用。

从科技风险感知的角度来看，现有关于邻避效应的研究主要集中在核项目这一主题上。邻避效应中的内部机理与表现出的各种现象与特征具有较强的复杂性。既有与其他生态环境和其他类型的邻避设施的共同点，又有因核电而产生的高度专业化、建设的敏感性、危害的不可控性、风险的放大性等特殊性，这也是科技风险认知的一个特殊方面。避免核电的邻避效应及其可能造成的衍生社会事件，不仅是不同地区、不同行为主体之间的利益博弈，也是当代人与后代人之间的代际公平问题，其中穿插着具体决策程序的科学性、合法性，以及发展与环境权益的权衡等各领域的诸多问题。如何打破回避核电的邻避效应，同时也关系到中国核电发展的整体能源布局。最关键的突破点在于与公众深入、具体、高效的进行沟通，与推动核安全信息传播、创新核电科普宣传方式、积极有效应对核电舆情、

① 朱阳光，杨洁，邹丽萍，等. 邻避效应研究述评与展望 [J]. 现代城市研究，2015（10）：100-107.

② GREENBERG C. Liberal NIMBY：American jews and civil rights [J]. Journal of Urban History，2012，38（3）：452-466.

构建公众参与机制等相应措施息息相关。①

10.2.3 风险与风险感知的扩散与放大

10.2.3.1 风险放大效应

针对以往风险评估技术忽视社会因素权重的局限性，美国学者如 Kasperson、Renn 和 Slovic 将媒体传播理论和组织对风险的反应与感知结合起来，从心理学、社会学和文化等的角度研究风险感知和相关行为，并提出了"风险的社会放大"（social amplification of risk framework，简称 SARF）系统框架，进而对社会风险动态进行更为多元、综合的刻画，并基于此构建风险放大模型。风险的社会放大过程主要涵盖两个阶段：风险信息的传递阶段与社会反应机制阶段。社会反应机制受到公众认知与价值观、社会群体关系、信号价值、污名化及社会信任等多种要素的共同影响。该框架认为风险放大不仅是一种身体伤害的体验，而且是一种个人和社会群体通过在多维信息获取的背景下对风险的创造性解释而集体塑造社会体验并促成风险结果的现象。风险事件在心理上、社会上和文化上相互作用，加强或减弱公众对风险的认识，进一步引发应对风险的行为模式和二次或三次冲击效应。过去 20 年，风险的社会放大框架在公共卫生、工程技术、环境治理、经济投资和网络安全等国际前沿领域被广泛使用，并成为解释和分析现代社会风险认知及其传播途径和影响机制的代表性理论基础。伍麟等通过文献分析发现围绕风险的社会框架（SARF）的"研究趋于微观，解释趋于宏观"，综观现有研究成果，学者们往往倾向于以技术评估与政治、文化建构为基线，将目光投向网络风险事件的信息传递机制和媒介使用，然而有关两阶段尤其是社会反应机制各个内在子机制及其反应途径综合作用的研究在体量和深度方面则存在较大欠缺。②

具体来看，目前针对风险放大与风险感知的研究主要包括以下几个内容：媒体暴露与风险放大、公众价值观与风险放大、社会群体关系与风险放大、信号值与风险放大、污名化与风险放大、污名化与风险放大等。段文杰等基于风险的社会放大框架探究社会工作介入路径，科学有效引导风险感知。③ 该研究使用网络调查问卷来分析风险信息传递和社会反应机制，发现：媒体曝光对新媒体用户的风

---

① 陈润羊，花明．我国核电应对邻避效应的路径选择 [J]．南华大学学报（社会科学版），2018，19（03）：5-11.

② 伍麟，王磊．风险缘何被放大?：国外"风险的社会放大"理论与实证研究新进展 [J]．学术交流，2013（01）：141-146.

③ 段文杰，李亚璇，秦胜杰，等．风险感知的社会放大效应与治理 [J]．社会工作，2020（06）：62-76，110.

险认知有显著的放大作用；价值观、污名和社会信任也对个人的风险认知有显著影响。这表明要建立健全社会工作对重大疫情的网络舆情应急机制，以及基于风险沟通的社会信任和价值导向机制，以提高风险抵御能力和社会工作对重大社会灾害的干预效果。

10.2.3.2　涟漪效应

人们对风险认知存在很多偏差。很显然，有很多因素会影响人们对于风险的感知，因此偏差产生的原因以及风险感知产生怎样的影响等问题，一直是心理学家关注并且热切希望解决的问题，Slovic 提出的涟漪效应可以帮助我们解释公众在公共环境中的风险感知的感知偏差。风险分析的一个典型模式，是研究各种不幸事件对受害者的直接影响。比如：工伤事故、食物污染、能源系统破坏等。然而，这些事故的影响，有时远远超出了事故本身造成的直接损失，而往往包括巨大的非直接的代价（经济和非经济方面）。在某些案例中，一个公司发生事故，所有同行业的公司都受到影响，而绝不仅仅是直接对事故负责的企业。事故非直接的代价可能大大越过直接造成事故的单位，而涉及与它有关的工厂、企业甚至于与原发事故单位仅有很少关系的办事机构。一个不幸事件就像掉进池塘水面一块石头，会制造出一圈圈的涟漪，由中心逐渐向外扩散。从直接受害者，一直延伸到大面积的间接受害者。一些事件仅仅制造很浅很小的涟漪；而另一些事件则会之砸出很深、很大且涉及面很宽的涟漪。就像投进池塘中的石头，不同的性质与特征会造成不同大小的波动。涟漪的波动会由里向外，会逐渐地波及更多相关联的人和事。

一些研究表明，在突发公共卫生事件中身处不同地区的民众的心理状态可能呈现出"涟漪效应"（ripple effect），即越靠近危机事件中心区域，人们对事件的风险认知和负性情绪越高。[1] "涟漪"是风险社会放大框架下描绘风险事件影响的一种形象比喻，投入水中的石头质量越大，形成的水波就越深，波及范围也越广。Burns 和 Slovic 对作为风险事件信号的涟漪中心的石头进行了阐释，认为风险事件本身的危害程度、方式和性质以及公众获取、知觉和解释信息的方式都会影响涟漪的深度与广度。不同学科领域关于风险认知的研究表明，距离灾害地点越近的公众，对事件的风险认知水平越高，也为"涟漪效应"提供了证据。[2] 例如，研

---

[1] KASPERSON R E, RENN O, SLOVIC P, et al. The social amplification of risk: a conceptual framework [J]. Risk Analysis, 1988, 8 (2), 177-187.

[2] BURNS W J, SLOVIC P. Risk perception and behaviors: anticipating and responding to crises [J]. Risk Analysis, 2012, 32 (4), 579-582.

究者选择互联网搜索引擎为数据源，以汶川地震、玉树地震和雅安地震为案例对象对地震发生后公众风险感知的演化特点进行了分析，结果发现突发性灾害事件发生后，受灾害事件直接影响地区民众的风险认知迅速达到高位，之后逐渐向非受灾地区扩散。①

10.3　重大科技风险影响因子分析及具体风险分布

了解重大科技风险影响因子及其风险分布能够为科技风险治理提供理论依据，面对较为复杂与不确定性较强的科技风险，应当从底层结构分析重大科技风险感知的影响因子，进而依据不同情况针对性采取治理措施。

10.3.1　重大科技风险影响因子分析

10.3.1.1　重大科技风险感知影响因子

（1）情绪：人类的感情与情感，以及情感带来的影响被认为是理解风险认知的重要因素。这在一定程度上得到了"恐惧"概念的传统表述的支持，同时也得到了对"启发式影响"的进一步研究的支持，这为研究态度和风险感知之间的关系提供了坚实的基础。有学者提出具有积极态度的人在面对风险时，往往会感知到相对较低的风险水平。态度和风险感知之间有很强的联系，但人们不能用单一的情绪状态，如"恐惧"来定义自己对外部风险的感知。情绪对风险的作用是相当重要和复杂的。心理测量范式中的"恐惧"这个因素只是用来衡量一种情绪反应——恐惧的程度。人们的情绪反应没有单一的标准，不可能对实际的情绪反应做出正确的判断，这就解释了为什么"恐惧"因子具有如此有效的解释力。为了更好地判断情绪，Izard 将人们的情绪分 11 种不同的情绪状态，即兴趣、惊奇、痛苦、厌恶、愉快、愤怒、恐惧、悲伤、害羞、轻蔑和自罪感。复合情绪有三类：第一类为基本情绪的混合，如兴趣-愉快、恐惧-害羞、恐惧-自罪感-痛苦-愤怒等；第二类为基本情绪与内驱力的混合，如痛苦-恐惧-愤怒等；第三类是基本情绪与认知的结合，如多疑-恐惧-自罪感等。如表 10-1 所示。②

---

① 王烁，贾建民. 突发性灾害事件风险感知的动态特征：来自网络搜索的证据［J］. 管理评论，2014，26（05）：169-176.

② IZARD E C . Human emotions［M］. New York：Plenum Press, 1977：285-328.

表 10-1　情绪类型分类

情绪名称	类型
兴趣（interest）	积极
惊奇（amazement／surprise）	积极
痛苦（pain／suffering）	消极
厌恶（disgust／hate）	消极
愉快（pleasure／joy）	积极
愤怒（anger）	消极
恐惧（fear）	消极
悲伤（sadness／grief）	消极
害羞（shyness／embarrassment）	消极
轻蔑（contempt）	消极
自罪感（guilt）	消极

（2）风险目标：当人们估计风险时，其风险估计的大小往往因所选择的风险暴露目标而有很大的不同。此外，不是每个人都能解释为什么他们觉得自己承担的风险比别人少，但他们确实如此。绝大多数人认为他们承担的风险比别人少，这被称为"风险拒绝"或"风险回避"，是风险感知的一个重要特征。风险目标的不同意味着个人的风险感知与公众整体的风险感知有很大的不同。一般来说，个人的风险感知比公众的风险感知要小，因此，政策的制定一般受到公众而不是个人风险感知的影响。① 在科技风险中，常常强调个体知识结构对于科技风险感知的影响，个体的知识水平与信息影响着人们对于风险目标的判断，同时这种判断也影响着人们的风险感知。

（3）文化理论：风险感知的文化理论因子是由 Mary Douglas 和 Aaron Wildavsky 和 Dake 在此基础上完成了定量研究。在这个理论中，特别强调了面对风险的四种不同类型的人的存在：平等主义者、个人主义者、等级主义者和宿命论者。这四类人在选择关注的风险类型上有很大不同：平等主义者关注技术和环境风险；个人主义者关注战争或其他风险对环境的影响；等级主义者关注监管和政策；宿命论者关注与上述不同的东西；文化理论是一个概念框架，其中的变量十分丰富。

---

① 孟博，刘茂，李清水，等．风险感知理论模型及影响因子分析［J］．中国安全科学学报，2010，20（10）：59-66.

目前的研究通常集中在将经验理论转化为对 Dake 等在测试中获得的这四类人的风险认知的定量研究：人口类型和社会问题之间的相关性反映了显著的稳健性，其中需要解决的问题是如何在相对薄弱但仍然系统的级联关系模式中找到联系。这一理论的另一种研究方法是利用一些基本环境价值变量的测量和研究方式来补充人口类型的分类，以获得风险感知的差异。①

（4）信任与风险沟通：Gaskell 等②于 1991 年至 2002 年期间在英国进行的一系列研究中发现，科学知识、文化、对政府和专家的信任、媒体报道和风险认知对公众接受转基因作物和食品有重大影响。早前在中国的研究主要集中在消费者对转基因食品的认知、购买意愿和影响因素上，发现不同地区的公众风险感知存在差异。近年来，探讨风险感知、信任等因素与人们对转基因产品的态度之间关系的研究逐渐增多。如有学者研究发现，城市消费者对转基因食品的风险认知受到教育和性别的正向和显著影响，受到社会知识和信任以及对专家系统的信任等因素的负向和显著影响。③ 尽管传播学学者多将突发公共卫生事件置于危机传播的视域下考察，但从对突发公共卫生事件的风险不确定性、多元主体、风险共担和风险长存等特点的分析来看，风险沟通理念更具理论适用性与实践应用性，未来学者有必要从公众风险感知、公众自我效能、风险沟通效果研究、风险中的虚假信息与错误信息、媒体/社交媒体对风险的放大器作用等方面对突发公共卫生事件进行更深入的传播学研究。④

10.3.1.2　重大科技风险因子分析

从早期的技术风险研究到现在的重大科技风险研究，可见这一议题其复杂性与重要性不断加深。简单划分，重大科技风险的影响因子包括人、技术及环境三大内容，但由于重大科技风险的复杂性与隐蔽性，需要进一步细化研究视角，对于重大科技风险的因子分析，也需要从重大科技自身出发，围绕科技主体与科技使用过程出发进行讨论。

---

① WILDAVSKY A, DAKE K. Theories of risk perception: who fears what and why? [J]. Daedalus, 1990, 119 (4): 41-60.

② GASKELL G, BAUER M W, DURANT J, et al. Worlds apart? the reception of genetically modified foods in Europe and the US [J]. Science, 1999, 285 (5426): 384-387.

③ BREDAHL L, GRUNERT K G, FREWER L J. Consumer attitudes and decision-making with regard to genetically engineered food products-a review of the literature and presentation of models for future research [J]. Journal of Consumer Policy, 1998, 21: 251-277.

④ 苏婧，张镜. 从危机传播到风险沟通：突发公共卫生事件的传播转型 [J]. 新闻与写作，2020 (04): 5-13.

1. 科技自身主导因子分析：重大科技的局限性与技术风险的再生性

科技本身是复杂的，重大科学技术更是如此。现代科技具有紧密结合性，体现在科技结构上就是系统内部的复杂性和隐蔽性，造成技术遮蔽和技术"黑箱"；科技产生、发展和创新的周期性说明了科技的有限性。工业化时代以来的科技理性强调以控制思维治理风险，但这种控制思维在现代性视角下矛盾凸显，加剧了重大科学科技风险的再生，具体体现在科技自身的局限性、科技遮蔽与科技黑箱及科技风险的再生性上。科学技术遮蔽解释了技术"黑箱"的现实存在，技术遮蔽和技术"黑箱"都表明了科学技术隐匿着风险，证明了科学技术风险存在的必然性，即无论是新科学技术，还是现有科学技术都隐藏着科学技术风险，新科学技术的风险在短期开发与使用中未能及时显现，但正因如此说明其隐匿着更大的风险。在现代化的科学技术时代，科学技术风险的表现与影响早已不同于传统过去，复杂的科学技术系统运作使科学技术遮蔽不断加重，也使"黑箱"无形中不断增长，现代人治理现代科学技术风险，迎接着前所未有的挑战。有风险就必须要面对和治理，但在现代科学技术理性思维和模式下却充斥着谬误和悖论。科学技术理性对风险的治理归因是缺乏更好的科学技术，所以他们的努力目标是不断创造更好的科学技术，不断尝试对新科学技术的探索。然而，科学技术化时代的今天也已不同往日，重复性的拿带有风险的新科学技术治理现有的科学技术风险无异于"拿新补丁去补旧日漏洞"的思维模式，这种治理模式不仅不能对科学技术风险进行很好的治理，反而会产生出更多的未知风险，形成现代科学技术风险反复出现、不断再生的局面。①

2. 科技主体主导因子分析：专家与公众的局限性

科学技术风险的产生不论是从客观角度来说，还是从主观角度来看，都离不开作为重大科学技术主体的人的指导因素。技术的发明创造、使用消费和最终服务对象都是人，人是一切的出发点和落脚点，人是一切的根源，这是确定无疑的。所以，在技术哲学研究范围内探究现代技术风险，作为问题产生根源的人，是不能抛却的重要因素，具体体现在人自身的局限性、技术主体的认知错误及技术主体的危机与迷失上。提及重大科技的主体时，主要涉及两个主体即专家/研究者/科学家，及公众。在科技风险产生过程中，专家主体这一因子的影响因素在于，专家自身的认知错误及权威的动摇。在研发过程中，可能出现在专家认知的失控与无能并且不愿意认知的情况。而科技风险导致的问题必须解决，必须面对。会导致严重后果的技术风险是不能逃避的问题，况且，一味地逃避只会加剧风险的扩散和发生，而且不利于灾难后的恢复和重建。同时，互联网技术的不断发展壮

① 芬伯格. 技术批判理论 [M]. 韩连庆，曹观法，译. 北京：北京大学出版社，2005：8.

大掀起了社会发展的第三次浪潮，即信息时代。处在"知识大爆炸"的现代社会里，信息革命突飞猛进，技术产品更新不断迭代，传统掌握绝对话语权的专家系统的权威遭到动摇，处在时代中的公众对专家的信任渐渐发生了危机。同时，企业或公众对一些重大科学技术的滥用与误用，导致科技负效应的进一步显现。有学者提出，科技风险一般总是未来性的，并渗透了很强的"知识依赖性"，这些特性必然导致专家对科技政策制定过程中垄断权威的形成。科学判断对真理形成了垄断，产生了天然的排他性，科学建议的认知权力被赋予了科技专家。科学理性常常压制社会理性，它不仅垄断了科技的发展与应用，也垄断着关于风险的解释与判断标准，这样的断裂也进一步加剧了重大科技风险事件出现的可能性。①

3. 科技应用过程因子分析：文化环境、资本市场与制度体系

进行重大科技风险的影响因子分析，不能仅从科技与人两个静态的维度进行分析，风险的产生是一个动态的过程，不断地显现、交互与耦合，因此仍需要回归到人创造和使用重大科技的过程之中。在这个过程中，文化环境、资本市场、制度体系都显著影响着重大科技风险与风险事件的发生与否。日趋活跃的各类技术发明创造活动，推动着技术世界的持续扩张，也带来了当代技术文化的兴旺发达，同时，新技术成果向社会文化领域的扩散与渗透，促进了文化生活的技术建构与社会的技术化进程进而导致文化市场的"虚假"繁荣。在技术进步的推动下，文化的创生与衰亡共存、进化与退化并行。② 现代技术风险的不确定性加剧了风险的产生，技术文化的急速膨胀又加速了这一过程。技术活动是人类的基本社会活动，现代技术风险在资本主义市场影响下进一步加剧。在技术的资本化进程中，经济功能被提到了首要地位，其他功能受到了削弱和抑制。因此，是否有利于促进生产力发展、创造利润、开拓市场、强化资本的统治地位，就成为资本选择和支持技术研发项目的主要依据。技术的资本化导致技术变得更加复杂，加剧了重大科技风险的出现。此外，现代科技是推动人类发展的强大助推器，但相应社会体系的建立则具有一定的滞后性，基础设施建设和制度的完善需要一个循序渐进、不断磨合的过程。吴国盛把现代科技对社会的现实影响比喻为"马达与刹车"的关系，技术发展代表的马达系统是越来越发达，"刹车系统很弱、很软，导致我们现代社会这列巨大的列车有点刹不住闸"。制度体系的不完备、技术权力的垄断和机构设计的缺陷导致风险治理系统存在严重的漏洞，忽视公共利益，加大重大科

---

① 宋伟，孙壮珍. 科技风险规制的政策优化：多方利益相关者沟通、交流与合作 [J]. 中国科技论坛，2014（03）：42-47.

② 王伯鲁. 技术化时代的文化重塑 [M]. 北京：光明日报出版社，2014：73.

技风险出现的可能性。①

10.3.2　具体风险分布与重点研究领域

斯洛维克早期在风险感知领域的研究主要聚焦于核风险，而同时期其他学者则广泛探讨了传统风险（诸如自然灾害风险、环境污染风险等）的感知问题。在本书中，认为核风险对于普通公众而言一旦发生将不仅局限于风险的范畴内，而应当视作实在的危险。因此，本书主要讨论的"科技风险感知"主要围绕生物技术、信息技术（如无人机与无人驾驶技术、基因编辑技术、区块链技术等）等高科技展开。贝克认为②，随着现代科技的发展、生产效率的提高，财富分配和不平等问题得到了有效的改善，但是人类面临着新出现的技术性风险，如核动力风险、化学产品风险和生态灾难风险等。

（1）核动力风险。在福岛核泄漏之前，我国内陆省份曾进行过一批核电站的建设。一些项目甚至已经通过了预案阶段并开始建设，但在福岛核泄漏事件后，国内政府对建设核电站变得谨慎起来，并开始对现有核电站进行大检查，提高准入门槛，暂停审批新的核项目。

（2）化学产品风险和生态灾难风险。化学污染事件也是公众关注较多的重大科技风险，如一些地下水污染和重金属超标事件促使各国政府出台了一系列关于化学品的法规。

此外，3D 打印技术、区块链与物联网技术、无人机与无人驾驶技术的出现与应用也引起了学者们的注意与重视。刘步青等针对 3D 打印技术的内在风险与政策法律规范进行了翔实的讨论，学者们指出，目前 3D 打印技术在工业设计、医疗和定制设计等领域得到了广泛的应用，并且具有广阔的前景。然而，3D 打印技术本身也存在一些固有的风险——知识产权、危险品和人类伦理等诸多问题。国家和社会在鼓励和资助 3D 打印技术发展的同时，也应及时审慎地制定或修改相应的政策和法律规定，将 3D 打印技术限制在不威胁人类社会生存和发展的合理范围内，使其更好地造福全人类。③

10.3.3　网络型及群体性标准在应对重大科技风险时的边界

在风险社会背景下，国家治理体系和国家治理能力现代化将对公共危机治理

---

① 王振飞．现代技术风险的产生及其规避［D］哈尔滨：．哈尔滨师范大学，2019.

② BECK U. Risk society：Towards a new modernity［M］. London：Sage Publications，1992：91-103.

③ 刘步青．3D 打印技术的内在风险与政策法律规范［J］．科学经济社会，2013，31（02）：130-132，137.

这一课题提出了新的要求。针对重大科技风险治理，学者们也不断强调打破专家/科学家等专业人士对科技知识、科技政策的垄断，提高在此过程中的公众参与，这种参与往往与网络型与群体性相关。但同时，过分的群体参与（非专业人士）不仅无法为科技风险治理提供有效参考，反而可能导致科技成果转化效率的降低，引发科技以外的衍生风险。因此，明确相关的标准与原则至关重要。本节内容将从"标准/原则—现状—边界"这一逻辑对应对重大科技风险时的边界进行分析。

10.3.3.1 网络型及群体性标准

在一个多元开放的社会中，新兴技术所引发的伦理问题和社会风险显然不能由单一的宗教或价值权威来全面解决，它不再局限于道德讨论和限制的领域，而是进入了国家和社会监管的领域，进入了"社会监督""制度"和"法律"的范畴。然而，旧的制度结构并没有为讨论提供一个合理的场合，这显然是不够的，因此，在多方利益并存的情况下，道德争议还是很容易就会出现的。因此，越来越多的人要求建立新的机构和论坛来进行自由思考和讨论，并建立控制和监管的中间程序，使各种不同的社会意见和利益群体能够拥有表达渠道，进行有效沟通，比较异同，培养共识，消除恐慌，实施监督，进而促进决策合理化。[①]

1. 网络型及群体性原则

（1）公众参与性原则。这是重大科技风险民主治理模式的前提性标准。虽然公众参与的方式不同，但所有形式的民主治理模式都坚持公众参与的原则。公众参与治理不是因为他们有特殊的专业知识，而是因为他们也影响着风险治理的决策。他们在专家知识的帮助下，在知情的基础上，来评估风险治理中所涉及的冲突的利益和价值，并在争论中寻求达成一致的见解和决定。这种决策前的公众参与咨询过程至少有以下目的。鼓励成员为集体利益证明自己的需求或主张；减少和克服约束理性；提高参与成员的道德和智力素质；提高公众"集体协商"的合法性与规范性。[②]

（2）协商性原则。这是民主治理科技风险模式的一个关键标准。科技风险的治理应遵循协商性原则的要求，特别是体现在以下三个方面：协商的自由性，协商是自由的，即参与者对各种建议的思考不受先入为主的规范和权威的抑制；协商的理性特征，即协商和决策是基于理性而非权力；协商的平等性，即所有参与

---

① 诺埃勒·勒努瓦. 生物伦理学：宪制与人权 [J]. 阿劳，译，1997，(1)：97-111.

② FEARON, J D Deliberation as discussion. In Elster J （Ed.），Deliberative Democracy (Cambridge Studies in the Theory of Democracy) [M]. Cambridge：Cambridge University Press，2012：44-68.

方在实质和形式上都是平等的，任何有能力协商的人在协商过程的每个阶段都有平等地位。①

（3）共识性原则。这是科技风险民主治理模式的标准和内在原则。科技风险的治理应遵循共识原则的要求，即通过决策前的公众参与和咨询，公众与专家之间、不同观点和价值立场之间相互有效沟通和辩论，沟通和辩论的目的不是竞争性地选择多数人支持的偏好，而是提出自己的偏好并充分考虑他人的偏好，从而使各自的偏好能够在多元理性的基础上调和好，达成共识。

2. 存在的问题

政策制定过程应该是政府和社会之间的互动过程，是政府对社会的要求和愿望做出反应、解决社会公共问题的过程。为了真正回应社会的要求，政策的制定需要所有利益相关者的参与，并为他们的利益表达提供正常的渠道。但是，在科技风险监管政策的制定过程中，由于受到现实诸多因素的制约，我们长期以来依赖于"经营决策"和"专家智囊团辅助决策"，科技风险与治理的相关话语表达呈现出严重的不平衡性，无法代表社会的真实需求。这导致在政策制定中严重缺乏民意，导致公众和政府专家之间处于紧张、疏远和不信任的状态，在科技政策的调控中未能最大限度地发挥张力。因此，科技风险的产生不仅是由于科技的发展，而且在某种程度上也是决策过程中各利益相关者之间缺乏沟通和紧张的结果。具体表现在此过程中专家的话语权过强和公众的集体失语上。

科学技术风险一般总是未来性的，渗透着强烈的"知识依赖"，这些特点不可避免地导致了专家权威对科技决策的垄断性的形成。科学判断造成了对真理的垄断，形成了天然的排他性，科学建议的认知能力被赋予了科学专家，他们通过使用各种知识参与决策，忽视了其他相关群体的权益。科学理性往往压制了社会理性，它不仅垄断了科学技术的发展和应用，也垄断了对风险的解释和判断标准。其次，公众处于重大科技风险的边界之外，甚至没有参与到这些边界的外围。社会科学家常常进行假设，一群有共同利益的人将采取集体行动来实现这一共同利益。但公共选择理论的创始人奥尔森教授发现，这种假设并不能很好地解释或预测集体行动的结果，许多符合集体利益的集体行动并没有发生。②

10.3.3.2 公众参与重大科技风险的边界

边界指地区和地区之间的界线，多指国界，有时也指省界、县界。最早将边

---

① 陈家刚. 协商民主引论 [J]. 马克思主义与现实，2004，(3)：26-34

② 宋伟，孙壮珍. 科技风险规制的政策优化：多方利益相关者沟通、交流与合作 [J]. 中国科技论坛，2014 (03)：42-47.

界这一概念引入管理领域的是学者列温（Lewin），他在 *Field theory in social science* 一书中提到①，工作和非工作之间存在边界，两者是两个完全不同的领域，人们在这两个领域中有着不同的行为模式。瑞典社会人类学家乌尔夫·汉内兹（Ulf Hannerz）指出，在实际的社会生活中，边界的概念可用来解释政治和地理当中的现实的空间分界线，在大多数情况下还被用作区分不同文化和人类活动的差异。② 边界一词，在社会科学领域多被运用于公共事件的参与领域，在描述的过程中多被分为参与主体的边界、参与权力的边界和参与方式的边界。在重大科技风险治理过程中，不同环节内都需要除科学专家外的其他主体参与，一方面可以加强对科研过程与科研人员的监督，另一方面也可以增加科技转化与应用的效率，提高相关技术的合法性。然而，受公众个人知识水平结构、科研过程的复杂性等各种因素的影响，过多或较少的公众参与也会增加科技风险的出现，造成衍生事件的发生。因此，需要明确公众参与重大科技风险的原则，进而明确不同阶段各主体的责任，明确群体性与网络型参与的标准，提高重大科技的应用与转化效率。在欧洲，公众参与科学议程已经发展到一定程度，"open science（开放科学）"等理念为公民参与科学议程设置提供了理论依据，并且发展出了一些较为成熟的理论。为明确我国科学议程中公众与群体参与的边界，结合国外学者们的相关研究，本书主要从公民科学与第三方组织化参与重大科技风险进而明晰公众参与重大风险感知的相关边界，提高群体性与网络型标准的执行效率，有效维护重大科技风险中的各方利益。

1. 公民科学

要真正解决公众参与重大科技风险边界不明确、合法性不足的问题，需要改变公众"集体行动"不足的问题，培养公民科学的公共精神，尽量扩大公众与专家之间的互动，建立一些由民间智库组成的非政府组织和志愿组织，真正让公众参与制定科技管理政策。中国长期的和平与稳定，使人们对风险和危机的认识不足，应对突发危机事件的准备不足。四十多年的改革开放使中国社会发生了迅速而巨大的变化，导致了对未来的巨大不确定性，而我们似乎对这其中所隐含的社会危机没有足够的警惕。高风险社会的客观存在与人们对风险和危机意识的漠视之间的这种巨大反差，是导致人们在面对突发事件时心理紧张和大规模恐慌的根

---

① WEINERB. Kurt Lewin's field theory. in: human motivation [M]. NewYork: Springer, 1985, 141-178.

② 乌尔夫·汉内兹. 边界 [J]. 肖孝毛, 译. 国际社会科学杂志（中文版），1998：97-109, 5.

本原因之一，从而降低了个人和整个社会的认知和行为应对能力。从社会管理的角度看，政府不仅要通过经济和技术手段提高应对风险和危机的能力，而且要通过加强对各级政府干部和公务员、各种组织和公众的风险教育，提高全社会的风险意识，以便从政治、社会、文化和心理角度提高民众防范风险和应对危机的能力，从而使人们能够保持健康的心态，客观理性地应对所面临的困难，以确保社会的可持续发展。

2. 专业化、规范化的第三方组织：边界组织

在这里，需要明确第三方组织参与重大科技风险的边界。在国外常有专业化、规范化的第三方组织干预到重大科技风险议程中，包括一些边界组织与社会组织。新兴科技中的伦理问题或科技风险的不确定性，以及风险与科技、国家和社会安全的关联性，使得科学界的单一机构难以完成治理任务，而政治力量也较为积极地参与其中，企业等社会力量也根据发展需要参与到科技风险的治理体系内。多方力量的参与促成了新的治理机制的形成，更有效地促进了新兴科技的伦理治理。治理机制的一个重要特点是"边界组织"的形成和运作。边界组织的重要作用是在伦理研究、敏感领域的发展建议、法律参与、伦理审查、技术评估、科学交流和公众参与等层面促进伦理治理的形成和实施。在丹麦的表现则为"共识会议"，美国生物技术发展过程中也形成了相应监管的"边界组织"。① 目前，我国的确还缺乏承担这一作用的角色，须建设一个能够将不同类型的利益相关者整合在一起，共同协商治理的平台，也即边界组织，以未来在科技风险治理中承担重要角色。

各种伦理委员会的建立可以被看作这方面的一个领先现象。它们为公众辩论以及决策建议提供了一个合法的场合。这类委员会的职能各不相同，有些委员会最初成立于 20 世纪 60 年代，负责选择在学术期刊上发表的论文，目的是确保公开研究的学术质量；随后，在医学领域成立了各种伦理委员会，应医生的要求处理病人护理问题，通常涉及敏感问题，或者监督人体医学试验计划，必要时跟踪试验过程。自 1974 年以来，美国国家生物伦理委员会和 1983 年成立的法国国家生命与健康科学伦理咨询委员会都是由政府资助的独立机构，法国国家委员会主要由高级专家组成，而美国国家生物伦理委员会则由各学科和私人组织的专家，以及社区代表、病人代表和特殊利益集团组成。他们将"专家知识"与道德原则、社会文化、社区利益和政治权力联系起来。美国的国家生物伦理委员会是一个处理政策和科技价值问题的公共论坛和政治咨询委员会，与之不同的是，法国国家委

---

① 黄小茹，饶远. 从边界组织视角看新兴科技的治理机制：以合成生物学领域为例 [J]. 自然辩证法通讯，2019，41（05）：89-95.

员会遵循多学科、多文化和多元化的模式，履行立法、咨询和仲裁职能，其使命超越了政治、哲学或宗教争议，使其能够做出独立的判断。① 虽然功能有所不同，但是它们均体现了非常明显的边界组织的性质。

为此，我们需要一个成体系的国家边界组织，一是根据领域发展和监督工作需要下设分属机构。二是委员会的成员组成体现"跨界"特征，包括科学家、法学家、伦理学家、政策研究者、管理者、企业代表、社会组织代表等。三是委员会的任务包括了甄别和审查可能出现的伦理、法律和社会问题，保障相关领域的研究与应用合乎社会伦理规范，促进立法和政策制定与实施等。

---

① 诺埃勒·勒努瓦. 生物伦理学：宪制与人权 [J]. 阿劳，译，1997，(1)：97-111.

第 11 章　科技风险治理体系及路径

11.1　科技风险的治理困境

创新时代的科技给人类带来了巨大的财富与便捷的生活。通过科技，人类改造自然与控制自然的能力不断加强。而与此同时，科技创新活动也带来了许多风险。既然存在科技风险，就需要治理风险，而治理风险的第一步就是识别风险，这同样也是最重要且最困难的一步。

科技风险具有潜在性与不确定性，因而，科技风险的识别并非一件轻而易举的事。此外，由于科技风险具有建构性与滞后性，因而不同主体对风险的识别也会不同。在此以新兴的纳米科技研发为例，分析纳米科技风险的识别困境。纳米科技是一项新兴的科技，已成为全球研发的热点。人们期望纳米科技能带来更便宜、更清洁的物质，以及提供更有效的疾病治疗方法等福祉与便利。但是，纳米科技研发、生产、应用过程可能带来各种潜在风险。由于多元利益主体，如政府、企业、科技工作者、公众等对纳米科技发展的价值敏感性不尽相同，因而对纳米科技风险识别的目标、识别模式，以及风险归因等都会存在着差异，甚至引起冲突。[①]

11.1.1　风险识别目标的差异

科技发展使人类面临着一些共同的风险。但不同主体在识别同一种科技风险时会基于不同的价值与风险偏好。这是因为每一个利益团体都试图通过风险感知与风险界定来保护自己，并通过这种方式去规避可能影响到它们利益的风险。

以上文中出现的纳米科技举例，其中，政府的风险识别目标一般为规避科技政策失败的风险。政府对纳米科技风险的识别，其目的是强化纳米科技的国际竞争实力，推崇科技的工具理性。纳米科技被认为是主导下一场工业革命的核心技

---

① 方华基. 创新时代的科技风险治理 [D]. 杭州：浙江大学，2012.

术，并逐渐成为政治、经济、文化等领域新的竞技场。为此，政府将纳米科技研发作为全球科技竞争的重要内容，并极力避免由于推行纳米科技而对国家、社会、公众产生的负面影响。

企业的风险识别目标则是规避投资风险。企业对纳米科技风险识别的主要目的是规避投资经营风险，以减少或规避资金、人力、物力投入的风险，并确保盈利。虽然纳米可以已经成功应用于监测早期癌症、信息技术、通信技术等领域，并一跃成为企业追求财富的新领域，但是，纳米技术的研发以及市场竞争等都具有不确定性。因此，企业需要识别与规避纳米科技活动的投机性风险。科技工作者的风险识别目标为防范失去科技优先权的风险。优先权不仅要求科技工作者最先公开发表他们的成果，而且还需要最先申请并获得专利。这些优先权或专利的获得是对科技工作者的认可与奖励，甚至还会给科技工作者和所在机构带来直接的精神与物质利益，如学历、职称、学术地位、经济效益，以及一些基金项目的完成等等，因而，这些期望都会成为纳米科技工作者追求优先权的动力。

公众与非政府组织的风险识别目标为追求科技发展的"零风险"。公众，特别是对纳米科技研发持不同观点的公众，识别纳米技术风险的目的主要是考虑谨慎应用纳米科技的必要性。他们更关注新科技生产与应用所产生健康、环境与安全等风险。而且，在当今日新月异的科技时代，以科技为主的人造风险的危害远胜过了自然风险。反思科技发展，公众对纳米科技有更多的时间与耐心来思考风险问题。因此，公众以及一些非政府组织对识别纳米科技风险的期望是"零风险"，或者至少是将风险降到可忍耐或可接受的层次。

11.1.2　风险识别模式的差异

科技创新风险是一种可能的、未然的，并具有获益与损失的不确定性的事件，因而，科技风险具有客观性与主观性的双重矛盾。由于不同利益主体对纳米科技的认知不同，以及所处的社会合作网络地位不同，所以风险识别模式也就不尽相同。

其中，政府的科技风险识别模式为"政府-专家"。政府对纳米科技风险识别会借助较多的人力与物力资源，需要通过组织各类科技专家进行风险的识别。企业的科技风险识别模式为"风险-收益比"。

企业对纳米科技风险识别的主要方法是通过科技投入与产品盈利的"风险-收益比"模式。但由于对纳米科技认知的空缺与模糊性，因而产品本身可能隐藏着技术不完善而存在潜在的风险，这些风险成本的外溢会使消费者缺乏安全感，因此，在"风险-收益比"模式中，潜在风险在时间与空间上的认知具有片面性。

科技工作者的科技风险识别模式是"实验-演绎"。在传统科技风险中,有的风险可以通过刺激人类的鼻子和眼睛等感觉器官就可以被感受到。但在今天,许多风险一般是不被感知的,科技研发者对这类风险的识别方法主要就是通过"实验-演绎"的"感受器",即通过实验、理论和测量等工具最后形成可见和可解释的风险。

公众与非政府组织的科技风险识别模式是"类比-假设"。虽然公众对新型的纳米科技或其他科技并不熟知,但随着第一次、第二次技术革命"副作用"的不断显现,许多潜在的风险已经变成了现实的危害,因而当政府、科技界、企业对纳米科技宣扬其功能越强大时,公众对此就越担忧。正如索尔维所指出"公众认为灾害与各类风险特征有紧密关系,于是,在采用或忽略有用的风险信息时,他们很明显将自己的感情因素加入进去了",而这种情感因素正是类比与假设的基础。① 所以,科技的社会心理与文化建构的情感因素常常会影响公众和非政府组织对新科技发展的态度与行动。

11.1.3　风险识别归因的差异

任何科技活动都负载着各种相关主体对科技的价值趋向,不同利益主体都会将科技风险归因于实现这些价值负荷的影响因素,如外在环境因素、内在自我因素,以及科技本体论等因素。

政府一般将科技风险归因为科技竞争全球化。现代科技成为全球政治活动的一部分和强有力的竞争工具。政府对科技风险的识别归因于"如果我们没有最先发展科技,那么我们将会面临着怎样的风险"。因为假设一旦成为现实,他们就会失去相关的全球科技甚至是政治竞争的实力与话语权。所以,政府更多关注假设的前提,而不希望有假设的结果,即失去国际竞争实力。为避免竞争失利,政府就会通过优先发展科技政策,以及通过基金资助等方式促进科研院所和高校等进行基础研究、应用研究,同时鼓励企业进行技术开发、技术转移等方式取得科技话语权。

企业将科技风险归因为科技创新风险。科技领域的研发对企业来说既是机遇,也是风险。从企业角度看,技术创新风险至少包括技术风险、市场风险、财务风险、政策风险、生产风险和管理风险等。科技工作者将科技风险归因为研发条件的局限性。科技工作者一方面认为科技风险是客观存在的,但是,他们认为这种风险是由于人类认知能力的有限性与阶段性,是现在相对于将来的认知而言的。

---

① SLOVIC P. Perception of Risk [J] Science, 1987, 236 (4799): 280-285.

而且，这种风险最终是可控制、可预测的。所以，他们将科技风险主要归因于影响科研的人力、时间、资金、实验设备等条件的局限性因素。

公众与非政府组织将科技风险归因为科技"原罪论"。"祸兮福所倚，福兮祸所伏"，对发展一种科技持有不同观点的公众与非政府组织将风险归因于"如果有了这种科技，那么就可能对人类以及自然生态将会产生各种风险"，而且科技的功能越是强大，人类受到的技术化影响就越大。因此，这些公众认为科技具有"原罪"，而且是各种风险的始作俑者。

11.2 科技风险的责任主体识别与责任划分

科技风险之所以会对人们生活造成如此深入且广泛的影响，除了因为科技领域的高度专业化导致难以厘清责任归属以外，也和风险并非在不同层次的治理主体间平均分配有关。① 在科技风险形成后，为正确应对科技风险，将其负面影响降低至最小，需要在精准识别责任主体的基础上，明晰科技重大风险的责任机制，明确分配各主体应承担的责任，提升科技风险治理的科学性与有效性。

科技重大风险责任主体指对风险负有治理责任的个人、团体、组织等。进入"大科学"时代后，随着科学技术与社会各领域高度融合，科技行为不再仅仅与专业领域内的科学工作者有关，科技风险的影响范围也已扩张到社会的不同领域。② 因此，风险治理责任主体类型也逐步增加，具体包括政府及政府间国际组织、营利性社会组织、非营利性社会组织、科技工作者以及社会公众。

明确风险责任是风险治理的核心，如何使每一个行为主体都能为其做出的决策和发生的行为所可能产生的风险承担相应的义务和不利后果，这是风险治理责任机制建立的目的。③ 有关风险责任，应根据具体情况，由涉及应用研究活动的各方当事人合理分担。

本书认为，可从以下两个方面探索科技重大风险责任的分配问题。一方面，可根据科技项目的性质和作用来确定风险责任的分配。科技项目可被分为两大类：

---

① 刁宏宇. 论科技风险与政府治理 [J]. 佛山科学技术学院学报（社会科学版），2018，36 (06)：36-42.

② 龙耘，王雪倩. 高校落实科技伦理治理主体责任的路径探索 [J]. 中国高等教育，2023，(01)：46-49.

③ 詹承豫. 转型期中国的风险特征及其有效治理：以环境风险治理为例 [J]. 马克思主义与现实，2014（06）：56-63.

一类是针对领域内最前沿科学理论的研究，具有开拓性，能够推动新的技术群和新兴产业的诞生和发展。鉴于这类项目的高投入与高风险的特征，应由国家牵头制订研究计划和开展项目，并提供财政和政策支持。在这种情况下，科研工作者只需履行研发义务，风险责任由国家承担，以鼓励专家学者勇于对这类开拓性的科技项目开展研究。另一类科技项目则是对某个领域已有的技术升级或在经济利益的创造上有重要意义。这类科技项目相对于前一类而言，因不具备技术上的开拓性，风险系数更低，目的性更明确。因此，这类科技项目主要由企业自身或受委托的研究开发机构开展，所产生的科技风险也主要由企业或受委托人合理分担。但是，国家同样需要对这类科技项目的立项及开展进行监管与引导，社会公众需要利用舆论进行监督，避免因过分追求经济利益而出现科技成果滥用或误用等问题的出现。

另一方面，可依据合同的约定或其他形式确定的权利义务关系，确定风险责任的承担方式。除了各类科技研发主体自主独立进行的科技项目以外，还存在基于委托或合作研究开发合同，以及执行国家或政府部门的研发计划等情况。针对此类履行合同或执行研发任务所产生的科技重大风险，应依据合同约定或计划任务书约定的责任分配方式进行责任分担。若合同或计划任务书中无明确规定，应按当事人之间的权利义务关系完成责任分配，例如享有更多科技成果所带来的经济利益的一方应承担更多的风险责任。[①]

11.3　科技风险治理体系及路径

习近平总书记指出，科技领域安全是国家安全的重要组成部分。[②] 随着科技产业变革速度的不断加快，新技术伴随着新风险也悄然而至。围绕科技创新的国际竞争愈演愈烈，科技领域风险对国家发展和社会稳定的影响也逐渐增大，因此我们要时刻保持高度警惕，采取有效措施应对和化解。下文将从政府、社会及可持续发展三个角度来阐述当代科技重大风险治理体系的具体实现路径。

11.3.1　政府层面的路径方法

科技伦理是防治科技风险、减少科技负效应的关键，规避科技风险就必须重

---

① 郭庆存. 科技风险的产生及其责任的承担［J］. 研究与发展管理，1997（03）：42-45.

② 人民网. 高度警惕并有效防范化解科技领域重大风险［EB/OL］.（2019-03-15）［2024-04-02］. http：//theory. people. com. cn/nl/2019/0315/c40531-30977928. html.

视科技伦理建设。① 我国正积极采取各项措施来加快建设科技伦理治理体系，现阶段已取得了多项突破性进展：在总体指导方面，2019 年我国成立了国家科技伦理委员会，对我国科技伦理治理发挥统筹规范和指导协调作用；在系统部署方面，2022 年我国发布实施《关于加强科技伦理治理的意见》，这是我国首个国家层面的科技伦理治理指导性文件，对科技伦理治理做出了顶层设计和系统部署，构建了我国科技伦理的基本模式；在立法方面，近来有关科技伦理治理的多项法律正式施行，如 2021 年 1 月施行的《中华人民共和国民法典》中，新增科技伦理条款，规范了新药、医疗器械的研制，新的预防和治疗方法的发展，以及涉及人体基因、人体胚胎等相关的医学和科研活动。在国际合作方面，在中国-欧盟科技创新合作路线图中，拟定了科技伦理领域未来合作计划框架。

未来，政府应坚持把科技伦理治理体系作为中国特色国家创新体系建设的重要组成部分，强化底线思维和风险意识，坚持促进科技创新、科技伦理与科技安全相统一。政府管理部门要协调好高校、科研机构、企业等科研伦理管理主体责任，在多领域推进科技伦理治理体制建设，不断提高科技伦理审查和监管水平。

在科技风险治理上，政府同样要明确底线思维，提高社会公众对新兴科技风险的重视度，并以此确立"科技创新、风控先行"的原则，要强调知识更新与知识创新同等重要、科技治理与科技创新同等重要。② 只有真正认识到科技重大风险治理的严峻性与紧迫性，才能切实推动各项治理措施的展开。除了继续制定和完善相关法律法规来规范科技发展，明确科技研发和使用标准规范外，政府还应制定科技发展和应对科技风险的宏观战略，充分发挥市场和政府两个方面的作用，形成重大科技进步与产业技术创新协同推进的有效机制；二是积极推广有利于应对科技风险的新型科技的研发和成果的现实转化，提高科技创新和产品应用率，加快新兴科技风险的有效防控，及时规避新型科技成果的滥用和误用风险；三是要加快建设科技安全预警监测体系，加强对人工智能、基因编辑、自动驾驶、医疗诊断、无人机等领域的持续关注与预警，对新技术、新产业的发展及时形成广泛参与的动态治理结构；四是要加强对国民经济和社会发展需求的研判，加强科技研发项目立项和组织方式的改革，使科技研发更加贴近经济和社会发展需求；五是加强系统应对，全面统筹国内国际两个大局，深入参与全球科技创新治理，

---

① 赵志强. 科技风险与科技伦理 [J]. 天中学刊, 2016, 31（05）: 45-47.

② 刘益东. 科技重大风险与人类安全危机：前所未有的双重挑战及其治理对策 [J]. 工程研究：跨学科视野中的工程, 2020, 12（04）: 321-336.

加强部门之间的协同，有效防范科技风险和其他各类风险联动。①

11.3.2　社会层面的实现路径

首先，要在社会深入开展科技伦理的教育和宣传，这是提高社会公众科技意识及科技素养的第一步。一方面，考虑将科技伦理教育作为相关专业本科生、研究生教育的重要内容，引导学生树立正确的科技伦理意识，遵守科技伦理要求，要完善科技伦理人才培养机制，加快培养高素质、专业化的科技伦理人才队伍；另一方面，开展面向全社会的科技伦理宣传，引导公众理性对待科技伦理问题。对存在公众认知差异、可能带来科技伦理挑战的科技活动，相关单位及科技人员等应加强科学普及，引导公众科学对待。新闻媒体应自觉提高科技伦理素养，科学、客观、准确地报道科技伦理问题，同时要避免把科技伦理问题泛化。鼓励各类学会、协会、研究会等搭建科技伦理宣传交流平台，传播科技伦理知识。

其次，整个社会要逐步形成以风险意识为核心的风险文化，这意味着每个人都应该具备一定的风险意识，了解新型科技发展带来的风险和危害，并了解采取哪些措施来规避或减轻风险。这需要政府、企业、学术机构和公众共同努力，并通过宣传教育、科普活动等方式，提高公众的科技风险意识和科学素养。在这样的风险文化下，治理科技风险、降低科技风险危害将成为全体成员个人的自觉行为。政府、企业和学术机构应该加强风险管理和应对能力，建立科技风险管理体系，采取有效的措施来预防和应对科技风险。此外，尊重科学和崇尚科学也是建立风险文化的重要方面。全社会应该把尊重科学和崇尚科学当作共同遵循的精神准则和价值观念，并体现在日常生活内容中。例如，鼓励人们学习科学知识，支持科学研究和创新，遵守科学规范和伦理要求，以及关注和支持科学教育等。这需要全社会共同努力，通过各种途径和手段，将风险意识、科学素养、风险管理和应对能力等方面的内容渗透到日常生活中，使之成为全体成员的自觉行为和生活方式。这样，才能有效地治理科技风险，降低科技风险危害。

11.3.3　协调实现治理体系与可持续发展

11.3.3.1　建立当代科技重大风险治理体系的必要性

随着科技的迅猛发展，科技领域与经济社会的结合愈发紧密，对社会发展的影响也日益加大，为了能够将科技创新的作用充分发挥出来，支撑我国国家总体发展目标的实现，我们必须要首先认识到建设当代科技重大风险治理体系的必要

---

① 陈宝明. 高度警惕并有效防范化解科技领域重大风险 [J]. 中国党政干部论坛, 2019 (03)：30-33.

性和重要意义。

在保障国家安全方面，当代科技重大风险治理体系可以帮助政府提前识别和评估潜在风险，并采取相应的防范和控制措施，及时规避可能对国家安全和利益造成的重大威胁，从而有效保障国家的安全。在促进创新发展方面，当代科技重大风险治理体系可以帮助企业和研究机构在创新过程中更有效地识别和管理风险，提供更加稳定和可持续的创新环境，促进科技创新发展。在维护社会稳定方面，科技重大风险可能会对社会秩序和稳定产生不利影响。建设科技重大风险治理体系可以及时应对风险事件，减少不良影响的扩散，保持社会的稳定和正常运行。在保护公众利益方面，建设科技重大风险治理体系可以通过建立健全的监管机制和风险防控措施，保护公众的利益，确保科技的发展符合社会的期望和要求，避免对公众健康、财产和权益造成损害。在提升国际竞争力方面，科技重大风险治理体系是推动全球科技治理体系建设的重要贡献，它的健全和有效实施不仅能够不断提高我国在国际领域的专业度和权威性，帮助我国吸引国内外科技创新资源和优秀人才，推动科技产业的发展，还能推动全球科技治理体系建设，提升我国在全球科技创新中的地位。

11.3.3.2 治理体系与可持续发展之间的协调关系

在科技力量飞速壮大的今天，科技发展的最高目标已经不是做出多少重大发现，而是创建可持续发展的创新科技发展模式，确保人类安全和科技健康快速发展，继续造福社会。① 要通过把握好治理体系与可持续发展之间的协调关系，来进一步深化我们对可持续的创新科技发展模式的理解，助力实现中国可持续发展的长远目标。

（1）保障可持续发展目标：科技重大风险治理体系的建设可以帮助确保可持续发展目标的实现。可持续发展的核心是平衡经济发展、社会进步和环境保护三个方面的需求。科技重大风险治理可以减少环境和社会风险对经济发展的不利影响，保护生态环境、促进社会公正，从而推动可持续发展的实现。

（2）促进科技创新与绿色技术发展：科技重大风险治理体系可以促进科技创新和绿色技术的发展，为可持续发展提供支持。科技创新是实现可持续发展的关键驱动力之一。通过治理科技重大风险，可以提供稳定和可持续的创新环境，鼓励企业和研究机构在绿色技术、清洁能源等领域进行创新，推动经济向绿色低碳方向转型。

（3）保护资源与生态环境：科技重大风险治理体系有助于保护资源和生态环

---

① 刘益东. 科技重大风险治理：重要性与可行性［J］. 国家治理，2020（03）：40-43.

境，维护可持续发展所需的自然基础。科技活动可能会对生态环境造成负面影响，如污染、能源浪费等。通过治理科技重大风险，可以控制和减少这些负面影响，保护生态系统的稳定性，保障可持续发展所依赖的资源供应。

（4）社会公众参与共享：科技重大风险治理体系的建设应该注重社会公众的参与和共享。可持续发展的核心理念之一是促进社会公正和公众利益的实现。治理科技重大风险需要建立信息透明、公开参与和公正决策机制，让公众有机会参与风险评估和决策过程，确保治理措施符合公众期望，实现科技发展与社会共享的目标。

11.3.3.3　实现可持续发展的深层建议

2023 年 1 月，我国发布《新时代的中国绿色发展》白皮书，提出坚定不移走绿色发展之路，坚持系统观念统筹推进，逐步完善绿色发展体制机制等中国绿色发展理念。① 党的十九大报告明确指出，我们要建设的现代化是人与自然和谐共生的现代化，既要创造更多物质财富和精神财富以满足人民日益增长的美好生活需要，也要提供更多优质生态产品以满足人民日益增长的优美生态环境需要。② 在绿色发展战略的指引下，建设当代科技重大风险治理体系就需要以此为前提，在政府的引导下逐步走向可持续发展。

首先，政府要紧抓科技管理，加大科技发展支持力度。不断完善科技发展政策，通过提高科技保障和投入，加大对科技研发的扶持力度，提高科技自主能力，减少对外依赖，降低科技重大风险的发生概率，并推动可持续发展的技术进步，来促进科技创新与研发。

其次，强化科技法治建设，提供法律法规的全面保障。科技进步的实现依赖于科技法规的完善建设，科技立法囊括了高科技发展、知识产权保护、信息科技与科技创新等多个方面的法律制定，目前我国已经取得了许多成果，但在可持续的科技发展方向仍然有所欠缺。未来需要建立健全的法律法规和政策框架，明确科技重大风险治理的责任与义务，并为可持续发展提供政策支持和激励措施。

再次，不断完善市场导向机制。新的科技和产业革命正在酝酿，不论新的科学理论还是生产工具都在不断积累之中。科技治理对产业发展具有重要作用，市场作为引领创新要素流动的核心力量，就会产生更大的影响。企业作为创新要素

---

① 　新华社. 新时代的中国绿色发展 ［EB/OL］. (2023-01-09) ［2024-5-10］. https：//www. gov. cn/xinwen/2023-01/19/content_ 5737923. htm.

② 　习近平. 决胜全面建成小康社会 夺取新时代中国特色社会主义伟大胜利——在中国共产党第十九次全国代表大学上的报告 ［EB/OL］. (2017-10-18) ［2024-05-10］. https：//www. china-court. org/article/detail/2017/10/id/3033281. shtml.

配置中的关键载体，也逐渐将竞争核心集中在创新资源的整合能力上。因此，要不断壮大以市场为导向的新型科技的治理力量，加强市场对科技资源配置的影响，为科技风险治理体系的可持续发展提供良好的市场环境。

从次，最大程度地实现多方合作与信息共享。科技活动逐渐突破了传统科技团体与科学家的局限，发展成为一项推动社会进步、经济发展，以及改善人类生活的重要事业。① 要想保持科技发展的良好势头，必须要依靠社会支持。通过加强政府、企业、学术界和社会公众之间的合作与沟通，建立起科技重大风险治理的多方参与机制，共同承担责任，分享信息和经验，有助于实现治理体系的可持续发展。

最后，要做到风险评估、风险管理与预警监督多方面发展。通过建立科学有效的风险评估与预警机制，对科技重大风险进行全面、准确的评估和预测，及时发现和应对潜在的风险。根据风险评估结果，制定科技重大风险管理策略和相应的控制措施，及时掌握风险动态，制定应急预案，并尽快采取措施有效应对和处置科技重大风险事件，使损失最小化。这些策略和措施应基于科学、技术和经济可行性，并与可持续发展目标相一致。此外，还要建立科技重大风险治理的监督和评估机制，定期对风险管理措施和可持续发展目标进行评估，及时调整和改进措施，保持治理体系的可持续性。

需要注意的是，实现科技重大风险治理体系的可持续发展是一个长期的过程，需要持续关注和不断改进。同时，要充分考虑科技重大风险与可持续发展之间的复杂关系，确保在治理风险的过程中不损害可持续发展的目标和原则。此外，不同地区的发展情况可能有所不同，因此在实施具体的路径和方法时，需要根据本地的环境、法律法规和社会经济条件进行调整和定制。

---

① 张灏. 绿色发展观视野下的我国科技风险治理研究 [D]. 武汉：武汉理工大学，2018.

参考文献

［1］ 刘茂 . 事故风险分析理论与方法［M］. 北京：北京大学出版社，2011.

［2］ UNDRO. Mitigating natural disasters：phenomena，effects and options：a manual for policy makers and planners［M］. New York：United Nations，1991.

［3］ BOTELER D H. The super storms of August/September 1859 and theireffects on the telegraph system［J］. Advances in Space Research，2006（38）：159-172. ［4］ SMITH K. Environmental hazards［M］. London：Routledge，1996.

［5］ DE LA CRUZ-REYNA S. Long-term probabilistic analysis of future explosive eruptions［J］. Monitoring & Mitigation of Volcano Hazards，1996：599-629.

［6］ HELM P. Integrated risk management for natural and technological disasters［J］. Tephra，1996，15（1）：4-13.

［7］ WISNE B. The political economy of hazards：more limits to growth?［J］. Environmental Hazards，2000，2（2）：59-61.

［8］ SMITH N. Uneven Development：Nature，Capital，and the Production of Space［M］. Oxford：Basil Blackwell，1990.

［9］ ISDR，UN，WMO. Risk awareness and assessment，in living with risk［M］. Geneva：United Nations Publication，2002.

［10］ REDUCTION I. Living with risk：a global review of disaster reduction initiatives［M］. Geneva：United Nations Publication，2004.

［11］ 殷杰，尹占娥，许世远，等 . 灾害风险理论与风险管理方法研究［J］. 灾害学，2009，24（2）：7-11，15.

［12］ Inter-American Development Bank，Colombia University，CANDONA O D. Indicators of disaster risk and risk management program for Latin America and the Caribbean［R］. Washington. D. C：IDB Publications，2005.

［13］ MARZOCCHI W，GARCIA-ARISTIZABAL A，GASPARINI P，et al. Basic principles of multi-risk assessment：a case study in Italy［J］. Natural Hazards，2012，62（2）：551-573.

［14］ CHEN L，HUANG Y C，BAI R Z. Regional disaster risk evaluation of China based on the universal risk model［J］. Nat Hazards，2017（89）：647-660.

［15］张黎夫．时间之矢与科技风险 ［J］．自然辩证法研究，2002，18（7）：48-51.

［16］TAYLOR G，EASTER K，HEGNEY R. Enhancing safety-a workplace guide ［M］. West Perth：West One，2001.

［17］朱本用．我国科技治理体系研究 ［D］．厦门：厦门大学，2017.

［18］President's Council of Advisors on Science and Technology. Designing a Digital Future ［R］. Report to the President and Congress，2010.

［19］HEIDER F. The psychology of interpersonal relations ［M］. New York：Wiley，1958.

［20］杨良选．技术成熟度多维评估模型研究 ［D］．长沙：国防科技大学，2011.

［21］A1TSHULLER G S. Creativity as an extra science ［M］. New York：Gorden and Breach Science Publishers Inc，1984.

［22］DANNER T W. A formulation of multidimensional growth models for the assessment and forecast of technology attributes ［D］. Georgia：Georgia Institute of Technology，2006.

［23］罗恺，袁晓东．专利互引视角下的企业技术溢出研究：以百度等人工智能企业为例 ［J］．科技和产业，2020，20（11）：16-23.

［24］肖皓，朱俏．影响力系数与感应度系数的评价与改进：考虑增加值和节能减排效果 ［J］．管理评论，2015，27（03）：57-66.

［25］全国信息安全标准化技术委员会．信息安全技术网络安全等级保护定级指南（GB/T 22240—2020）［S］．北京：中国标准出版社，2020.

［26］胡登高，孙宝平，陈云龙，贺顺康．爆炸事故中爆炸药量和爆源的确定 ［J］．爆破，2006（01）：101-104.

［27］张杰．异质集合种群上传染病传播动力学的研究 ［D］．太原：中北大学，2020.

［28］吴贵生，王毅．技术创新管理（第2版）［M］．北京：清华大学出版社，2009.

［29］国家安全生产监督管理总局．安全评价（上）（第3版）［M］．北京：煤炭工业出版社，2005.

［30］纪婧．能量意外释放理论 ［J］．中国安全生产科学技术，2016，12（06）：2.

［31］胡彩波，赵金贤，赵娜．削弱太阳风暴对卫星导航系统服务性能影响的策略 ［J］．数字通信世界，2014（S2）：16-20.

［32］DAVID BEST，SIOBHAN HAVIS，PAYNE-JAMES J J，et al. Near miss incident in police custody suites in london in 2003：a feasibility study ［J］. Journal of Clinical Forensic Medicine，2006，（13）：60-64.

［33］黄浪，吴超，杨冕，等．基于能量流系统的事故致因与预防模型构建 ［J］．中国安全生产科学技术，2016，12（07）：55-59.

［34］刘骥翔，董鹏，董玲玉，等．高校实验室危险化学品管理现状及对策 ［J］．化工管理，2020（4）：85-86.

［35］赵海涛．浅析能量释放的风险防控与安全生产事故的关系 ［J］．海峡科技与产业，2019（01）：123-125.

［36］浜尚亮．环境污染公害之日本水俣病事件 ［J］．人民公安，2016（Z1）：74-78.

［37］陈国华，王永兴，高子文．基于风险熵的化工园区事故风险突变模型研究
　　　［J］．中国安全生产科学技术，2017，13（10）：18-24.

［38］GARRIDO P L，GOLDSTEIN S，LEBOWITZ J L. Boltzmann entropy for dense fluids
　　　not in local equilibrium［J］. Physical review letters，2004，92（5）：05062.

［39］胡瑞敏，吕海涛，陈军．基于风险熵和 Neyman-Pearson 准则的安防网络风险评估
　　　研究［J］．自动化学报，2014，40（12）：2737-2746.

［40］于海峰，王延章，卢小丽，王宁．基于知识元的突发事件风险熵预测模型研究
　　　［J］．系统工程学报，2016，31（01）：117-126.

［41］JOHNSON I V J J，TOLK A，SOUSA-POZA A. A Theory of Emergence and Entropy in
　　　Systems of Systems［J］. Procedia Computer Science，2013，20：283-289

［42］SPARTALIS S，ILIADIS L，MARIS F. An innovative risk evaluation system estimating
　　　its own fuzzy entropy［J］. Mathematical & Computer Modelling，2007，46（1-2）：
　　　260-267.

［43］汪送，王瑛，杜纯，等．复杂系统风险熵的涌现与动力学传播分析［J］．安全与
　　　环境工程，2013，20（02）：118-120，134.

［44］周理乾，张云霞．生态与人类社会系统演化的熵增分析和高熵危机［J］．佛山科
　　　学技术学院学报：社会科学版，2009，27（5）：15-19.

［45］于海峰，王延章，王宁，等．基于情境的突发事件演化网络约简研究［J］．情报
　　　杂志，2012（11）：1-4，10.

［46］张良．基于系统风险熵的化工园区风险态势预测预警研究［D］．广州：华南理工
　　　大学，2016.

［47］王晶晶．技术视角下的移动支付业务发展及风险［J］．现代企业，2019（11）：
　　　145-146.

［48］肖成俊，许玉镇．大数据时代个人信息泄露及其多中心治理［J］．内蒙古社会科
　　　学（汉文版），2017，38（02）：185-192.

［49］刘松涛，刘晓青．科技风险的社会转化及其规避［J］．当代中国价值观研究，
　　　2016，1（5）：114-121.

［50］乌尔里希·贝克，等．自反性现代化［M］．赵文书，译．北京：商务印书
　　　馆，2001.

［51］毛明芳．现代技术风险的生成与规避研究［D］．北京：中共中央党校，2010.

［52］CUTTER S L，Living with Risk—The Geography of Technological［M］. Hazards.
　　　London：Edward Arnold，1993.

［53］鲍磊．当前我国科技风险规制存在的问题与对策研究［J］．科技管理研究，2009，
　　　29（11）：60-62.

［54］范芙蓉，秦书生．科技风险的基本特征及其防范对策［J］．理论月刊，2018
　　　（08）：175-181.

［55］崔达．全球环境问题与当代国际政治［D］．苏州：苏州大学，2008.

[56] 汪辉敏．科技和法律在生物多样性保护中的互动关系［J］．科技与法律，2004（02）：103-107.

[57] 王伟光，郑国光．应对气候变化报告 2011：德班的困境与中国的战略选择［M］．北京：社会科学文献出版社，2011.

[58] 刘艳苓．全球治理视阈下核武器扩散问题控制研究［D］．西安：．陕西师范大学，2011.

[59] 彭顺利．转基因食品安全何以必要［J］．食品安全导刊，2021（08）：34-37.

[60] 陶应时，罗成翼．人类胚胎基因编辑的伦理悖论及其化解之道［J］．自然辩证法通讯，2018，40（02）：85-91.

[61] 颜厥安．鼠肝与虫臂的管制：法理学与生命伦理探究［M］．北京：北京大学出版社，2006.

[62] 李晓龙，罗丽艳．循环经济：从开放系统到封闭系统的必然选择：中国环境科学学会 2006 年学术年会优秀论文集（上卷）［C］．北京：中国环境科学出版社，2006.

[63] 肯尼斯·博尔丁．即将到来的宇宙飞船地球经济学［M］．钟斌，朱又红，译．商务印书馆，2001.

[64] 胡佐超，戴吾三．影响世界的发明专利［M］．北京：清华大学出版社，2010.

[65] 史云峰．气候变化的发展效应［D］．北京：中共中央党校，2013.

[66] 吴贵生．技术创新管理［M］．北京：清华大学出版社（第 3 版），2000.

[67] 樊春良．科学与治理的兴起及其意义［J］．科学学研究，2005，23（1）：7-13.

[68] BECKER A, BRAUN B P. Disaggregation, aggregation and spatial scaling in hydrological modelling［J］. Journal of Hydrology, 1999, 217 (3-4): 239-252.

[69] 朱李鸣．技术扩散与技术转移的异同［J］．科技管理研究，1989（01）：30-32.

[70] 康凯．技术创新扩散理论与模型［M］．天津：天津大学出版社，2004.

[71] 曲冬雪，刘秀庆．废旧锂离子电池回收前景分析与方法综述［J］．世界有色金属，2017（08）：218-219.

[72] 金士尧，任传俊，黄红兵．复杂系统涌现与基于整体论的多智能体分析［J］．计算机工程与科学，2010，32（3）：1-6，10.

[73] 俞可平．全球化：全球治理［M］．北京：社会科学文献出版社，2003.

[74] 星野昭吉，刘小林，梁云祥．全球化时代的世界政治：世界政治的行为主体与结构［M］．北京：社会科学文献出版社，2004.

[75] 何鹏林．锂离子电池国际标准制修订动态［J］．安全与电磁兼容．2015（2）：21-23.

[76] 何鹏林．国内锂离子电池标准化趋势［J］．安全与电磁兼容，2017（04）：9-10.

附 录

附录一 锂电池技术在手机应用领域的专利数据分析结果

年份	发明专利	实用新型	成熟度系数	生长率	新技术特征系数
2002	1	4	0.20	/	/
2003	4	7	0.36	/	/
2004	1	2	0.33	/	/
2005	2	4	0.33	/	/
2006	2	2	0.50	20%	0.54
2007	5	15	0.25	36%	0.44
2008	3	7	0.30	23%	0.38
2009	8	7	0.53	40%	0.67
2010	6	20	0.23	25%	0.34
2011	9	38	0.19	29%	0.35
2012	17	58	0.23	40%	0.46
2013	172	70	0.71	81%	1.08
2014	78	102	0.43	28%	0.51
2015	79	200	0.28	22%	0.36
2016	113	174	0.39	25%	0.46
2017	82	190	0.30	16%	0.34
2018	79	154	0.34	18%	0.39
2019	54	139	0.28	13%	0.31

附录二　锂电池技术在电动自行车应用领域的专利数据分析结果

年份	发明专利	实用新型	成熟度系数	生长率	新技术特征系数
2004	1	3	0.25	/	/
2005	0	0	0.00	/	/
2006	2	3	0.40	/	/
2007	2	2	0.50	/	/
2008	1	5	0.17	17%	0.24
2009	1	9	0.10	17%	0.19
2010	6	9	0.40	50%	0.64
2011	6	20	0.23	38%	0.44
2012	6	35	0.15	30%	0.33
2013	19	31	0.38	50%	0.63
2014	15	24	0.38	29%	0.48
2015	13	40	0.25	22%	0.33
2016	29	60	0.33	35%	0.48
2017	25	35	0.42	25%	0.48
2018	14	44	0.24	15%	0.28
2019	10	43	0.19	11%	0.22

附录三　锂电池技术在电动汽车应用领域的专利数据分析结果

年份	发明专利	实用新型	成熟度系数	生长率	新技术特征系数
2002	1	1	0.50	/	/
2003	2	4	0.33	/	/
2004	0	1	0.00	/	/
2005	3	3	0.50	/	/
2006	3	1	0.75	33%	0.82
2007	4	1	0.80	33%	0.87
2008	2	4	0.33	17%	0.37
2009	11	10	0.52	48%	0.71

年份	发明专利	实用新型	成熟度系数	生长率	新技术特征系数
2010	22	29	0.43	52%	0.68
2011	19	27	0.41	33%	0.53
2012	29	47	0.38	35%	0.52
2013	35	53	0.40	30%	0.50
2014	45	84	0.35	30%	0.46
2015	73	111	0.40	36%	0.54
2016	146	160	0.48	45%	0.65
2017	137	162	0.46	31%	0.56
2018	202	232	0.47	33%	0.57
2019	157	206	0.43	22%	0.49

附录四　二维码移动支付技术的专利数据分析结果

年份	发明专利	实用新型	成熟度系数	生长率	新技术特征系数
2001	4	1	0.80	/	/
2002	2	0	1.00	/	/
2003	1	0	1.00	/	/
2004	6	1	0.86	/	/
2005	13	2	0.87	50%	1.00
2006	5	1	0.83	19%	0.85
2007	22	1	0.96	47%	1.06
2008	8	4	0.67	15%	0.68
2009	8	13	0.38	14%	0.41
2010	14	8	0.64	25%	0.68
2011	18	8	0.69	26%	0.74
2012	54	17	0.76	53%	0.93
2013	83	18	0.82	47%	0.95
2014	111	31	0.78	40%	0.88
2015	186	98	0.65	41%	0.77
2016	306	177	0.63	41%	0.76
2017	488	263	0.65	42%	0.77
2018	634	266	0.70	37%	0.79
2019	400	316	0.56	20%	0.59

附录五　刷脸支付技术的专利数据分析结果

年份	发明专利	实用新型	成熟度系数	生长率	新技术特征系数
2012	7	8	0.47	/	/
2013	15	4	0.79	/	/
2014	13	3	0.81	/	/
2015	34	15	0.69	/	/
2016	44	25	0.64	39%	0.75
2017	97	32	0.75	48%	0.89
2018	205	62	0.77	52%	0.93
2019	214	155	0.58	36%	0.68

附录六　核电技术的专利数据分析结果

年份	发明专利	实用新型	成熟度系数	生长率	新技术特征系数
1985	80	1	0.99	/	/
1986	43	2	0.96	/	/
1987	32	7	0.82	/	/
1988	30	0	1.00	/	/
1989	53	1	0.98	22%	1.01
1990	39	4	0.91	20%	0.93
1991	33	9	0.79	18%	0.81
1992	33	20	0.62	18%	0.65
1993	44	11	0.80	22%	0.83
1994	37	25	0.60	20%	0.63
1995	38	19	0.67	21%	0.70
1996	72	7	0.91	32%	0.97
1997	48	9	0.84	20%	0.87
1998	71	7	0.91	27%	0.95
1999	93	20	0.82	29%	0.87
2000	90	17	0.84	24%	0.87
2001	63	18	0.78	17%	0.80
2002	117	25	0.82	27%	0.87

续表

年份	发明专利	实用新型	成熟度系数	生长率	新技术特征系数
2003	105	18	0.85	22%	0.88
2004	150	45	0.77	29%	0.82
2005	163	52	0.76	27%	0.81
2006	233	73	0.76	30%	0.82
2007	337	106	0.76	34%	0.83
2008	325	127	0.72	27%	0.77
2009	388	162	0.71	27%	0.75
2010	479	236	0.67	27%	0.72
2011	675	387	0.64	31%	0.71
2012	883	382	0.70	32%	0.77
2013	970	386	0.72	29%	0.77
2014	974	479	0.67	24%	0.71
2015	1036	559	0.65	23%	0.69
2016	1226	638	0.66	24%	0.70
2017	1499	834	0.64	26%	0.69
2018	1677	819	0.67	26%	0.72
2019	1717	994	0.63	24%	0.68

附录七　转基因技术的专利数据分析结果

年份	发明专利	实用新型	成熟度系数	生长率	新技术特征系数
1991	3	/	/	/	/
1992	3	/	/	/	/
1993	0	/	/	/	/
1994	6	/	1	/	/
1995	17	/	1	59%	1.16
1996	25	/	1	49%	1.11
1997	33	/	1	41%	1.08
1998	48	/	1	37%	1.07
1999	76	/	1	38%	1.07
2000	77	/	1	30%	1.04
2001	167	1	0.99	42%	1.08
2002	135	0	1	27%	1.04

续表

年份	发明专利	实用新型	成熟度系数	生长率	新技术特征系数
2003	131	1	0.99	22%	1.02
2004	139	0	1	21%	1.02
2005	177	0	1	24%	1.03
2006	163	0	1	22%	1.02
2007	154	0	1	20%	1.02
2008	211	0	1	25%	1.03
2009	236	2	0.99	25%	1.02
2010	418	2	1	35%	1.06
2011	372	0	1	27%	1.04
2012	419	1	1	25%	1.03
2013	476	1	1	25%	1.03
2014	395	0	1	19%	1.02
2015	464	2	1	22%	1.02
2016	489	3	0.99	22%	1.02
2017	422	3	0.99	19%	1.01
2018	520	5	0.99	23%	1.02
2019	556	1	1	23%	1.02